与教师和在夜晚台灯下陪读的家
长们一起读懂中国教育

U0749035

遇见
更好的教育

——符号与想象的一次理性结合

张军凤 著

天津出版传媒集团

天津人民出版社

图书在版编目(CIP)数据

遇见更好的教育：符号与想象的一次理性结合 / 张军凤著. —— 天津：天津人民出版社, 2017.4
ISBN 978-7-201-11607-5

Ⅰ.①遇… Ⅱ.①张… Ⅲ.①中小学教育–研究 Ⅳ.①G63

中国版本图书馆 CIP 数据核字(2017)第 064096 号

遇见更好的教育:符号与想象的一次理性结合
YUJIANGENGHAODEJIAOYU：
FUHAOYUXIANGXIANGDEYICILIXINGJIEHE

张军凤 著

出　　版　天津人民出版社
出 版 人　黄沛
地　　址　天津市和平区西康路 35 号康岳大厦
邮政编码　300051
邮购电话　(022)23332469
网　　址　http://www.tjrmcbs.com
电子信箱　tjrmcbs@126.com

责任编辑　张作稳
装帧设计　汤　磊
封面插画　王逢悦

印　　刷　高教社(天津)印务有限公司
经　　销　新华书店
开　　本　880×1230 毫米　1/32
插　　页　1
印　　张　10.125
字　　数　210 千字
版次印次　2017 年 4 月第 1 版　2017 年 4 月第 1 次印刷
定　　价　42.00 元

自 序

　　自 2006 年以来，我从事教育科研工作已经有整整 10 个年头了。我常被人们问起同一个问题："你的工作主要是干什么的？"说实话，我很难准确地用一两句话来说出我干的这个活儿到底是什么。

　　我所从事的工作可以用阅读、写作、思考、实践、服务这几个关键词来描述。我不是一个头脑聪慧的人，因此必须要更加努力地学习，以求有些许进步。这其中，大量的阅读自然是必须的。我几乎一期不落地浏览我喜欢的比较有代表性的教育类核心期刊，以了解教育研究的学术动态，这已成为我的一个习惯。我在核心期刊积极发表学术论文，参与学术讨论，梦想着有朝一日能发表几篇重量级的学术文章，引起学术界的关注和认可……这是我的一个梦想。读书引发了我的思考，并且通过对中小学校的调研、考察，使我的思考更加深入，并在研究和实践过程中逐渐完善、形成了比较成熟的教育观点。

学习是一件需要终身投入的事情，个人的修炼也永无止境，因此完善自我也就成为我们每一个人一辈子的必修课。作为一名教育科研工作者，这种个人的自我完善必须紧密地与教育实践相结合。可以说，面向实践、敬畏实践、服务实践，是每一个教育科研工作者必备的素质。为了在面对鲜活的教育实践时自身的内心不至于产生强烈的忐忑和对自我的怀疑，我必须坚定地扎根实践，深入了解实践，并在实践中了解教育的真面目，发现教育的真问题。

凭着积极的态度和不断提升的能力，我以一己之力试图对教育实践产生一些影响，也想在这个过程中能够检验自己，彰显自我价值。为此，我曾经为很多学校设计学校文化，帮助校长厘清学校历史脉络，讲出精彩的学校故事，指导校长、教师做课题研究，撰写和发表科研论文，为他们做学术报告，谈自己的教育观点，普及教育常识。

在我的教育科学研究实践中，我对学校文化的研究产生了兴趣，这兴趣产生的缘由，最早可追溯到 10 多年以前，我曾经饶有兴致地学习了余世维所做的题为"企业变革与企业文化"的视频讲座，这使我对从文化视角研究变革产生了兴趣。我也曾鹦鹉学舌般地"套用"企业变革与企业文化的理论，尝试性地对学校变革与学校文化做过一些浅薄的分析。在帮助一些学校提炼学校文化和逐渐加深对学校文化理论思考的过程中，我越发不满于眼下学校文化研究的一些惯常思维。在很多研究学校文化的理论著作中,其对文化的定义往往是模棱两可的,这导致的结果是人们对学校文化概念的认识依旧模糊不清。例如,作者无法明确地把学校制度文化建设和学校制度建设相区别,"文化"一词仅仅成为一个时髦的点缀而已。有的研究者简单地把学校文化分为物质文化、精神文化、制度文化和行为文化,这种划分学校文化的单一方式,很容易使学校文化研究趋于机械化而难以深入下去。

要深入研究学校文化,自然就得从源头谈起,即什么是文化。在我们的生活中,我们经常用"文化"这个词来形容一个人,例如,我们称赞一个人很有"文化",也会说某个人没"文化"。这里,我们所说的有"文化",主要指的是一个人很有学识(成语"学富五车"就是对一个有"文化"的人的褒奖),或者一个人能够把某一事物发展的前因后果以旁征博引、生动有趣的方式娓娓道来,让人们感到很有收获。

我认为,文化的内涵包括三个层次。第一个层次,文化必然有一个依属物,它可能是某(些)个人、某(些)个物件,或者是某(些)个事件等,而且这些人、物件、事件都必然拥有各自的标示,我称之为符号。例如,印第安人、瓷器、萨拉热窝事件,这些都是具有符号特征的词语。

第二个层次,但凡称之为文化的东西,必有一定的历史积淀,换句话说,文化一定是"有故事"的,而且它的"故事"会以想象的方式传达给众人。例如,你正陪一位画家朋友在故宫博物院参观。你们走到了一幅叫作《千里江山图》的巨幅画卷跟前,你的这位朋友看到这幅画卷时显得异常兴奋,他(她)很高兴地从作者王希孟的生平和所处的历史背景讲起，把这幅画的运笔手法、色彩搭配、布局结构等诸多特点都讲给你听。伴随着朋友的生动讲述，虽然你对美术毫无兴趣，但你发挥想象力，会使自己进入这幅画所蕴含的"故事"之中。此时，在你面前的《千里江山图》就不仅仅是一幅画作了，它及它所承载的文化借助你的想象得以传播给你。

第三个层次，也是最为关键的一个层次，即一种文化的形成必须要以获得认同为基础。我们常用"对牛弹琴"形容一个人没"文化"，原因就在于对方根本无法理解，更谈不上认同这个讲给他(她)的"故事"。对"认同"一词最为通俗的理解是"我们都是这么认为的"。这里，我用"集体的想象"来解释"认同"，那种个体化的想象，由于其缺乏大众的广泛认同而无法形成一种文化，正如我在书中讲道："《资本论》在一些人看来，仅仅是放置在某个角落的一本平凡无奇的书本而已。换句话说，仅仅是个人的某种思想还构不成一种文化，只有更多的人认同这一思想，它才能成为一种文化。"通过上面的分析，文化的定义就非常清楚了，在我看来，文化是符号与想象的结合，它是集体想象的产物。

"符号与想象"，这是本书的关键词，它告诉读者，这是一本旨在阐述和传播教育文化的书。如果读者普遍认同书中的某些观点，那么这些观点先是成为人们所持有的观念，进而就可在某一个群体中演化成为一种文化；反之，就不能称其为文化。

一种文化的形成绝非一蹴而就。下面，我以"'5%理论'：被重视和忽视的两个群体"(这是一个观点)为例，看看诸位读者是否认同我提出的这个观点，并以此结束本书的"自序"。谢谢能够翻开这本书的朋友们！

　　　　　"5%理论"：被重视和忽视的两个群体

　　如果按照个体创造财富（包括物质财富和精神财富）对社会发展的贡献率把人们进行分类的话，大体上可以分成以下三类，即高阶群体、中阶群体和低阶群体。那么，处于高阶群体中5%和低阶群体中5%的这两部分人，他们受学校教育的影响，尤其是在智力发展方面的影响是不显著的，甚至可以说是微乎其微的。这种说法看上去是很难让人接受的。我们去那些名校（特别是中小学校）参观，校方总会自豪地把我们引领到一个能够代表其学校荣誉的地方，在那里陈列、展示着从该校学习毕业的社会各界精英人才，有科学家、政府高官、艺术家及其他社会名流。"看看吧，这些著名人士都是我们学校培养出来的！"这是当来访者驻足仰慕之时校方的内心独白。校方的这种自信是令人担忧的，如果真有这么一回事，那么校方是不是还应该带着历年的学生名册去全国的监狱核实一下哪些犯人是从本校毕业的。校方肯定不愿意做这件事，因为这使他们蒙羞，更何况，校方还会自我辩解，认为那些从学校毕业走上罪犯道路的学生，一定是受到了社会上存在的一些不良因素的影响，这与学校教育的关系不大。

　　以上只是举了一个例子，以说明在人群中，或者说在一所学校中，总有一些人的智力才能非常高，他们往往是"不教而会"的，也总有一些人的智力水平较低，他们是"难以教会"的，他们让老师极度失望乃至到了抓狂的地步。但是作为校方，不能为前端5%的人的卓越表现而揽功自赏，却对尾端5%的人的不堪和无所作为而推卸责任。因此，对于校方而言，一个明智的态度是，校方对前端5%的人和尾端5%的人不表现出太大的兴趣，校方应该自信地对来访者说："来，我们还是一起好好看看其他学生的社会表现情况吧。"

目 录

前 言

　　符号与想象，二者的结合，构成了文化的"内核"。这是因为，一种被称之为文化的事物，必然包含着特定的符号，它能以颜色、气味、语言、文字、影像、服饰、图案、建筑、雕像、动作等其中的一种或多种形式得以表现，这种符号化的东西连同其"背后"所承载的被公认的意义，即人们的一种集体想象，最终形成了特定的文化。

　　遇见更好的教育，意思有三。一是我饱含对教育的美好期许，试图以理性的视角，解读诸多教育现象和教育问题，揭示教育"真相"。二是可以敞开自己的教育观点，希望能够触动广大读者对教育的感知，引起大家进行更为深入的讨论和思考，进而期望能够在一定程度上达成某种思想共识或价值认同。三是在行文中,我尽力营造一种娓娓道来、慢品细思、豁然开朗的美好意境,以期让读者感受一种轻松、惬意的阅读体验。

全书分为四辑。第一辑"一得之见——我的文化观",别树一帜,尝试给文化下一个"新"的定义,并以此作为本书的方法论指导;第二辑"拨云睹日——观教育理念",从独特视角剖析学校教育的几个核心理念;第三辑"穷原竟委——观教育政策",聚焦变革,解读热点教育政策;第四辑"洞幽察微——观教育行为",探求教育行为背后的文化密码。

真正的艺术才能……总是表现在知道如何通过将人所熟悉的事实与人所熟悉的观点关联起来而后产生新的认识。[1]本书通过构筑别具一格的文化视角,观察教育现象、审度教育问题、澄清教育机理、传播教育文化。内容丰富、观点独特、说理恳切,文笔细腻且不乏幽默。对处身于教育变革背景下的中小学教师,本书能帮助他们破除各种迷雾和困惑,学会冷静的判断,保持清醒的头脑,获得有益的启发。对于广大中小学生家长深入认识学校教育的特质,透彻理解教师工作的特点,以及正确看待子女教育问题,本书也具有解读和普及的广泛意义。

第一辑
一得之见——我的文化观

符号
我们生活在一个被它包围的世界

文字、标示、雕像、照片、图案、服饰、山川大地、飞鸟走兽,这些都属于符号的范畴,它们或是自然的存在物,或是我们人类的创造发明。在我们的生活中充满了符号,符号无所不在,我们也凭借符号与他人交流,去认识这个世界。符号就其功能而言,它"可能成为文字语言、视觉语言的一部分,前方路况的警示标示,或是某种令人印象深刻的产品介绍、商品包装,等等。符号向我们传递的是一种可以进行瞬间知觉检索的简单信息"。②

符号具有自身独特的价值。以商品为例,"现在的产品或商品不但是具有特定的使用价值,因而具有交换价值的器物。它们的品牌上刻写着丰富的社会意义,有时后者甚至更重要。皮尔·

卡丹西服和金利来西服在品牌意义上的不同远远大于它们在质地和使用功能上的不同……处于'系统'中的物品负载着风格、品味、财富、成功、地位、权力等丰富的意义"。③孔林、中山公园、杜甫草堂、岳飞庙、太白楼、范公亭、莫愁湖、滕王阁、鲁迅故居、林肯纪念堂,这些名胜之所以能够吸引游客络绎不绝,绝不是因为这些景致本身有多么让人叹为观止,而是因为它们的名字本身具有独特的、超越某一个时代的人文和历史价值,因而也赋予了这些地方以重要意义。人们来到孔林,绝不只是为了看孔家先人碑石如林的震撼场面,而是抱着对孔子的朝圣之情,想象着穿越时空与孔圣人进行一次师徒般的对话。在李宁成为奥运会冠军而名声大噪之前,相信没有人会把"李宁"作为一个服装品牌,但是,在李宁成名之后,"李宁牌"这一符号的潜在经济价值就像驾着孙悟空的筋斗云一样,不知翻了多少倍。

符号具有丰富的象征意义。在我们社会生活的各个领域之中都有符号的存在,符号以其简洁、形象的方式,表达和寄托着人们的想象。例如,太阳在很多文化里,是力量和权威的象征,日出日落也寓意着生命的生死轮回。歌曲《北京的金山上》开头的歌词这样写道:"北京的金山上光芒照四方,毛主席就是那金色的太阳。"又如,圆无始无终,常常寓意完整和完美,戒指象征着爱情的永恒。再如,在中国的传统文化里,"9"代表数之极,"当人们要极而言之的时候,便用九:九州、九域、九夷、九霄、九天、九重"。④"9"与"久"的发音相同,代表着长长久久,是吉祥的数字。欧洲文艺复兴时期产生了伟大的艺术作品,26岁的米开朗基罗(Michelangelo Bounaroti)受故乡佛罗伦萨市政厅的委托,雕刻了代表城邦精神的大卫像。⑤

战争与和平、时尚与传统、高雅与低俗、文明与野蛮、成长与衰老、生命与死亡……这些我们依以生存、生活的主题都必须通过符号来表达。符号的不断生成与消亡,标志着我们思想的更新和其"疆域"的不断拓展,我们"能够做的就是为不断出现的符号赋予种种的内容,寻找种种的意义……符号等待着意义,这种等待的实现,就是人类文化的生成"。⑥

符号存在于我们的记忆里,是我们生活消费的附属物。回想一下,你最近是不是带孩子去了麦当劳;你终于还是没能守住自己的钱袋子,狠狠心又给孩子买了一个苹果手机;你去法国旅游,是否对哥特式建筑留下了深刻印象;宝马对你的诱惑力实在是太大了,你最终还是决定要把它拿下。

符号是我们个体特征的标识。你有没有被人问起是哪所大学毕业的,是"985"还是"211"?学的什么专业,是金融还是教育?老家在哪里,是城市还是农村?现在居住在什么样的小区,是高档别墅还是普通居民房?如果你能讲一口流利的美式英语,那么,人们就会认为你很可能留过洋;如果你能对中国传统文化如数家珍,那么,人们认为你很可能是一位文化学者;如果你经常爆粗口,即使你受过很好的高等教育,人们也会对你嗤之以鼻,因为在人们的印象中,爆粗口是不文明、粗野的表现。

符号能帮助和指引我们便捷地认识世界。我们不可能认识和接触到自然界和社会中的所有事物,但只要我们通过符号这一介质,就能够以一种间接的、直观的、概括性的方式统观这个世界。你可能这辈子都不会去北极,但只要你从影像资料中看到了北极,或者从别人的口中听到了对北极的描述,那么,你就对北极有了一个基本了解。你作为一个男士永远都不会真实体验到妈妈十月怀胎的喜悦和自然孕产的疼痛,但是,你可以通过浏览女人怀孕和孕产的图片去大致体会她们当时的内心感受。

符号也能影响我们对一个人的价值判断。在我们小的时候,经常和大人们一起看电影,我们总会指着电影中的某一个重要人物问大人们这个问题:"这个人是好人,还是坏人?"显然,在我们的头脑里,电影中就包括两种人,一种是坏人,一种就是专门打倒坏人的好人。当我们看到一个胸部有骷髅纹身的男子,就会不由得心生恐惧,下意识地认为这是个坏人,而当我们看到一个戴眼镜的哪怕是长得很普通的女孩在读书,我们也会对她有种莫名的好感。最让我们一时无法判断,而可能造成价值判断混乱的是一种叫作"符号的混搭"的方式,例如,出现在我们眼前的是一个胸部纹有骷髅的男子在图书馆认真地看着《莎士比亚全集》,这到底是一个什么样的人?他是一个黑社会中的文化人?还是一个改过自新刚从监狱刑满释放的人? 我们之所以出现以上错综复杂的判断,就是因为我们经常把骷髅这种符号特征和黑社会、坏人联系在一起,而把阅读这种符号化的行为与有教养的人相联系。

符号引导着我们的生活。为了节省时间,你通过浏览商场每个楼层的商品标识图案,能快速地买到你需要的剃须刀。你在国外旅行,即使你不会说当地的语言,也可以通过比划、画图、表演等方式向当地人表达你想去的地方、你想买的东西。你开车时通过仔细辨认街道指示牌按时且顺利地找到了一家咖啡店,为此得到了女孩的夸奖,这让你的心情大好,你们的第一次约会堪称完美。在饭店点餐,你不需要看到实际的菜品,或者是亲自尝一尝厨师的手艺,你只要大体浏览一下菜单上精致的菜品图片,就开始做了决定，甚至当你听到站在一旁的女服务员只是随口说的一句"先生，这个菜我们这里卖的很好"，你就又大方地多点了一个菜。

符号通过传播，影响着我们对事物的观念以及行为。符号依赖于我们的感官，例如视觉、听觉、触觉、嗅觉、味觉，通过实物呈现、名人代言、虚构故事等方式，以展牌、电视、电话、收音机、电脑等信息传播介质为载体，广泛在人群中进行传播。例如，由不同颜色、图案组成的国旗，不仅给人们带来了审美的品味，更向人们透露了这个国家的历史和文化；由法国人皮埃尔·德·顾拜旦（Le baron Pierre De Coubertin）先生于1913年设计的奥林匹克五环标志向全世界人民传达了和平、团结、友谊、公正的价值理念。

正如莎士比亚（W. William Shakespeare）所说，"一千个人眼里有一千个哈姆雷特"，对于同一个符号所传达给我们的意义的理解，每一个人都可能有着不同的解读，这从根本上仍取决于我们每一个人所积淀的生活经验、理性思考的范畴和能力，以及想象力。例如，我们中国人把龙作为自己民族的图腾，它法力无边，能呼风唤雨，保佑人们平安康健，代表着至高的权力。然而，在西方人看来，龙是一种猛兽，它是人类本性的化身，它代表着邪恶、贪婪和暴戾。二战期间德国的纳粹标志，是以阿道夫·希特勒（Adolf Hitler）为首的纳粹主义理念的标志，它宣扬日耳曼人是最高等的人种，而对于犹太人则意味着种族歧视和灭绝性的灾难。

同一个符号，随着它穿越时代的隧道而发生了意义上的变迁。例如，现代年轻人，不管是城市精英还是乡村野夫，他们都把穿牛仔裤当作一种时尚。事实上，牛仔裤最早发源于16世纪意大利港口，它是水手的帆布工作制服，是专属工人阶级的服装。在二战期间，牛仔裤成为美军的制服，并在战后逐渐风靡美国，受到上流社会、名门贵族的宠爱。

我们每一个人自从出生以后，就开始被贴上了符号的标签。在你的出生证明上，写着父母早在你出生之前就已经想好的名字，它一定有着深刻的寓意，承载着父母对你的希望。医生根据你的生物属性在性别这一栏里填上了男或者女的字样，此外，人们还把你父母的名字、你的出生地等信息也填在这个表格里，用来对你做更为详细的身份描述。之后，你还会拥有一个独一无二的身份证，它就是你作为一个社会个体的合法性证明，有了它，你就成为了一个有"身份"的人。我们处理生活中的很多事情都需要出示它才能行得通。买机票、坐高铁需要它，上学、看病需要它，买房、贷款需要它，甚至你买彩票撞大运中了大奖也得带着它才能领到钱。

当你再大一点的时候，你就需要接受专门的教育了。你每天会被家长送到附近的幼儿园和你的小伙伴们一起玩耍，你无意中成为了一个符号，被贴上了一个叫作"同学"的标签，你会经常看到别的小朋友指着你跟他们的妈妈说："妈妈，他（她）是我的同学。"接着，你还要接受更为系统的教育，读小学、中学、大学，或者出国深造、工作。一个孩子从南开区幼儿园上起，接着是南开小学，南开中学，一直到南开大学毕业，如果你知道"南开"这个符号在中国教育史上的意义，你就不会简单地用单调这个词来评价这个孩子的教育经历。一个孩子的母亲常常对别人说："我的孩子从幼儿园到上大学都没有出过南开区！"对于这位母亲来说,这是一种荣耀,而不是遗憾。

在高等教育大众化的今天,我们所接受的教育不仅是我们身份标识的一个重要组成部分,例如,你可能会被人们称作大学生、硕士、博士、"海归"等等,而且,我们所接受的教育的类别和层次与我们所能够从事的职业、工作有着很高的相关度。一个没有接受过相关的系统性高等教育的人是不可能从事核物理研究的,而北京大学中文系毕业的陆步轩可以从事编辑词典的专业工作,只要他愿意,他也可以去当一个卖猪肉的屠夫,但与他相邻摊位只读到中学毕业的另一个屠夫,你若让他不做屠夫,去做文字编撰的专门工作,对于他,这就极为有难度了。

我们的生活充满了符号,符号也在诠释着我们每一个人的特质以及我们的人生。无论我们成功还是失败、幸福还是痛苦、安康还是疾病、富贵还是贫贱、伟大还是平凡,我们都是一个符号化的存在。符号在"刻画"我们个体及事物本身的同时,也以某种具有象征或寓意的方式向他人传达了某种意义和价值。有的人毕其一生的心血和智慧,可能也就是在痴痴追寻他想要的一个符号而已。为此,我们每一个人都应该用心去经营我们所追求的符号。

想象
推动社会进步的自觉动力

想象是人与动物的本质区别之一，人能够凭借大脑虚构客观上还不存在的事物和没有发生的事情，这一点动物是做不到的。也许有人会说，狗也能想象呀！的确，狗可能做梦梦见因偷吃了主人的美味猪蹄而遭到一顿暴打，但是，狗做梦也想不到自己两条腿站立行走，穿着笔挺的西装，驾驶着自己的飞机，飞过喜马拉雅山脉来到中国迎娶它貌美如花的新娘，并返回到圣彼得大教堂举行隆重的婚礼。而这对于我们人类而言，简直也算不上什么高明的虚构。

正是人类凭借着丰富的想象力，才推动了社会的发展。远古时代，人们相信（其实就是想象）一定有神灵存在，巫师为了向神灵祈福，保佑猎人们捕获更多的猎物而模仿猎物的动作载歌载舞；农耕时代，农民为了提高土地劳动效率而发明的犁耕技术是人与动物合作生产的典范；伴随着蒸汽机的隆隆巨响，人类掀起了工业、科学和技术的变革狂潮，铁路极大地拉近了人们之间的时空距离，这也为男女之间的异地恋创造了条件；现代信息社会的巨大发展，网络让整个地球真正成为了一个"村级"单位。这些无疑都是人类想象的结果，也进而刺激着人类继续进行着"难以想象"的想象。

想象包括想象的内容和想象的名义两个部分，二者缺一不可，才能构成一个完整的想象。例如，你创造了一个新的理论用以说明如何建构一种更加公平的社会秩序，你能够从构成要素、结构功能、运作机制、保障条件等多个方面详尽阐述这种新的社会秩序（想象的内容），并给他取一个时髦的名字，例如"××公平理论"（想象的名义）。

想象可分为个体化的想象和集体的想象两种类型。前者指的是发生在单个人或还构不成集体概念的若干人身上的想象，例如，我想象着有一天能当上美国总统，我和隔壁的邻居都想象着再过几年能住上豪华别墅，当然，我们还要继续做邻居。后者指的是一个集体，人数少到几个人，多到二三十个人、一个民族的人、一个国家的人，乃至全世界的人，大家形成了一个共同的想象，例如，中国人讲究知足常乐、家和万事兴，西方人相信只要诚心作耶稣的子民，就能获得幸福，除了少数战争狂，全世界绝大多数人都希望过上和平安宁的太平日子。

我们对人类发挥想象潜能而造成的结果有乐观和悲观两种预期。人类蕴藏着丰富的想象潜能，它用之不竭、取之不尽，乐观的预期认为，我们能够合理地使用想象，并藉此让生活更加美好，让生命永远延续。悲观的预期则认为，想象完全沦为了人类无休止的欲念的奴隶，成为人们争斗的工具，最终将人类逼到绝境，走向灭亡。

文化
集体想象的产物

文化是人们集体想象的产物。个体化的想象并不必然形成文化，它只有转换成集体的想象，才能形成文化。例如，我可以想象自己喝一种药水就能把身体缩小，骑在一只蚂蚱身上在草原上飞奔。如果只有我一个人有这个想法，或者我的这个想法无法说服别人相信，那么就无法产生一种关于"喝药水、身体缩小、骑着蚂蚱、飞奔"的文化。然而一种文化的形成往往是从个体的想象开始的，之后，这种想象逐渐转换成为集体的想象，大家形成了共识，文化相继产生。

一种想象可以是天马行空、无章可循的"胡思乱想"，正如我上面举的"骑蚂蚱"的例子，另外，想象也可以是非常精致化、系统化、理论化的,这可算得上是想象的高级阶段,我们可称其为思想。例如,孔子在 2500 多年前提出的以仁、义、礼、智、信、恕、忠、孝、悌为核心的儒家思想;艾萨克·牛顿(Isaac Newton)在1687 年出版的《自然哲学的数学原理》一书中提出的三大运动定律,阐述了经典力学中的基本运动规律。所以,文化在更高级的层次上也可以说是思想的产物。

思想是想象的一种逻辑化表述,指的是客观存在反映在人的意识中经过思维活动而产生的结果。就思想与实践二者之间的关系而言,实践是思想产生的来源,思想是实践的指南。人的实践及其对象、产品并不必然产生文化,只有经过想象(思想)的加工,才能形成文化。人们看到的高山流水、闲云峭壁本身并不构成文化,只有在其嵌构了人们的想象(思想)之后,方可形成文化。同样,马克思主义哲学、后现代主义也不必然构成文化,《资本论》在一些人看来,仅仅是放置在某个角落的一本平凡无奇的书本而已,这是因为文化必须经历一个被人们"发现"的过程。仅仅是个人的某种思想还构不成一种文化,只有更多的人认同这一思想,它才能成为一种文化。如果你认同某一个思想,这就意味着这个思想恰巧和你的思想是相同的,或者是这个思想虽与你的思想不同,不过你仍然相信这个思想所言说的内容是有道理的,具有合理性的,此时,你就会在无形中受到这一思想的影响,这就是文化的力量。

我们以信仰为例,正如梁漱溟引用古朗士的观点所言:"信仰是我们头脑的产物,而我们不能随意改变它。它是我们的作品,而我们不自觉。它是'人'的,而我们以为'神',它是我们力量之结果……人固然可以使自然降服于人,但人永远是他自己思想的奴隶。"⑦孔子是深谙此理的,他带着众弟子周游列国,一边讲学,一边向各个国家的君王推荐他仁政治国的儒家思想,并希望他们能够认同和践行他的思想。他虽然四处碰壁,但始终初心不改,他的弟子秉承师愿,把儒家思想发扬广大,使之成为中国社会两千年来的正统思想,使儒家文化占据了中国传统文化的核心地位,演化发展成为中国传统文化的精髓。

文化嵌入了人的意志,它与自然进化的事物相异。例如,婴儿在妈妈子宫里的发育过程就不能说是文化。文化与纯粹客观的事物和运动相区别。例如,化学物质的结构及其相互之间发生的化学反应,就不能称之为文化。

文化存在于人们的想象之中。文化就是你听别人在给你讲故事,如果故事与你自己的意义世界发生了"化学反应",继而你相信了这个故事,那么,文化就存在于你的主观世界当中了。所以普林斯顿大学社会科学教授克利福德·格尔茨(Clifford Geertz)说:"文化不过是我们所讲述的有关于我们自己的故事集。"⑧

文化源于人们对自己无知的认知,正因为我们承认自己并不是无所不知,所以,我们才需要发挥想象力去虚构、假设各种未知的"真实"。宗教、艺术、法律、道德、风俗都是我们想象的产物,我们认为它们都是本应该真实存在着的。也许,如果真有一个先知先觉的存在者的话,在"他"看来,这个世界根本就没有什么文化可言,每一个个体、每一个事物、每一个事件,都是按照它们应有的方式在发生、发展直至消亡。

文化是想象的产物。所谓的产物包括人类所创造的语言、工具、器物、宗教、信仰、习惯、思维、行为等,它们都以文字、影像、图案、建筑等符号化了的东西为载体得以凝固和不断演化。所以文化也可以说是符号与想象的结合。甲骨文、罗马大斗兽场、长城、圣彼得堡大教堂、《圣经》本身都是文化的符号，它们并不是文化的全部，它们连同其所承载的人们的想象，才完整地成为一种文化。以建筑为例，埃及的胡夫金字塔、法国的埃菲尔铁塔、美国的帝国大厦，这些建筑都是典型的塔型建筑。是的，这些建筑看上去都是塔状的，所以我们用"塔型建筑"这一语言符号来表示这一类的建筑物，我们可以从审美的角度对它们予以品评，对耸入云端的塔尖发出啧啧称赞。不止于此，"塔型建筑"本身负载了人们的想象，它是"权力的象征，其建筑造型也常与男性生殖器崇拜联系在一起。从中世纪建筑物的尖顶结构到如今高耸的摩天大楼，人类(及国家)恪守至高则至上的原则，并通过建造更高的建筑物，表达对最高权力的追求"。⑨

第二辑

拨云睹日——观教育理念

学校
仍是一个值得信任的地方吗

        学校这种专门教育机构的设置是为了满足人们进行社会分层的需要。在原始社会，人们还没有考虑到要设置一个专门的教育机构，那时候的教育手段主要靠的是言传身教，氏族首领和普通的氏族成员共同拥有本氏族的全部财产，他们受到的教育基本上也是一样的。教育内容主要是以技能为主的劳动教育，但在性别上还是有所区别的，男人主要学习狩猎、农耕、放牧，女人主要学习采集、种植、家务、纺织。

        在我国的第一个世袭王朝夏朝时期，第一个继承者是禹的儿子夏启，从他开始，财产出现了私有化，整个社会上的人们就开始出现明显的分层。在当时的社会上有这么两类人，一类称之为奴隶主,一类称之为奴隶,这两类人就代表了两个不同的社会层级,虽然他们在肤色、鼻子、头发、四肢、大脑等生理属性方面没有任何区别,但是,由于奴隶主手握军队、财富和政权,一方面是为了延续自己的权力,另一方面也是为了剥夺奴隶拥有这些权力的机会,奴隶主必须建立起自己的话语体系和权力系统,并且希望他们的子女能够把这种特权继承和延续下去。为此,他们认为有必要为自己的子女建立起一个系统的教育体系,让他们掌握文字,学习政治、伦理、宗教、道德、礼仪、诗歌、音乐、舞蹈、射箭、驾驶、计算等在当时绝对算得上是"高大上"的知识和技能,继而,一个专门用来教育奴隶主贵族子弟的机构应运而生,它就是学校。

自学校产生之后,统治者就逐渐建立起了从都城到地方乡间的具有等级性的教育系统,"达官显贵的子弟依家庭的品级可以进入专门为其设置的贵族学校,一般庶民百姓的子弟只能进入水平较低、待遇较差的学校。前者大都进入了以讲授儒学为主的学校,毕业后就成为各级各类封建官吏的候选人;后者只能进入一些专科性的学校,接受专业知识的教育,毕业后成为一名专业人才,教育的等级性、阶级性由此可见一斑"。[10] 那时候不是"知识改变命运",而是"知识控制命运""知识统治社会",拥有知识就意味着对权力的垄断。不过,出于加强中央集权的需要,统治者需要在社会上广纳贤才,这样一来,虽然贵族子弟依旧保持着上贵族学校的特权,但是,贵族学校入学资格的阶级限制被逐渐放宽,甚至没有贵族身份的商人也可以花钱给子女买得一个上大学的入学资格。

在春秋战国时期,因为政治的动荡不安,王朝的教育衰落,民间的私立教育开始兴起，这在一定程度上有利于社会层级之间的融合。孔子是我国私学的创立人，他奉行有教无类的原则，学校的门槛向平民百姓开放，正如他讲道："自行束修以上，吾未尝无诲焉。"意思是："只要带着十条干肉来见我的，我从来没有不给予教诲的。"像墨子、孟子、荀子、庄子，这些学术大家都举办过私人学校，门生众多、学派林立。相传孔子培养弟子三千，其中有颜回、子路、子贡等七十二贤达之士。

随着私学发展渐趋规模，一个从小学到大学的完整的私学教育体系基本形成。在两汉时期，有的私立学校学生多达千人以上，设立了相当于大学教育的"精舍"或"精庐"。唐代的私人办学风气渐盛，许多著名学者既是朝廷高官，同时也是私立学校的教师，例如柳宗元、韩愈。我国宋代的私学教育非常发达，书院教育闻名于世，特别是白鹿洞书院、岳麓书院、嵩阳书院、应天府书院、茅山书院、丽泽书院、象山书院更是名噪一时，朱熹、陆九渊、叶适、陈亮、吕祖谦这些著名的思想家主持各大书院并主讲课程，他们招收学生不分阶级阶层，吸引了众多优秀的平民子弟。我们可以想象，当时私立学校的蔚然兴起和学术文化的繁荣场面用毛泽东在《沁园春·长沙》写的名句——"书生意气，挥斥方遒，指点江山，激扬文字"来描述也不为过。

在唐朝的开元、天宝年间，学校教育可以说发展到了一个鼎盛时期。首先，官办教育非常发达，当时的国子监（相当于教育部）直属了七所学校，分别是国子学、太学、四门学、律学、书学、算学和广文馆，前三所学校专门招收王侯贵族子弟，学习内容相当于我们现在的语文、历史和书法，后四所学校招生对象是平民子弟，学习法律、书法、数学等内容。另外，在中央的各个专职行政机构中也附设了学校，例如太医署属下设立了医学校，有医科、针科、按摩、药师等专业。地方政府主要开办各种专科学校，招生对象以庶民子弟为主，但在师资条件、教学要求等方面与中央政府所办学校相差甚远；其次，政府大力鼓励私人办学，可以说社会上每一种专门学术都有私学传授。再次，教育的国际交流较为发达，尤以与日本、新罗为盛，他们派本国的使者、留学生、僧人来中国学习，学习内容可以说是无所不包，涵盖政治、经济、风俗、法律、文学、教育、宗教、科技等诸多领域。

1840 年鸦片战争的爆发，西方列强的入侵，国力的积贫积弱，无情的炮火彻底粉碎了清政府"天朝上国""为我独尊"的幻想。一批批救亡图强的有识之士前赴后继，掀起了学校教育改革的浪潮。林则徐、魏源提出"师夷长技以制夷"的口号，他们著书立说，向国人介绍西方知识，主张学校增设西方军事、技术和管理的学科，以拯救民族于危亡；以曾国藩、左宗棠、李鸿章、张之洞为代表的洋务派，他们以"西学为体，中学为用"为指导方针，大力兴办现代学校——洋务学堂，以西方近代先进科技为主要课程，培养军事、翻译、建筑、矿务、外交、工程等各种专门人才；以康有为、梁启超等为代表的维新派主张"废科举""兴学校""启民智"，全面学习西方的政治、经济、文化、教育等新思想，开办新式学堂，如北洋大学堂（即今天津大学）、京师大学堂（即今北京大学），提倡师范教育，开女子教育之先河，仿照欧美建立了从初等教育、中等教育到高等教育的系统的三级学校教育制度；民国时期，蔡元培在国内第一次提出了"五育并举"的教育方针，即公民道德教育、军国民教育、实力主义教育、世界观教育和美观教育，主张培养德智体美身心和谐发展的国民；以民主和科学为旗帜的新文化运动使国人在思想观念层面上自觉接受和学习西方教育思想,提出了教育的个性化、平民化、科学化等现代思想,主张教育平等,实现教育普及;在国民政府时期,涌现出了一大批著名的教育家,他们大都具有国外留学深造的教育背景,他们把西方教育思想与中国教育实践相结合,提出教育新思想,大力兴办新式学校,开展教育实验,推动教育改革,代表性的人物有陶行知、晏阳初、陈鹤琴、张伯苓等。

在我国历时 2400 年的漫长的封建王朝统治时期,学校教育的发达往往是一个王朝兴盛的重要标志,与此同时,学校的等级性也是非常明显的,在它背后彰显的是出生门第的阶级性,王公贵族控制了优质教育资源,平民百姓只能接受普及意义上的一般学校教育。即使是在相对公平的科举取仕的社会背景下,一个平民学子要通过"县试""府试""院试""科试",才可以有资格与高官子弟(他们并不需要参加"科试"及之前的各种考试)一起参加每三年一次在省城举行的"乡试",只有"乡试"通过才能中"举人",步入仕途。寒门子弟要想实现鲤鱼跳龙门从而登上贵族社会而付出的心血和代价是可想而知的。或许两试进士不弟,在其 46 岁才中进士的唐代诗人孟郊的《登科后》表达了他们的集体心声:"昔日龌龊不足夸,今朝放荡思无涯,春风得意马蹄疾,一日看尽长安花。"

学校这种专门化机构的出现是与国家的统治意志分不开的,正如我国历史上第一本专门论述教育、教学问题的著作《学记》所言:"君子如欲化民成俗,其必由学乎……古之王者,建国君民,教学为先。"[①]意思是:"统治者要教化百姓养成他们的良好风尚,就必须通过兴办学校实施教育;要建设国家,管理公众事务,教育是最优先、最重要的。"兴办学校,首要的是国家统治的需要,而社会有识之士也往往把开办学校作为自己施展才华抱负的重要途径,由此一来,学校就成为生产、创造和传播知识、思想的沃土,这些知识、思想既有官方的,也有民间的;既有普世的,也有小众的;既有时尚的,也有媚俗的;既有浮夸的,也有实用的。

总之,学校承载了国家的意志,是每个人实现"修齐治平"的理想"圣地"。古人所讲的"少壮不努力,老大徒伤悲""莫等闲,白了少年头,空悲切",都是为了勉励人们读书学习,这也暗合了培根(Francis Bacon)所说的"知识就是力量"。对于中国人来讲,不管是豪门望族、富贾巨商,还是布衣平民,上学(校)读书对于他们来讲都有着共同的文化意义,这就是"丰盈自我""实现抱负""润泽后代"。中国素有重视教育的传统,在中国的传统文化中,学校作为一个代表着知识和思想圣地的文化符号,它在世代人们的心中得以根深蒂固,寄托了人们想要过上美好幸福生活的期望。

今日教育已与"昨日"不可同日而语。正如在《国家中长期教育改革和发展规划纲要(2010—2020年)》讲道:"新中国成立以来……在党中央领导下,全党全社会同心同德,艰苦奋斗,开辟了中国特色社会主义教育发展道路,建成了世界上最大规模的教育体系,保障了亿万人民群众受教育的权利。"[12]国家把教育摆在优先发展的战略地位,各级各类教育,包括学前教育、义务教育、中等教育、职业教育、高等教育、继续教育、特殊教育和民族教育都有了巨大的发展,极大地推进了教育普及化进程。假设正在看这本书的你,是一个普通工人,你的孩子在上高中,他和市长的孩子在一个班,恰巧,这个城市一位知名企业家的孩子也在这个班,没错,不管是高官、富商还是普通老百姓的子弟,他们都享有平等的受教育权利,这不再是什么新鲜事了。不过,由于优质教育还没有普及到像吃个汉堡包那样便宜、便捷的地步,学校之间还是客观地存在着优良中差的区别。

学校虽然已不再直接承担固化社会阶级(阶层)的职能,但是,这不代表学校丧失了社会分层的功能,它的这种分层功能由按照人的阶级(阶层)分层转化为按照人的能力(在很大程度上指的是所谓的"智力")分层。学生通过考试,获得高能认证者就可以上优质学校(例如重点高中、重点大学),获得中、低能力认证者就只能上较为普通的学校了。接受优质学校教育的学生,他们毕业后更容易从事薪资高、社会地位较为显赫的职业,由此上升成为社会精英阶层的机会就相对更大一些,而接受一般学校教育的学生往往成为普通阶层中的一员。最终,人们还是通过学校实现了阶层的育化和分层。可见,古代通过学校实施阶层分层,结果是提升和固化了各阶层的"能力",而现在则是通过学校实施"能力"分层,最终助推了人的阶层分化。

诸位已经看到,这里的能力是加引号的,我们的疑问主要在于:学校仅凭一张试卷就真能甄别出我们每一个人的具体能力吗?我们每一个人活在这个世界上,都是带给这个世界的一份珍贵礼物。我们把孩子送到学校这个"神圣"的地方,希望孩子能从这里得到什么呢? 在学校,我们希望孩子们的天性能够得到尊重,孩子们的人格能够得到提升,孩子们的好奇心能够得到激发,孩子们的兴趣能够得到培养,孩子们的潜能能够得到开发,孩子们梦想的种子能够得到培育……总之,我们希望孩子们在学校能够享受到被"种植和栽培"的礼遇,而不是通过重重试卷"检验",继而开出各种诸如好学生、差学生、偏科生、问题生等等的"诊断证明"。

今日的学校与古代的学校相比,离我们想象中的理想学校的距离是更近了,还是更远了? 答案应该是前者。不过,客观上讲,这个距离还是不小的。一方面,学校仍然宣称他们通过纸笔测验能够像测量每一个人的身高一样,有效测试出每一个人的智力(智能)水平。我国的小升初考试、中考、高中学业水平考试、高考,有美国高考之称的 SAT 考试(Scholastic Assessment Test)、ACT 考试(American College Testing)等都具有这种智力(智能)分层的功能。当今,这种智力分层仍然是学校运作的主流观点,但它也遭遇了挑战。美国哈佛大学心理学家霍华德·加德纳(Howard Gardner)就对这种判断人的智力(智能)的一元化的观点提出了批判:

> 这种判断人的智能的一元化观点,产生了与之相对应的有关学校的观念,我称之为"统一制观念"。在以这种观念为基础建立的"统一制学校"里,每个学生都要学习相同的课程即核心课程,选择的可能性极少。只有较好的学生,可能就是智商较高的学生,才被允许选修需要批判性的阅读、计算和思考技能的课程。这些统一制式学校使用的评估方法,往往是类似 SAT 和 IQ 的各种考试,均由学生用纸和笔来完成。这些考试的成绩,可以将学生排列成令人可信的顺序,最聪明的和最有前途的学生被送进较好的大学。他们将来可能——仅仅是可能——在社会上享有较高的地位。毫

无疑问，这种远拔方式对于一部分人的效果是好的，如对于哈佛大学和斯坦福大学的学生。因为这种考试和选拔体系，有利于英才教育，所以在一定程度上值得推荐。

这种统一制式学校看起来似乎很公平：毕竟对待每个人的方式都相同。但是许多年以前，它给我的感觉就是这种貌似合理的学校，实际上是完全不公平的。统一制式学校只挑选并重视某些种类的智能，我们在这里暂时称之为 IQ 或 SAT 智能……我想谈的是对智能的不同看法，并介绍一种完全不同的看待学校的观点，这就是智能的多元观。亦即承认存在许多不同的、各自独立的认知方式，承认不同的人具有不同的认知强项和对应的认知风格。⑬

学校的信任力也面临着严峻挑战。在纸笔考试仍为智力（智能）的主要衡量标准的现实背景下，学生之间的学业竞争日趋激烈，正规学校的学科教育越来越难以满足学生进行学业竞争的需要，家庭经济社会地位较高的、学习成绩越好的学生正越来越多地愿意付出高昂费用参加课外补习，加强对语、数、外、物理、化学等学术类课程的学习。课外补习不仅为学生赢得了在考试竞争中更容易取得成功的机会，也为经济繁荣做出了贡献。"根据 2010 年的统计数据，香港有近 2000 所私人补习学校，其GDP 达 21.14 亿元。"⑭课外补习的作用还不止于此，"现实中的课外补习或许已超出'补充性'的范畴，例如在韩国、法国、加拿大和新加坡，课外补习在某种程度上已经从正规教育系统的影子发展成一个提供额外教育服务的体系，一些补习提供比正规教育标准课程更高级或更多样化的补习内容，以此吸引学生，一些补习会提前讲授正规学校的课程。"⑮我们或者可以说,课外补习的盛行,正在使一部分学生和家长逐渐失去对学校的信任。

竹子用了4年的时间,仅仅长了3厘米,在第5年开始,以每天30厘米的速度疯狂地生长,仅仅用了6周的时间就长到了15米。其实,在前面的4年,竹子将根在土壤里延伸了数百平米。做人做事亦是如此,不要担心你此时此刻的付出得不到回报,因为这些付出都是为了扎根,人生需要储备!多少人,没熬过那3厘米!

上面这段心灵鸡汤是一位学生家长在9月10日教师节当天转发在微信朋友圈的。她的女儿考上了重点高中,而且成绩非常突出,排在了全市前20名,这段话是她女儿的初中课外补习班的老师给孩子们的留言。如果你是一位教师,你此时的内心感受会是怎样的?

面对此种情况,学校也费尽心思,通过开办各种非学术性课程、社团活动以吸引学生,培养他们的兴趣,开发他们多方面的潜能。虽然学校在这方面做出了很大努力,但是,只要学术类课程在学校的核心地位无可动摇,这种非学术性课程的开设始终有被视为"花拳绣腿"的嫌疑。此外,过重的课业负担,不但让学生背负很大的学业压力,日益消磨着学科对学生的吸引力,而且,学生中的厌学情绪也正在四处弥漫。

下面的一段对话,是央视一位记者对一位六年级小学生的采访。我们从二人的对话中可以看出学生对学校的真实态度。

记者:你觉得人生中最好的时光是什么时候?

学生:就是学习之余能睡会儿觉的时候。

记者:为什么有这样的体会呀?

学生:因为现在学习负担太重了。

记者:你能跟我说说怎么个重法?

学生:(天天)错一个看音写词,每个看音写词(罚写)乘以 20(遍)。

记者:为什么要乘以 20 啊?

学生:老师说了,看音写词这是不该错的题。而且还是往小里说,单是字错了、拼错了(罚写)50(遍)。

记者:那要是不写怎么办?

学生:不写还是 50(遍)。只要你忘写了或者是拼错了,都得写 50(遍)。

记者:那你写对了,不就不用再写了吗?

学生:对呀! 所以大家都在拼命地复习啊!

记者:那你觉得这方法怎么样啊?

学生:还算有效,就是手累了点。

记者:啊哈哈! 那你能跟阿姨说说你长大以后想干什么?

学生:想当校长。

记者:为什么呀?

学生:给学生轻一点的压力。

记者:那你要是当校长,还让他写作业吗?

学生:必须写。不过,怎么的,也得实行一下减负教育。

真是童言无忌啊!

不过,我们也不必因为学校当前有这样、那样的问题而对学校持过于悲观的态度。学校始终是一个以育人为使命的专业组织,这里有深谋学校发展、学生成长,怀揣教育理想的校长,有辛勤工作、默默奉献,以育人为己任的教师,更为重要的是,学校所倡导的勤奋、努力、学习、探究、平等、自由、合作、竞争的价值观,是一个社会进步发展的动力之源,也是我们每一自然人实现社会化的基础"养料"。总之,学校仍是我们每一个人学习成长、努力奋斗、追逐梦想的乐园。对于我们每个人来说,只要我们相信"努力能够改变命运,创造生活",那么,我们仍然对学校面向未来培养人才的能力给予足够的信任,毕竟,每个家庭都能够准确把握未来社会发展方向和孩子成长发展潜能优势,并据此办一个家庭学校,请几位优秀的专职教师来家里辅导孩子们功课的时代还离我们较为遥远。

如果我们不信任学校,那我们还能信任谁?

教师
认识你自己[16]

这是一个关于身份认同的话题。所谓身份认同，就是人们对自身归属的主动寻求。在英文中，身份和认同是同一个单词"identity"，它的基本含义为"'在物质、成分、特质和属性上存有的同一的性质或者状态；绝对或本质的同一'，以及'在任何场所任何时刻一个人或事物的同一性；一个人或事物是其自身而不是其他的状态或事实'"。[17]换句话说，身份认同旨在使处在某一群体中的个体，主动建立一个认知和表达体系，在自己是谁、自己是做什么的、扮演什么社会角色、遵循什么规范等问题上形成清晰的主体意识并表现出相应的主体行为。专业身份认同是个体对自己作为专业人员身份的辨识与确认，它关注的是个体在本群体中的个体差异，它的本质在于要在群体中突显自己的身份特征，表达的是个体在本群体中"做到最好"的主体诉求。身份认同和专业身份认同二者是既互相联系又有区别的。身份认同包含专业身份认同，专业身份认同是对身份认同的进一步的感知与确认。从某种程度讲，身份认同是向外的，它旨在使个体能够体认自己归属于某个群体，能够接受和践行所在群体的行为规范、原则和价值取向，实现一种群属感；专业身份认同是向内的，它使身处于某个群体中的个体获得自我实现的需求，努力使自己更加专业化，在本群体中彰显自己特有的身份特征，标识的是一种在群体成员中的地位。不过，无论是身份认同还是专业身份认同，二者都是主体在一定的生存场景下，在对自己的过去、现在和未来的统整考量下，在与外界的互动作用下，对自己的生存状态、生存意义的持续主动建构的过程。

教师的身份认同是指教师自我对社会所界定的教师内涵的认知与体验，确认自己作为一位教师，允诺和遵从作为教师的规范准则，把教师职业作为自己身份的重要标志。在现代社会中，生产方式的变迁孕育了社会生活方式的变迁，也孕育了人们身份认同的变迁，人们越来越趋向于以职业认同作为自我的标识。可以说，整个社会就是一个大职场，每一个人必须找到自己在社会中特定的职业定位，形成相应的职业意识。因此，从某种意义上说，教师的身份认同即教师的职业认同。

教师的专业身份认同是指教师对于自己作为专业人员身份的辨识与确认，是一个教师追问"我是否是一位专业教师""我是否是一位优秀教师"的历程。由于个人生活经验、志趣、认知特点的不同，每个教师对"专业"的理解并不一致，因此，教师的专业身份认同体现出很大的差异性和个性化特点。正如休斯所言，"专业是一个人的工作而也是其自身生活的一种象征"。由此而言，教师构建专业身份认同的过程，也是作为"生活中的我"和"专业的我"交织互动的过程。

教师专业成长是"教师从接受师范教育的学生，到初任教师、有经验的教师、实践教育家的持续过程"。⑱这种专业成长是一个不断学习提高、不断遇到问题并不断解决问题的过程，还是一个人的职业素养和内涵不断丰富、不断增长的过程，也是一个教师的职业理想、职业道德、职业情感、社会责任感不断成熟、不断提升、不断创新的过程。这些过程主要包括内化教师职业价值、获取教师职业手段、认同教师职业规范，形成教师职业性格等方面。此外，如果站在一个更高的层面来看，教师的专业成长决不仅涉及教师职业（教师职业资格）和教师专业化的问题，更牵涉教师个人的生活问题，所以教师专业成长是全方位，而且首先是人的成长，其次才是专业的成长。教师专业成长的过程内在地包括了教师成"人"的过程和教师成"教师"的过程。前者指的是教师应具备做人的基本素质，拥有普通人的全部生命与生活，这是教师专业成长的基础所在；后者指的是教师作为专业人员，要拥有相应的教师专业理论、专业哲学观、专业技术和专业资格等，这是教师专业成长的主要任务所在。其中，教师对自己专业身份的认同、觉知与建构，将对教师的专业成长起到潜移默化的重要作用。

教师专业成长被学界广为重视源于当前的课程改革。在此论域中，教师的目标就是要做一位拥有集课程开发、统整、设计、决策、实施、评介及课程哲学观等于一身的专业教师。教师不仅要具有较为全面的且不断更新的课程知识，更要有一定的课程反思能力，能够深刻体察社会、学校、教师本人、学生的课程需求，建构适宜的课程体系。

教师在课程领域中的专业成长体现为教师不断获得成熟的经验及系统地反思课程和教学。教师专业成长的影响因素大致有三个方面：教师的个人因素、教师生活工作场景因素和为促进教师发展而采取的特殊干预因素等。教师的个人因素包括教师的认知、职业和动机的发展等；教师生活工作场景因素包括社会和社区的影响、学校体制的影响、学校文化的影响、教师同事之间的影响、师生之间的影响等；特殊干预因素包括行政督察、教师评价、建构教师专业成长模式等。在这些影响因素中，起关键作用的是教师的个人因素，其中，教师专业身份认同又占据着重要的位置，成为教师专业成长中的核心问题。这是因为"对个人专业身份的观念是决定教师做些什么最基本的一部分。外来的指导并无足够的力量可以改变此种价值观，因为那是提供教师行动的核心依据。教师认为自己是谁？应该成为什么样子？各有自己的思考，若不能关心其身份认同问题，则改革方案充其量只是一个做法取代另一个做法"。[⑲]

在教师的专业成长历程中，不应把教师当作教育改革的工具，可以任由技术和制度的宰制，必须把教师视为一个独特的人，有生命经验，有自我认同，有对教育、教学、课程的概念与价值休系的认识。教师作为一个人，他(她)的经验、知识、价值、情感、信念、哲学观等是其专业成长的基石，教师如何看待自己作为教师的身份、如何审辨自己成为一名专业教师，这些都对教师的专业成长起着基础性的作用。因此，在教师的专业成长中，关注教师专业身份认同相当重要。"唯有认同自己作为一位专业教师的身份,教师才真正清楚自己的专业成长方向,不因变动频繁的改革方案而无所适从,也不因追逐华丽的流行说词而随波逐流。这样的教师才真正拥有来自专业判断的自主权,而且此种自主权不是任何权力单位所能赋予的。"[20]它表现的是教师个人在生活工作中的意志和品性。

教育的革新离不开教师的遵循与配合,教师作为教育第一线的实践者,拥有事实上的教育执行权,教室里的课程和教学的实际情形是教师和学生共同建构的结果。外来的教育政策或行政命令不足以完全改变教室内的教师和学生的行为惯性。政策上所设定的,希望能以此促进课程改革的教师专业角色(教师即"研究者""课程设计者""课程评价者""行动研究者"),实际上却因缺乏教师的认同以及教师专业不足等而流于形式,未能取得理想的改革效果。课程改革要想获得成功,就必须使教师的价值观念、态度、课程哲学观得以更新,教师专业身份认同得以建构,进而能够使教师全身心地投入课程改革之中,成为自主发展的主体,实现教师专业成长。

国家、社会、学校、家长等多方面的关于"教师应当如何"的角色期望与规制,遮蔽了教师自己关于专业身份的觉知,剥夺了教师个人成为预期角色以外其他身份的可能性。"当我们以'角色'期望要求一个'人'时,这个角色就掩盖了人的真实自我;传统的、预定的角色,长久以来欺骗了人的专业认同。所谓的专业发展就如同朝圣一般,逐渐接近或符合一套既定的角色规范或专业规准,而将所有的自我嵌入既定的框架中。规制性的角色经常导致个人声音的压制,剥夺个人界定情境的权力。况且,由一个权力来源所赋予的专业角色却经常与教师的认同不一致,而导致教师在工作上的困扰。"⑳教师身处国家、社会、学校、家长、学生和自身的多重张力之中,更有来自各方不同的角色期望与冲突,令教师感到疑惑:"一位专业教师到底是什么样的?"教师角色的多重性不但使教师产生了巨大的心理负担,也导致教师专业身份认同变得十分混乱。

社会舆论对教师专业身份的过度神化和象征化,诸如"教师是太阳底下最光辉的职业""教师是燃烧自己照亮别人的蜡烛""教师是人类灵魂的工程师"等,更使得身处在现实生活中的教师难以达到一位优秀的专业教师或是合格的教师的标准。社会对教师的定位太高,给教师造成无形而巨大的精神压力,教师倍感心有余而力不足。社会对教师的角色期待更进一步转化为教育体制的行政话语,在此种体制氛围中,很多教师身处令人压抑的工作环境中,他们感到工作辛苦、报酬偏低、工作自由度小、缺乏动力。在体制上,做好了是应该的、是教师的本分,基本没有什么奖赏,做差了是教师的失职,会受到来自多方面的指责甚至惩罚。体制上的规制严重地压抑和冲击着教师专业身份认同,逐渐使教师失去了专业自主的能力,不能形成清晰的专业理念,对教师工作感到不同程度的困惑甚至失望,表现出无奈、沉默,或随波逐流,得过且过甚至彻底拒绝教师专业身份认同,选择改行。

教师专业身份能否认同还与历次课改相关联。由于每一次课程改革政策的推行和实施都要求教师做出积极的响应和配合,教育行政机构、课程专家和学校都对教师提出了更高更难的要求,以适应课程改革的需要。如要求教师参加新课程的培训活动,聆听课程专家的理论教导,学习新课程的内涵和实施方式,然后按照课改的精神和规程实施课程。在此过程中,教师会受到各方面的监督与评价,看其行为是否符合新课程的要求,当教师的行为不符合既定的要求时,教师就可能被指责,甚至受到惩罚。此种自上而下的政策推行思维,视教师为教育改革的工具和材料,使课程改革的运作过于理想化、简单化,充斥着技术理性的管理主义。传统的技术理性认为,教师的专业身份是教育政策、教育行政机构和课程专家所界定和给予的,是预先设计好的,容不得教师的辩驳与反思。而事实上,教师专业身份的获取,从根本上应源于教师本人的认同,源于对于自己作为教师的内涵、意义、价值等的理解与追问。政策上所赋予教师的专业身份未必就是现实中教师们所认同的专业身份,二者存在一定的差距,有时甚至是相互矛盾和冲突的,更由于教师被看作教育改革工具这种技术理性的惯性思维,就导致了一个结果,即教师的专业身份认同得不到国家层面的足够尊重,教师沦为国家实现教育改革的"木偶"。

在教师专业身份认同过程中,会受到不同方面话语的影响,教师专业身份认同处于一个极为复杂的脉络关系之中,教师必须正视他者对自己的专业期待,立足自己的专业判断,实现教师专业身份认同的觉醒,主动建构自己的专业身份认同。

充分尊重并赋予每位教师专业话语权利,营造合作型教师专业团队文化。应致力于建立一个教师之间、教师与学校领导之间平等对话的平台,让教师能在一个充分被赋权、被信任、被支持的情境下,拥有发表个人论述,展示个人专业智慧的空间。教师专业身份认同从根本上源于教师个人的不断学习与反思,但也离不开教师之间在生活和工作中互相支持,彼此交流和沟通。合作型教师专业文化能够使每位教师获得一种专业的归属感和安全感,减轻教师面临改革时的心理压力,提高教师参与课程改革的积极性。在课程改革的过程中,教师们作为改革的同行者,应抛弃传统的"各自为政"的保守思想,以坦诚、开放的态度,共同探讨、理解改革的精神内涵及行动纲领,在对课程改革不断摸索、体认及内化的过程中,实现共同的专业成长,建构各自的专业身份认同。

建立教师对新课程改革的协商与认同机制。每一次新的改革对于教师而言,都意味着一次新的挑战,教师被要求必须改变业已熟悉的教学观念和课堂行为。客观上讲,为了顺应时代的发展和进步,教师的教育教学观念及行为也必须与时俱进。但是,"新的"即"好的"的思维惯性使课程改革未能足够关照到教师已有的需求、兴趣、文化和价值观,教师熟悉的教材教法与师生互动模式及教师对课改的接受能力等,进而引发教师对课程改革的抗拒现象。教师抗拒的原因一般都被归结为教师的保守、惰性或者是改革本身幅度太大等,而更为深层次的原因应从教师的专业身份认同上来把握。

教师抗拒的实质原因是,在学校迎合改变的外表下,学校中的教师所赖以生活的思维和行为方式并未产生改变。亦即,教师并未改变其在原先环境中所建构出来的、支持自己日常生活与工作方式的价值观,以及与周遭人、环境的互动形式。这些价值观与生活方式构造了教师自己所认定的专业身份。因此,课程改革要想取得成功,就必须能够得到教师对改革的认同及发自内心的接纳,建立教师与课程改革之间的协商与认同机制。学校要组织教师开展课程改革对于本校、教师及学生适恰性的研究,并在研究和探讨中,加强教师对课改的共识,统一行动的目标,教师也只有在认同改革的基础上,才能更进一步更新和建构自己的专业身份认同。

以教师叙事促进教师专业身份认同。教师通过对自己及他人生活故事的叙说,反思其生活的事件与经历,追问故事的意义,也在故事中重新建构自己的意义和自己与他人的关系。在叙事中,教师将会对自我有更为深刻的关注,统整"作为教师的我"和"作为人的我",把自己的生活工作融为一体,坚定自己的专业理想和信念,相信自己的专业判断能力,对教师专业工作给予自己的再界定,在反思中建构专业身份认同。

学生
以学习为业的人[22]

这是一个关于学生身份认同的话题。学生的身份认同指的是学生自我和他者对"学生"这一身份的认知、情感体验和行为方式，它包括学生自我的身份认同和他者对学生的身份认同两个方面，其涉及"我"（"他"或"她"）是什么样的学生、希望成为谁等基本问题。在全球化时代背景下，教育变革越来越频繁，个体在社会中的角色越来越多元，作为今日社会的承接者和未来社会的创造者，学生肩负着厚重的使命。简言之，人们对学生寄予深切期望。但现实情况是，国家对学生的期望和诉求（通常主要体现在国家教育改革的相关政策之中）很难直接"灌输"到学生身上，有时甚至事与愿违，原因在于国家的意旨需要经过社会、媒体、家庭和学校等的层层传递和"过滤"。事实上，真正对学生的身份塑造产生重要影响的不外乎教师、家长和学生群体自身，而学校是学生的身份认同形成及其建构的主要时空场域。

学生作为一个名词，其在《辞海》中是这样解释的：①在学校或其他教育、研究机构学习的人。②弟子对老师或前辈的自称。③明朝科中出身的官员用以自称，表示谦虚。与"学生"这一概念相联系的另外一个比较重要的概念是"学生角色"，其在《辞海》中的解释是："相应于学生的社会地位、身份的被期望的行为。如尊师守纪、努力学习、关心集体。"㉓显然，"学生角色"更加强调学生特定的行为特征，即学生应该做什么。身份是一种符号，它标识的是人的出身、地位和资格。依此来看，身份与角色二者之间的关系就是：身份赋予了角色以特定的行为方式，角色从属于身份，是从行为上对身份的一种诠释和展开，即特定的身份担当特定的角色。在现代语境中，学生指的是在学校以学习为业的人，学习作为一种内隐的心理活动或外在的行为表现是学生身份或者学生角色的核心特征。

学生是"祖国的未来，民族的希望"，被寄予重托。在《国家中长期教育改革和发展规划纲要（2010—2020 年）》（以下简称《教育规划纲要》）中，"学生"一词总共出现了 127 次。可以说，一部《教育规划纲要》，就是一部谋划学生健康成长和发展的蓝图。"育人为本"是教育工作的根本要求，《教育规划纲要》作为国家教育政策的基本导向，从当前学生发展中存在的问题、学生在教育教学中的地位、学生的主动发展、学生的全面发展和个性发展、对学生的保障以及对特殊群体学生（例如农村留守儿童、残疾学生、农民工随迁子女）的资助等多个方面做了详细阐述。

《教育规划纲要》从教育改革和发展的角度对于学生的身份刻画和培养目标提出了明确的要求，即教育"要以学生为主体，以教师为主导，充分发挥学生的主动性，把促进学生健康成长作为学校一切工作的出发点和落脚点。关心每个学生，促进每个学生主动地、生动活泼地发展，尊重教育规律和学生身心发展规律，为每个学生提供适合的教育。努力培养造就数以亿计的高素质劳动者、数以千万计的专门人才和一大批拔尖创新人才"。可见，在国家的政策话语中，其对学生的身份界定是清晰的，对学校服务于学生发展的要求也是非常明确的，即学生是主体，服务每一个学生的健康成长，让每一个学生都能得到适合其发展的教育，是学校的中心工作和重要任务。

学校作为制度化的专门教育机构，承担着培养学生的重任。学校要依据国家的教育方针政策，根据自身教育职能，分解教育目标，制定教育计划，实施教育教学。学校对于学生发展的重要作用是不言而喻的，学生思想的成熟，人生观、价值观和世界观的形成主要发生在学校，学生的身份认同及其建构也主要是在学校完成的，学校理应是一个能够客观、理性地贯彻国家教育方针政策的机构，也应是一个让学生享受学习的愉悦和幸福的理想场所。

然而，现实中的学校却与这一理想存在很大的距离。每个学生自进入学校的那一天起，就有意或无意地对学校产生了或喜爱或厌恶，或高兴或恐惧的情感体验。但是，不管怎样，对于学生而言，学校都是一个绕不过的"坎"，除非选择远离学校，放弃制度化的学校教育。对于那些留在学校的绝大多数学生来说，随着在校时光的逐渐延长，他们初入学校时的那种平等的、自我的、独特的身份感日趋式微,他们在某一天突然被学校或教师告知:他们中的某些人(或某个人)被冠以或者是品学兼优的"三好"(或"五好")学生,或者是学习困难的差生,或者是最好选择留级甚至转学的问题学生。学生对自己已有的身份认同逐渐被"瓦解",取而代之的是学校"官方"发布的身份标识,而学校把学生分成三六九等的依据主要是学业成绩,另外就是学生的品德和行为表现。

这种由学校作主,对学生身份进行所谓的客观界定,任意制造学生等级的现象,在我们当前的教育中已经是司空见惯的事情了,有个别学校则走得更远,似有走火入魔之嫌。例如,西安某小学"为了激励学生上进",竟给一些学生莫名其妙地戴上了绿领巾。"你学习不好,戴绿领巾,我才是真正的红领巾""哥哥姐姐们都是红领巾,我觉得绿领巾不好看,可是不戴的话老师会批评""调皮、学习不好的学生就得戴绿领巾,老师要求上学、放学都不能解开,不然就在班上点名批评""我还是想戴上红领巾,因为我觉得戴上绿领巾就好像是跟其他的同学不太一样,是属于差生或者是属于学习不好的人"。[24]以上是学生们对戴绿领巾的普遍看法。

不管学校是出于何种目的考虑,这种给学生戴绿领巾的做法是错误的,它非但不能起到激励学生上进的作用,反而会适得其反,给学生造成巨大的心理压力,使学生无形中产生了被歧视感、被羞辱感和自卑感。绿领巾作为所谓的差生的身份标识,是一种符号暴力,是对学生人格的践踏和侮辱,这一身份标识给那些戴过它的学生所造成的心理创伤往往需要很长一段时间才能痊愈。

　　"望子成龙，望女成凤"是中国家长对子女教育普遍的价值取向。孩子要想成为人中龙凤，必须接受优质的学校教育，拥有骄人的学习成绩，并在与同学的竞争中出类拔萃，之后，在社会找到一份令人羡慕的好工作，这是多数家长理想中的子女成长基本法则。实际上，国家提倡的多样化的人才观根本得不到家长们的认同，他们认可的是现实社会中唯学历用人的硬道理。由此，我们就可理解为什么"不要让孩子输在起跑线上"这样的误导能够拥有广阔的市场，得到众多家长的追捧。

　　大部分家长对子女成长发展的定位聚焦于一点，即"在学校要当好学生"。"好学生"主要指学习成绩好，这也成为众多家长对子女的期盼。子女必须接受这样的事实：只有学习成绩好，才能在学校占有一席之地，才能在家里享有"礼遇"，否则，自己的地位和身份将黯淡很多。然而常识告诉我们，在当前主要按考试成绩排名决定优劣的学生评价机制下，"好学生"只是少数，而大多数学生只能陪衬作"好学生"的"绿叶"。因此，学生始终被裹挟在家长对其"好学生"的身份诉求，而在学校中只是"一般学生"或"差学生"的现实之中。家长和学校对学生身份界定的错位使学生在身份认同上面临危机，学生要么默认在家庭和学校中两种截然不同的身份，要么就是突破"重围"，实现身份的自我解读和建构。

　　无处不在的媒体网络是社会视点的风向标，它对于新奇事物总是有着无比敏锐的嗅觉。今日的学生对于媒体网络的依赖程度可谓亲密，媒体网络在为学生提供丰富的、鱼龙混杂的信息资源的同时，也在不知不觉中引导学生形成了对社会的基本看法。在此，我无意批评新闻媒体在信息筛选上所应有的舆论导向功能的缺失,可能收视率和点击率是他们生存的基本需要。现实中,各大新闻媒体到处充斥着对高考状元的膜拜,对"五道杠"少年的热捧,对"虎妈""狼爸""哈佛妈妈"等所谓成功父母的推崇,而在这些事件热闹的背后却隐藏着一个共同的价值标准,即只有考上哈佛、清华、北大等重量级名校的学生才能赢得社会的赞许和尊敬。我所担心的问题就在于此,即当我们热捧一个所谓成功的家长(或成功的学生)的同时,却在无意中制造和打击了一片自认为无法取得成功(或者说失败)的学生,造成了他们的身份焦虑。当学生的一只脚还未踏入社会的时候,他们却可能已经作出了对自我身份的多少带有悲观色彩的预言,即自己是一个失败者,或者说是一个被社会所忽略甚至淘汰的人,这难道不是我们的悲哀吗?

不同社会文化和家庭背景的学生个体在学校中被评判,获得一个分数,并因此被归于某一类学生(比如"好学生"或"差生"),这个时候,学生获得了一个学校"官方"认可的"身份",即被认为是什么样的学生。在学生群体中出现"好学生"和"差生"的身份区隔的深层原因在于"传统的认识论和教学论不是依循个体资质、充分发挥其潜能,而是以知识自身客观性为由,用统一标尺丈量由人参与的教育活动,把达不到标高的视作'差生'。结果,生命个体'自然属性'上的丰富多样性被置换、量化成'社会属性'上的等级差异性"。㉕

学生在学校获得的"官方身份"和他(她)本人认可的学生身份可能一致,也可能不一致,于是,学生本人必须通过认同或冲突来达成一种"客观性和解"。㉖对于那些"有身份"的学生(比如学校予以肯定的"好学生")来说,他们会尽力维护学校的话语权,他们深得老师的器重,更是学校荣耀的"资本",在学生群体中享有天然的优越感。

而对于那些身份"低下"的学生(比如所谓的"差生")来说,情况就完全不一样了。"我们不难发现:那些靠边角落座的学生大都被视为'差生',那些低头、趴下躲避教师目光者可能是'差生',那些在课堂上担惊受怕、噤若寒蝉、沉郁寡欢者是'差生'……'差生'既被抛置在班级物理场域的不利边缘,又被定格于教师和同辈群体心理场域的弱势地带,他们是与错误相联系的符号,是教师表扬先进贬抑落后的道具和树立'善恶是非'标准的另一面。"② 他们对学校的这一身份界定显得有些无奈,但是,出于安全感、自尊感的需要,他们中的一些人也会想尽办法以摆脱"差生"的窘困身份。他们基本上不会把希望寄托在提高学业成绩上,而是通过其他途径塑造自己新的身份,让自己的身份更加复杂化,并在其中增添一些"高贵"的元素,使多重身份能集于一身,这样一来,他们就摆脱了"差生"所带来的"低下"的身份束缚,而使自己在学生群体中享有一份令其安然自得的身份荣耀感。例如他们穿着时尚、留着新锐的发型,他们是学生中时尚潮流的发布者和引领者;他们拥有超强的人际交往能力,是同学之间发生矛盾冲突的有效协调者;他们总是能提前知道一些新奇的事件和人物,是备受大家喜欢的新闻发言人。

正如上文所说,学生是以学习为业的人,因此,学习应是学生的责任,学生,也即学习者,这样看来"好好学习,天天向上"应是对学生理想身份的最好诠释,正如成语中的闻鸡起舞、头悬梁锥刺股、囊萤映雪、凿壁偷光等,讲的都是古人学习非常刻苦、用功,终而成就了一番事业的故事。小学生自踏进学校的那一天,就被其父母和老师告诫"要好好学习,听老师的话",这可能是我们每一个现在或者曾经的学生的集体回忆。

除了学习之外,学生的另一个本分所在,就是要遵从老师的教诲而不违师。因此,在学校层面的话语体系中,"学习的好与差"和"是否听话"成为衡量学生身份的基本标准。依据这一标准,就衍生出四种典型的学生类型,即学习好且听话的、学习好但不听话的、学习差但听话的、学习差又不听话的。

当我们仔细分析"学习好"和"听话"这个基本身份标准时发现,"学习好"其实是一个能力标准,而"听话"则是一个体现学生个性化(或者说性格特征)的标准。在这四种学生类型中,学生要想成为老师眼中的好学生,学习好是必要条件,而听话和不听话只是一个充分条件。学习好又听话的学生是典型的好学生,他们"天然"具有好学生的身份资格,由于他们是老师意愿的坚定维护者,因而备受老师的青睐和赞赏,并经常被老师作为让其他同学学习的优秀典范,这也可能在无形中培养了他们顺从型的性格;对于学习好但不听话的学生,他们虽然拥有好学生的"高贵"身份,但是却经常会做出不遵从老师意愿的行为,例如,一些成绩优异的学生可能不做家庭作业,他们可能会表现出较为明显的独立型性格;对于学习差但听话的学生,他们虽然是差生,但是也可能赢得某些老师的喜欢,这样,他们的差生身份就会有所改观,这也进一步培养了他们中间型的性格;学习差又不听话的学生是典型的差生,且不得老师的喜欢,处于学生群体的边缘地位,在他们身上往往表现出强烈的逆反心理,这或许是出于他们想吸引周围同学的目光和引起老师关注所致。

上述四种学生类型也可以说是四种较为典型的学生身

份，而通常意义上所指的那些学习一般、表现平平的学生，他们作为"沉默的大多数"，在老师眼里往往处于容易被忽略的"中间地带"。

"人不仅与世界发生知和行的关系，而且面临认识自己与变革自己（成就自己）的问题。"㉘"认同是一种处于历史变化之中的未完成的、具有过程性的，同时具有开放性和可塑性的多元构成……其核心是'我们会成为谁'。"㉙学生自我身份认同，即学生对自我身份的预言，对于学生在学校乃至社会中的发展会产生重要的影响。积极的、乐观的、肯定的身份认同，将使学生积蓄能量进而形成自信、进取的良好心态，以更好地应对未来的挑战。

学生自我身份认同的建构是一个主动与被动相互交织的过程，因为，对于学生而言，"别人怎样看我"和"我怎样看自己"在其身份认同的影响作用上，常常是交织在一起的。我并不否认学生的主体性在其自我身份认同建构上的积极作用，而是更愿意从学校的角度，思考如何促进学生实现自我身份认同的理想建构。因为，学生自我身份认同的建构主要发生在学校这一时空场域之中，并依赖于学校。更进一步讲，一方面是学校赋予了其"学生"的身份，另一方面，只有当学生身处在学校之中，生活在学生的群体氛围中，其身份才能得以充分彰显。因此，学生自我身份认同的建构是在学校中且基于学校情境的自我建构。学生作为"尚在形成中的人"，是"一个主体，一个带有既定的，并可以不断发展的认知结构和能力以及价值观的主体。其学业成败和素质发展在很大程度上取决于学生对学校的认知与表象，也就是他所维持的与学校（知识）的关系，对之赋予的意义"。㉚

作为制度化的学校是社会发展和社会制度的产物，它要履行社会赋予的功能。因此，从某种意义上说，社会分层是学校中学生分等(分层)的必然结果，每一个学生在学校中的身份地位是每一个个体在社会生活中身份地位的缩影。学校必须反思，未来的社会可能是一个什么样的社会?相应的，学校要培养什么样的人? 或许联合国教科文组织国际委员会已经给出了答案："未来的学校必须把教育的对象变成自己教育自己的主体。受教育的人必须成为教育他自己的人；别人的教育必须成为这个人自己的教育。学习者的地位和作用是确定任何教育体系的性质、价值与最终目的的重要标准。学习者的地位主要是由学校允许他自由的程度，挑选学习者所采用的标准以及学习者所能承担的责任的性质与限度等方面来决定的。"⑳

今日学校必须时刻谨记夸美纽斯(J.A.Comenius)批评中世纪学校的弊端:学校变成了"儿童的恐怖场所"和"他们才智的屠宰场"。今日学校必须竭其所能做好一件事情，即让学校成为一个令学生喜欢和向往的学习之地。为此，学校要坚守培养人的根本使命，多几把衡量学生的尺子，平等地对待所有的学生，为每一个学生的健康成长创造理想的环境和条件；教师要尊重每一个学生的人格，欣赏他们独特的个性，培养他们良好的性格，给予他们更多的学习和发展的自由权利，让他们真正成为学习的主体、发展的主体和"自己教育自己的主体"。

教学
时刻充满情境意蕴[32]

广义的教学泛指那种经验的传授和获得的活动，是能者为师，它不拘时间、形式、内容、场合。这里所指的教学是狭义的，即学校教学。与广义的教学相比，学校教学的特征在于师生通过课堂教学，在规定的时间范围内完成教学任务，接受教学质量考核，达成预期教学目标。学校教学的基本职能是通过师生的交往互动，实现文化知识的传承和创新，以此丰富人的精神世界。由学校教学的基本特征所致，在学校中，我们所要学习的文化知识是以高度凝练的方式，通过情境化的编排和设计而呈现的。因此，学校教学本身就具有情境化的特质，也正因如此，才使得师生的教与学走了"捷径"，使文化知识的传承和创新在学校这一有限的时空场景内得以实现。

教学不是空洞的,它必然包含如下一些要素:谁来教、教给谁(谁要学)、教(学)什么、什么时候教(学)、在什么地方教(学)、采用什么形式或方法教(学)、用什么教(学)等。当仔细分析教学的上述要素时,我们会发现这些要素可以进一步抽象为人、时间、空间和介质载体四个方面,而人在其中居于主导地位。一幅真实的教学图景绝不是一种自然式景观的呈现和涌动,必然会有人的存在,而且,其中的人不是单个人,它必然涉及人与人之间的互动,内在地包含了"我—你"关系、"我—他"和"你—他"关系。

情境一词在《辞海》中的解释是:"一个人在进行某种行动时所处的社会环境,是人们社会行为产生的具体条件,包括机体本身和外界环境有关因素。它可分为三类:真实的情境,指人们周围存在的他人或群体;想象的情境,指在意识中的他人或群体,双方通过各种媒介物载体相互影响;暗含的情境,指他人或群体行为包含的一种象征性的意义。"[③]这里,我们有必要对情境和社会环境的关系做进一步的解释。如果我们把环境分为自然环境和社会环境,那么情境应指的是社会环境,不过,这里的社会环境也会夹杂着一些自热环境的成分。因为,不论我们生活在何种社会环境之中,自然环境始终是社会环境的基础。

对于个体而言,一种对其有意义的情境,或者说其自身真正参与其中的情境,必须满足两个基本要素,即个体(我)和他人(群体)二者同时在场。个体(我)是情境的觉知者,他人(群体)是某种情境产生的背景。情境在一定意义上是一种主观的个体体验,而且,不同的人会有不同的情境体验。例如,两个人同处于一种社会环境中,该社会环境的存在及其价值对这两个人的意义可能会有所不同,自然两个人的情境体验就会不同。"有机体及其环境之间存在相互作用的、互惠的关系。在某些独立的意义上,'事实并不是世界的属性,而是相互作用的结果'。"㉟一种情境的产生,取决于当事者身在其中,并对其进行自我觉知。当个体进入了某种社会场景,只要该社会场景对个体产生了影响,那么,在个体身上就形成了一个情境的基本画面。进而言之,如果个体和社会场景产生了互动,发生了相互作用,则形成于个体身上的情境就会处于一种动态的、变化生成的过程。在这个过程中,个体和社会场景二者之间会进入一种视界融合的状态,个体逐渐感知到自身已经进入情境之中,甚至成为该情境的一部分。可见,情境是个体与社会场景的对视、对话乃至相互融合的产物。

正如"有效的学习是在社会情境中发生的,是在学习者与其他个体交流或努力进行合作活动的过程中发生的",㉟可以说,教学是个体与他者展开对话、互动的过程,情境是教学得以实施的基本前提。当个体进入某一社会场景,并与社会场景展开交往互动,或者说产生了人与人之间的交往互动,此时,就为教学的开展提供了充要条件,因为教学的基本要件就是人与人的互动。当个体进入教学这一场域,他必须首先感知到某种情境的存在,并使自己融入此情境之中。因此,我们可以说,教学发生于情境,人们从事教学活动之时,也是情境不断建构和创生之时。

教学活动总是依附于特定的情境,二者如影相随。相对于情境在其他社会活动中的作用,情境的教学效用,指的是在教学中,情境在影响学生的发展上所发挥的独特作用。

一是构建结构化的知识体系。学生在学校中学习的知识是呈体系化的。各个学科门类构成了学校的课程体系，一个学科内部的知识编排也往往以篇、章、节、单元等形式形成其体系。对于同一学科内容的知识体系的设置，不同国家、不同地区可能会体现出明显的差异化。但无论如何，这种呈结构化的知识体系，不仅遵循了我们所拥有的知识观、知识本身的逻辑顺序、人的身心发展和认知发展规律，体现了国家的教育意志，是充满情境化的人为设计，而且，在这一知识体系中，前面的知识是后面知识的一个情境线索，或者彼此互为情境线索。如此一来，摆在师生面前的是一个庞大的自成体系的知识网络，其中的每一个知识节点都可以作为与之相联系的其他知识节点的情境线索。对于学生而言，他们已知的知识（经验）就成为未知知识的情境线索。

二是激活学生的注意力系统。如果我们想让学生记住或理解什么，那么，就必须先让学生把注意力集中在这上面。当教师和学生进入课堂准备进行教学活动时，教师的首要任务是要把学生带入即将学习的情境之中，以此让学生成为一个学习的积极参与者，而不是旁观者。作为参与者的学生，他被特定的情境所吸引，身临其境，能够有效提取大脑中储备的信息和经验，积极调动思维，解决面临的问题和困惑，进入有效学习的状态；作为旁观者的学生，他没有被特定的情境所吸引，因而无法进入特定的情境之中，大脑中本应被提取的信息和经验不能与新情境产生有效的联结，难以进入有效学习的状态。换句话说，并不是所有的学生在同一课堂教学情境内都能进行有效的学习，有的学生可能根本就没有学习，因为他没有进入该学习情境，而始终是一个学习的旁观者。

让学生进入学习情境是学生开展学习活动的基本前提。那么,教师怎样才能带着全体学生进入学习情境之中呢? 一个必备的答案就是学习情境的设计必须能够吸引学生的注意力。当学生进入课堂时,他总是或明确或模糊地带有一定的学习目的性:"我要学点什么。"但此时学生的学习驱力和动机仍处于潜在和尚未被激活的状态,他们的大脑还没有真正开始工作。教师适时的情境创设(这里的情境最好是能让学生参与其中的,可以是真实的,也可以是虚拟的)可以吸引学生的注意力。"注意力就是一扇门户,信息的洪流通过它传递到大脑。"㉝吸引学生的注意力是引领学生进入学习情境的第一步。教师可以通过对学生提问,"改变教学的方式,引用令学生感到兴奋的教学材料,改变个人的特点,如衣着、仪态"㉞等方式,从而让学生自觉地进入学习情境。

三是产生隐性教学效应。一个非常有意思的现象是,同一年级但不同班级的学生,他们虽然学习着同样的学科,但是,因为他们被安排在不同的班级,接受不同教师的教学,身边的同学也是不同的,当他们进入各自的课堂与教师和其他同学一起开展教学活动时,他们对课堂环境氛围的感知、对教师的期待、对学习的热情、对知识的观念等可能都会有所差异,当然,就是在同一班级内的不同学生之间也会产生上述现象。对于学生而言,他们身处其中的教学环境和教学氛围,他们所面对的教师和同学,这些都作为一种情境而存在,进而对他们的学习成效以及学习观念的形成产生重要影响。学生们之间这种难以名状的感觉和状态其实是隐性教学的结果,是他们在长期的教学活动过程中潜移默化自我建构的一种心理情感知觉。

隐性教学效应的形成对于学生的发展有着重要作用。在教学活动中,"不同班级通过一定时间形成的某些习惯以及大多数人共有的一些观念,和已由他们自己生成的亦可称之为文化的东西反过来又作用于他们自己;同时在不同班级任课教师身上的,潜在于他们品格或个性深处的,以'弦外之音'的形式表现出来的另一种'声音'也作用于学生"。㊳即使在同一个班级内,各种教学的情境,包括课堂教学的环境氛围、教师的形象气质和讲课风格,以及与周围同学的亲近程度等,会对不同的学生产生不同的影响。学生在隐性教学中所感受、所获得的虽然主要的、大量的是情意、态度、价值观等方面的非学术性内容,然而,这些因素也会影响到学生的认知习得,对他们的学习产生作用。

作为学生学习的一个重要情境人物,教师对于学生的发展往往能起到至关重要的作用。所谓"亲其师信其道",教师对所教学科的观念和态度会影响到学生对学习该学科的观念和态度,甚至还会影响学生对其他学科的学习。例如:"教师们常常发现自己对不同科目的消极态度会在班级中学生的身上反映出来。消极态度会转变为一种'隐性课程',学生们很快就能察觉到这一点。"㊴

四是促进知识的迁移。迁移指的是以新的方式或在新的情境中应用知识。按照行为主义理论,迁移依赖于情境之间的相同元素或相似的特征(刺激)。例如,学生们学习了怎样解"78-42=?",就应该能解"652-236=?"。可问题是,上述两个情境中应含有哪些要素以及它们如何相似,才能认为情境是相同或者相似呢?而且,即使有相同要素存在,学生如果认识不到它们,认为二者之间不存在共同性,就不会发生迁移。可见,情境促进知识的迁移是有条件的。第一,情境之间确有相同点;第二,学生有对情境进行认知性评估的能力，即能够在知识的深层结构上认识到情境之间的相同点。为此，教师在教学中要为同一个知识的学习设置多种情境，尤其是多创设有关学生的生活情境，让学生有机会在不同的情境下体验知识，增长经验，使其能够在更深的层次上理解和应用知识。

教学，基于情境，依赖于情境，服务于学生未知的情境。有效教学作为对教学的一个价值判断，存在很多标准，其中判断有效教学的一个重要标准，应是教学是否促进了学习的迁移。有效教学的情境观，指的是从情境的视角解读有效教学，试图揭示什么样的情境能够促进有效教学。

一是背景知识。相对于学生即将要学习的知识而言，背景知识就是学生已有的相关知识或经验，它是学习的基础性条件。正如奥苏泊尔（D.Ausubel）所言："影响学习的唯一最重要的因素就是学习者已经知道了什么。要探明这一点并据此进行教学。"[40]背景知识储存在学生的记忆系统之中以备所用。当学生面对一个新问题时，他就会在记忆中搜索和重组用以解决问题的背景知识，这就是学生的思考过程。"思考就是以新的方式组合信息。"[41]对于学习知识而言，学生拥有的背景知识越多，而且他检索、重组背景知识的能力越强，就越能学到更多的知识。例如，世界上最好的象棋选手之间的差距其实并不是他们思考能力的差异或者是否能走出一步妙棋，而是他们熟悉的棋谱的多寡。心理学家估计顶级象棋选手可能在长期记忆中拥有五万局棋局记忆。

二是教师期望。已有研究表明，教师对学生恰当、积极的期望能够改善学生的学习。教师对学生赋予了期望，学生也感知到了这种期望,这时,期望就成为了学生自我实现的预言。期望的形成,会在教师和学生之间产生一种交互式作用。以热情的方式对待学生的教师,也更容易得到学生热情的回报。教师一旦形成对学生的期望,就会通过微笑、点头、目光接触等支持性的和友好的行为,营造和传递给学生一种良好的社会情绪氛围。学生在此氛围中越能得到教师的认同,他就越倾向于成为这种社会情绪氛围的参与者和制造者,学生内心的观念,也就是教师的期望,就越发坚固,即"老师说的是对的"。

对于学习而言,教师能够准确提出期望,依赖于他对学生的认知和心理特点的准确把握,明了学生的最近发展区。那种不准确的期望是不可信的,例如,教师对学生不经意间的一句"我相信你是最棒的"通常对学生的学习不会有多大的影响。

三是学科文化。学校教学的学科门类诸多,其中每一个学科都有自己的知识体系、语言符号和独特的教育教学价值,这些共同构成了一个学科的学科文化。"学科文化以融入学科内容中的知识内涵、价值观念、思维方式等对学生产生教育影响。"[②]在教学中,教师若能引导学生亲身感受学科文化的熏陶,就可增强学科教学的吸引力。以数学为例,数学文化不仅记载着数学发展的过程,也承载着数学思想和精神,从而孕育了数学的美。数学的美体现在很多方面,包括数字的美、分割的美、方法的美、简洁的美、对称的美、奇异的美等。教师在进行数学教学时,将数学文化中所呈现的美的内容渗透其中,能够有效地提高学生学习数学的兴趣,甚至会发展成为学生的学习志趣。

四是学习榜样。一个好的学习榜样能够在学生内心产生"如果他(她)能做到,那么我也能做到"的积极心理暗示。在教学中,教师往往是具有较强影响力的榜样。"教师能示范技能、问题解决策略、道德规范、表现标准、普遍规则和原则以及创造性。教师能够示范举止，然后被学生内化并因此成为自我评价的标准。"⑬当学生观察到教师对概念或技能的解释与演示时，他们就倾向于认为自己也有同样的学习能力。同伴榜样也会影响学生的学习。当一个学生观察到与自己能力相似的同伴取得了成功，便会产生自我效能感，进而会努力完成学习任务。

五是练习。练习不仅能提高技能的自动化水平，而且还可以减少由记忆和认知加工的局限所带来的限制。一种学习技能或策略，学生必须通过练习才能习得并达到自动化的程度。我们也不难发现，在各式各样的教学模式中，"精讲多练"是一个基本要素。在教学中，教师提供大量有变化的练习有助于学生将多种情境线索与他们所学习的内容联系起来。这样，在多种情境中进行测验时，他们更有可能回忆出所学的内容。

什么知识最有价值
能引导我们获得幸福的人文知识最有价值

人类掌握了极为复杂的知识，而且，知识的更新速度之快也让我们目不暇接，也许，此时一个实验室的工作人员，由于他的一个突发奇想，这在不久的将来，就能对我们的生活造成很大的影响。我们用庞大的知识系统牢固地捍卫着人类作为地球上高级动物的权威。如果不计后果的话，我们只凭借已有的知识，就已掌握了地球上所有生物的生杀大权，甚至连同地球一起摧毁。只不过，这样的事情不是我们共同期盼发生的。我们的共同希望，或者说人类集体的美好想象是：地球变得更适宜人类居住，我们过着和平安宁的生活，每一个人都能获得个体的幸福。

我们每一个人都不愿意被他人剥夺通过正当途径获得幸福

的机会,因此,为了获得个体的幸福,我们就不能损害他人的幸福。中国的古语"己所不欲,勿施于人"说的就是这个道理。幸福对于我们每一个人来说都有着巨大的吸引力,获得幸福也是我们每一个人的追求。在不损害别人合法利益的前提下,获得自己的幸福,这是正当的,为了他人的幸福勇于牺牲自己的利益,这是高尚的,而为了获得自己的幸福,损害他人的合法利益,这种行为就是卑鄙的了。

"为了幸福"成为一种集体的想象,它具有强烈的感召力,把很多人聚集在一起,形成一股强大的力量。有时候,一些人为了达到自己卑鄙的目的,甚至需要披上一件正当或者高尚的"为了幸福"的外衣。即使是希特勒发动的对犹太人的迫害和屠杀,也是打着为了日耳曼民族获得幸福的名义,美国发动的伊拉克战争,据说也是为了伊拉克人民的幸福着想,而这种"幸福"却是建立在剥夺别人获得幸福的基础之上的。

幸福作为一种个体的主观体验,它的这种模糊性、感受性和难以量度性,为它自己增添了神秘的意义,吸引了我们的目光。于是,我们建立了关于幸福的知识库,包括幸福产生的心理机制、幸福的表现特征和不胜枚举的人们获得幸福的个案,等等。一些社会学家还在孜孜不倦地进行着关于幸福的课题研究,想探清楚幸福与学识、健康、财富、权利、欲望之间的关系,以丰富幸福知识库的内容。例如,风靡全球的哈佛大学幸福公开课,围绕"我们怎样才能幸福"这个核心主题进行了讨论,认为幸福是衡量人生的唯一标准,是所有目标的最终目标。假设有一个公益基金要资助一位社会学家研究一项课题,这位社会学家申报了两个课题,一个是"人类如何获得幸福",一个是"人类如何避免痛苦",我们有理由相信"人类如何获得幸福"获得资助的可能性会更大一些。这是因为,虽然获得幸福和避免痛苦这两件事都是我们非常在意的,但是,获得幸福显然对我们具有更大的吸引力,而且,我们都这样认为,只要我们掌握了获得幸福的知识,就离幸福本身更近了一步。不要忘了,获得幸福在某种意义上是我们的终极目标。所以,至此我们可以得出的结论是:能引导我们获得幸福的知识最有价值。

19 世纪英国的哲学家、社会学家、教育家斯宾塞(Herbert Spencer)发表了一篇文章,题目就是"什么知识最有价值"。他认为,不存在没有一点价值的知识,凡是知识都有一定价值,否则,我们也就没有必要创造出这些知识。知识的价值大小是比较的结果,即知识具有比较价值。为了我们能把自己有限的时间用去做最有益的事情,在学习知识之前,比较一下知识学习结果的价值,是非常有必要的。为了这个目的,我们就要设一个衡量知识价值的尺度——完满的生活。他这样讲道:

> 为了这个目的,首先要有一个衡量价值的尺度。幸福价值的真正尺度,照一般的说法,是不可能有争议的。每个人在提出任何一种知识的价值时,总是指出它对生活某些部分的关系。在答复"那有什么用"这问题时,数学家、语言学家、博物学家或哲学家都是说明他那门学问怎样对行为有好影响,怎样能避凶得吉,获得幸福。语文教员指出写作对事业的成功(即是对谋生、对美满的生活)有多大帮助,他就算已经做了充分的说明。而一个收集古董的人(例如钱币学家)没能说清楚这些事实对人类幸福究竟有什么看得出的

影响，他就只好承认那是无甚价值。所有的人都是直接或间接用这个来作最后检验的。

怎样生活？这是我们的主要问题。不只是单纯从物质意义上，而是从最广泛的意义上来看怎样生活。概括一切特殊问题的普遍问题，是在各方面、各种情况下正确地指导行为使之合乎准则。怎样对待身体，怎样培养心智，怎样处理我们的事务，怎样带好儿女，怎样做一个公民，怎样利用自然界所供给的资源增进人类幸福，总之，怎样运用我们的一切能力使对己对人最为有益，怎样去完满地生活？这个既是我们需要学的大事，当然也就是教育中应当教的大事。为我们的完满生活作准备是教育应尽的的职责；而评判一门教学科目的唯一合理办法就是看它对这个职责尽到什么程度。㊹

我们要过完满的生活就要学习五个方面的知识：第一类是关于自我保护的知识，例如保护自己安全的、预防损害健康的、形成良好习惯的知识；第二类是能够帮助人们谋生而间接有利于自我保护的知识，它主要指的是科学知识，例如生物学、物理学、化学、经济、营销、商业等方面的知识；第三类是在家庭生活中抚养与教育子女的知识；第四类是做一个合格公民所应具备的知识。斯宾塞认为，没有联系的历史事实的堆积对学生毫无用处，应该教给学生们用以反应社会发展基本规则、结构的历史、政治知识；第五类是为了闲暇生活而应具备的知识，例如艺术、建筑、雕塑、油画、音乐、诗歌的知识和审美的知识。在这些知识中，科学是其他知识的依据，这正如一个要从事雕塑工作的人，他(她)必须首先要熟悉人体骨骼和肌肉的分布、联系等科学知识。斯宾塞认为,无论是智慧训练、道德训练,还是艺术创作,科学都有最主要的价值。

在人们的印象中,只有真理才具有绝对永恒的价值。然而,我们现在越发怀疑的是,真理是否真的存在。对于真理,我们该秉持一个什么样的态度?我想,我们应该冲破保守主义的束缚,拒绝真理的永恒性,鼓励质疑和对"不确定性"的追求。这是因为,坚持自由主义的真理观,从根本上有利于制止在学校中教师向学生灌输知识的陋习。自由主义的真理观建立在这样一种信念上:"学校不应抱有存在着永恒不变的事实、原则、法则和理论的幻想。学校必须时刻地提醒学生,他们日常对知识的探究只能得出一个暂时的结论,必须对先辈所持有的所谓'神圣的真理'提出质疑。"⑮价值是相对的、动态的,任何事物都不具有永恒的价值,今天你还奉为圭臬的东西明天就可能就成为一种谬误。事实上,个体或集体的选择和对个体或集体需要的满足,这是价值观的最终评价标准,这一点对于所谓的"真理"也应该同样适用。

价值的上述特性,是由知识的局限性和相对性决定的。所有的知识都是以人类的觉知为中介的,具有不可超越的局限性。例如,摆在我们正前方的一张普通桌子,在我们看来,它是一个立体的东西,有四根直立的桌腿和一个正方形的桌面,而在兔子的眼里,它可能看到的只是一个模糊的桌子的平面图像。知识的相对性是与知识的局限性相伴而生的,相对性继而通过五官感觉,"嵌入人们所有的语言方式和思维方式之中。'热'是什么?是我们的手觉得烫的液体,是我们的面部觉得舒服的液体(每位理发师都知道这一点)。我们泡茶或者冲咖啡时,希望水温更高一些,以便得到更好的味道。人们所有的大小概念都是相对的。丽蝇是体型较大的蝇类,鹪鹩是体型较小的鸟类,尽管鹪鹩的身体比丽蝇大许多"。[46]

我们对知识的分类影响着我们的知识观。我们如果依据某种知识的价值观对知识进行分类的话,可以把知识分为学术之学与非学术之学。居于学术之学最高层次的是对学术的研究,即哲学,次之的是实用之学,即指导人的社会生活的如政治、经济、伦理等经世之学,再次之的是审美之学,它包括各种技艺、音乐、绘画、雕刻等;非学术之学指所谓常识和相对有固定运作规程的模式化的技能。知识有高贵与卑下之分。非学术之学是卑下的,学术之学是高贵的。在学术之学里,哲学是出世了的高贵,而实用之学是入世了的高贵,审美之学仅而次之。

如今,人类所创造的知识已被划分为不同的领域,并被以学科化的形式进行严密分类。社会分工、知识尊卑和个体潜能现实的有限可塑性,这三者立体化地定位了一个人在社会中的存在坐标,其中,知识对我们有着决定性的影响。我们拥有什么样的知识,就过什么样的生活。一个人知道的知识(学术之学)越多,就越能体现这个人高贵的身份和品味。知识(学术之学)成了我们个人炫耀的资本,这也造成了不良的社会风气,"有的人知道得更多,看来却不能利用这样的知识,所干的事情只有与同类人聚会,攀比谁知道的信息更多"。[47]

被学科分割化了的知识,容易形成知识的片段化、碎片化,这实际上破坏了知识的完整性,使我们难以从一个更为宏观、完整的视角去认知一个事物。我们在获得知识上已经陷入了一个悖论。一方面,我们所获得的知识都是被分割化之后呈片段状的知识,这种知识及其获得知识的方式的确便于我们掌握,也比较便捷;另一方面,知识的片段化有可能忽略了我们每一个人在其他方面本可被挖掘、塑成的发展可能性,继而可能导致的结果是,我们越是受分科化的教育,就越是被这种分割化了的知识所"套牢",就越可能阻碍自己的发展。

这种分割化的知识被学校教育广为采纳。学校遵循最有利于学生智力发展的原则,编排学科和技能等课程内容,而且随着年级的升高,科目的学术性特征更加明显,也更加抽象,例如,在由低到高的学校教育阶段中,语文、数学、物理等学科会越来越受到重视。

学校的这种课程安排更加适合于对智力人才的培养。事实上,从人口正态分布的角度来看,一个国家的智力人才数量是有限的,那些有限的智力人才可以通过自己的努力,攀上学科化了的分数体系之巅,享受优质的高等教育,从而占据社会上层地位。从国家利益的角度来看,能创新、有情怀的智力人才是弥足珍贵的。然而,目前,我们还没有看到为那些有限的智力人才提供系统教育设计的系统教育政策。均衡与公平是否会成为创新的阻碍、成为人们慵懒和无所事事的借口,这是我们所担心的。

现实中,我们的重点学校、重点教育成了为那些有限的智力人才"速成"、提分的"温床",并没有把这些有限的智力人才内在的人文的、艺术的潜质进行充分挖掘,依然是通过"骨干"学科分数不断过滤淘汰一部分人,让人为了分数疲于奔命。当然,问题不是出在重点学校、重点教育,而是出在我们到底重点教育了什么。

　　分割化的知识符合科学知识的演进规律，即科学需要不断地把已有的知识进行拆分，使知识细化和接近更为微观或更多层面的研究领域，这是科学的使命。以现代医学为例，根据研究领域的不同，可以分为基础医学、临床医学、法医学、检验医学、预防医学、保健医学、康复医学等。其中，基础医学又可细分为：人体解剖学、组织学和胚胎学、生理学、生物化学、微生物与微生物学、寄生虫学、免疫学、病理学、病理生理学、药理学、毒理学、分子生物学和流行病学以及中医学。其中，药理学还可细分为药物效应动力学(药效学)和药物代谢动力学(药动学)，其中，药物代谢动力学主要研究两个方面的内容，一是药物转运，即药物吸收、分布和排泄，研究药物在体内位置的迁移，二是药物转化，即药物代谢，研究药物在体内发生化学结构的变化。

　　至此，我们需要回答上面提出的问题，即科学能引导我们获得幸福吗？无论是在宏观领域还是在微观领域，科学的确能够帮助我们更为精确地认知事物、发现未知的事物、创造新的事物，科学也时时刻刻影响着我们的身体、心理、思维方式和我们的生活。只要是被标示为科学的东西，都有一种不言自明的优越感，它意味着正确、精准、先进、可靠。只要我们拥有了科学的光环，这就意味着我们脱离了蒙昧和无知的泥潭。凡是在任何一个词语前加上"科学"二字，它的意义就会发生根本性的变化。例如，我们常听到的有：科学的减肥方法、科学的道理、科学的研究、科学的睡眠、科学的学习、科学的知识、科学的原则、科学管理、科学决策，等等。由于科学所能发挥的巨大功效，它得到了我们的极度推崇，它使我们进入了关于科学的集体想象之中，仿佛我们的情绪、心理、行为乃至我们的一切，只有合乎科学，才具有真正的价值。想想看,你有没有思考过把一面镜子放在卧室的哪个方位才算科学的经历,你有没有教过孩子掌握科学的握笔姿势。

想象一下,倘若没有科学的发展,我们的生活方式可能仍停留在采集和游牧的状态。的确,科学在推动社会进步中发挥了重要作用。自工业革命以来的 250 年,发生了深刻影响人类生活的五次浪潮,每一次浪潮都伴随着由科学引发的一系列新技术的出现。

第一轮浪潮是水力机械化,发生在 1770—1830 年。水力机械化以水流提供的动力带动机器,取代了纯手工劳作,带来了生产力和供能的巨大飞跃。第一轮的浪潮为大众带来了廉价的棉布和食物。

第二轮浪潮是蒸汽机械化,大约开始于 1820 年,一直持续到 1880 年左右。出现在第一次浪潮末期的设备使铁成为廉价之物,导致了铁路的大规模营造。铁路加速了我们把商品和服务配送到远距离市场的能力。

第三轮浪潮是电气化, 于 1870 年开始, 延续到 1930 年。在此阶段,钢的生产成本变得十分廉价。这种优质金属的使用,再一次改变了铁路系统,也建立了现代化的城市。钢和新近发展成功的电力基础设施,使得摩天大楼、电梯、电灯、电话和地下交通成为可能。

第四轮浪潮是机动化,从 1910 年开始,持续到 1970 年前后。廉价的石油促成了工业生产的规模化和工业经济的机动化。廉价的运输,使平民百姓陡然间可以获得便宜的商品和服务。刚出现时被贬称为"带轮子的卧室"的汽车,几乎改变了我们经济和社会生活的所有方面，导致了20世纪50年代的城市大发展和随之而来的州际高速公路网和大规模郊区的建设高潮。

第五轮浪潮是信息化，其崛起时间是在1960年前后。一开始，电子计算机的使用只限于一小部分人，主要是大学、公司、政府和军队人员。但渐渐地，电子计算机的尺寸变得越来越小，效率越来越高，也为越来越多的人买得起……信息技术重新塑造了整个世界，导致了亚洲经济崛起、即时环球资本网络、战争人员不对等的非对称战争（指反恐战争）及其他许多事物的出现。在非对称战争中，手机和车库门遥控开关之类电子器件，变成了自杀式袭击者手里用来与世界历史上拥有最昂贵装备、技术最先进的武装力量鏖战的利器。[48]

美国神经科技工业组织的创始人扎克·林奇（Zack Lynch）还预测了第六轮浪潮，即神经科技的来临。神经科学的进步逐渐影响着人类生活的方方面面，精确的大脑扫描技术使得"测谎仪"黯然失色，它能够为法院提供准确度极高的结论，"脑机接口"系统的问世扩大了人们提取与分析数据流的能力，超逼真的虚拟现实体验催生出艺术发展和体验艺术的新形式，等等。[49]

科学革命不仅创造了分门别类的知识，催生了新的技术，而且它还满足了我们的好奇心，抚慰了我们对无知的恐惧，激发了我们不断探索未知的热情。英国人培根在科学还没有取得明显成就之前，就满怀乐观地预言了科学的伟大作用。他在1620年发表了《新工具》的科学宣言，提出了"知识就是力量"。科学就是不断创造新知识的工具。"对'知识'的考验，不在于究竟是否真实，而在于是否能让人类得到力量或权力。"⑩

科学与技术的联姻，正在势如破竹般地攻克着我们遇到的一个又一个难关。许多人相信，有了发达的科技，我们就能找出所有问题的答案，我们从此将过上更加健康、富裕、安全、舒适的生活。为了"全人类的利益"，科学家们正满怀信心地进行着他们的研究工作，政府也愿意投入大量的资金，用来支持科学家们开展研究，并改善他们的生活。我们在科技革命的道路上高奏凯歌，却也无暇顾及科技对环境和我们人类本身将要产生的后果。科技，它造福了人类，但是，它也并不打算对诸如全球气候变暖、备受争议的转基因食品、危及无辜生命的恐怖主义威胁等问题承担责任，因为这不属于它的"管辖"范围。真正应该担负这个责任的，不是别的什么，而是我们自己。

说到底，科学只是一种工具，一种思维的工具，或者说是一种创造新技术的工具，而这个利用科学、创造技术的主体是我们自己。由此看来，"科学能够引导我们获得幸福"的命题是一个假命题，这正如说"耕犁能给农夫带来丰收的喜悦"一样荒谬。享受着高科技带来巨大生活便利的当今时代的人们就一定比古代社会的人们更幸福吗？一年四季在田地里面朝黄土背朝天辛勤劳作的农民就一定比远古时期肩扛野兔载誉归来的猎人更幸福吗？

幸福是一种感受。我们是否幸福无关乎科学，它只与我们内在的心灵、思想、信念、情感、信仰有关，这正是科学所无法僭越的"疆域"。我相信你从来也没有听说过下面的说法：科学的心灵、科学的情感、科学的幸福、科学的婚姻、科学的信仰、科学的爱情、科学的苦难等。那么，人的思想与情感是丰富多样的，这些都能引导我们获得幸福吗？当然不是，纳粹思想、恐怖主义只能给我们带来不幸和痛苦。能够引导我们获得幸福的，我们称之为某种心灵、思想、信仰、情感的东西，如果用一个词来表达的话，它就是人文。

世界是一个整体，虽然，我们对它无法实现在确定意义上的分割，但是，为了分析的需要，我们暂且可以把这个完整的世界分为自然世界和人类文化世界。前者是自然的产物，后者是我们的创造物。人文以关乎全人类和每一个人的命运和福祉为旨归，它是人类文化世界的宝贵财富。如果我们要给人文一个响亮的广告语的话，这就是"人文，为了我们每一个人的幸福"。

人文思想，或者说人文精神，它具有什么特点呢？首先，它并不是将人居于宇宙的中心位置，只是把人作为维持宇宙秩序的一个组成部分而已，这就告诉我们，人不可以为所欲为，人的行为必须受到某种秩序或规律的制约；其次，它承认和尊重每一个人应有的价值。我们每一个人都是一个集局限性、可塑性和潜在创造性等多种特点的综合体。我们每一个人都能得到被认可和尊重的礼遇，是一个社会健康发展的基本前提；再次，它以开放和包容的姿态，欢迎各种批判、争辩和异见，不主张将自己的价值强加于别人，鼓励人们以平等的身份、倾听的姿态，达成理解的目的；最后，它始终坚守一个价值底线，即为了每一个人的幸福，如果谁背离了这个价值，那么，它就和谁彻底划清界限。例如，我们都知道个体自由是幸福的前提条件，假设有一个团体弘扬自由的价值，这是人文思想所欢迎的，但是，如果该团体对自由的实现是以牺牲别人的自由为代价的，那么，人文思想就会把它拒之门外。

人文思想,它告诉我们——"要认识你自己",这也是人们能够获得幸福的不二法门。人类是一种极具功利性特点的生物,每一个人都精于计算和谋划,也在不停地思考着人生的意义,哪怕是一个在别人看来天天逍遥自在的乐天派,他(她)选择这样的生活方式,从根本上也应归于其自主选择的结果,而不是他人的强迫。"认识你自己"并不包括"你已经意识到自己还没有完全理解爱因斯坦(Albert Einstein)的相对论"这样具体的、外在知识的层面,它指的是我们每一个人都应在自己的情绪、感受、德性(人性)、人生的意义等关乎我们心灵的问题上有一个清晰的自我觉知,只有这样,我们的内心才不会因为周遭纷繁复杂的事物而自乱阵脚,能够始终归于平静和自在。

这种内在的知识,人们只有通过感悟才能获得,并使其不断纳入我们的经验体系之中。我们每一个人都在情感的丰富体验中,逐渐对自己的情感有了更加确切的了解,知道自己在什么样的情境下会感到幸福,在什么样的情境下会感到痛苦。领导给你加薪,你会感到幸福,而失去亲人的痛苦谁都不愿意经历。虽然我们每一个人的人生经历各有不同,但是,我们在各不相同的经历中能够提炼出共通的成分,这就是对情感的认知。例如,每一个人虽然所经历的幸福或痛苦的事情各不相同,但是,幸福或痛苦的内心感受是基本相同的。正如,当你对我说"我很幸福"的时候,我大概就能知道你此时此刻的内心感受是怎样的。如此看来,幸福和痛苦,在实质上,是我们的一种集体的想象,这也就成为了一种文化。

我们对自我情感的清晰认知,将从根本上有助于我们把握自己的情感。换句话说,如果你能预测到幸福的来临,那么当幸福真正到来的时候,你就不会显得异常兴奋,同样,如果你能预测到何日何时痛苦即将来袭(或者说在什么样的情境下,你会感到痛苦),那么当痛苦如期而至的时候,你反而就不会那么痛苦了。

人文思想,它关怀个体的幸福、个体存在的价值,但这不能说是它的终极目标,而构成一个完美的社会才是它的终极价值追求。因为"人不仅是各有不同特性的个体,而且是社会的存在……社交的冲动、发展人际关系的愿望、关怀和合作的需要、要想属于某个人群团体的需要,这一切都是人的生活的必要组成部分……任何社会的实力不仅在于那些可以用经济和社会指数衡量的因素上,而且也在于它的凝聚力,它的道德精神,它的成员中存在充分的共同利益、共同价值观和信任感来应付挑战"。[51]

人文和科学二者都不具有终极、永恒的价值,其中,科学更讲求实用,而人文主要负责关照我们的心灵,二者谁更重要,这常常取决于我们预期达成的目的。我们在追寻幸福的道路上,人文所体现的价值显然要高于科学,因为,说到底,幸福只是关乎人内心的一种感受。如果我们忽视人文的价值而一味夸大科学的价值,我们的社会就会出现大量的类似于"手术很成功,可惜病人死了"的悲惨局面。换句话说,科技的创新发明是社会进步的利器,但若失去了人文的制衡,必将导致灾难。

人文与科学对我们的生活意义而言,二者不可或缺,不管是坚持科学主义立场还是人文主义立场,都有失偏颇,因为科学与人文二者的关系,实为相互融合、相互渗透,并不是彼此孤立甚至对立。例如,医学人文学就是一门医学和人文学的交叉学科,它研究医学与人文的关系，并从人文观念的角度解释各种医学现象、事件。

科学以创新和想象为动力，它提高了劳动生产率，让我们的生活更加安逸、舒适，也让我们有更多的闲暇时间去思考人生，例如产品生产线上的工人熟练地做着重复的工作，这也让他们能够在一边工作的时候，一边自在吟诵着徐志摩的《再别康桥》，而不必担心被老板解雇。人文的诉求通常也能引发科学的进步，使其创造出更为先进的技术。例如，为了满足家属关心和探视精神病人的需求，我们可以在精神病人的房间内安装摄像头，也可以安装单向玻璃，让家属能够真切地看到精神病人的实际状态。

学校的一大功能就在于通过培养人，以创造未来社会的雏形。在学校教育的课程设计中，仍然充斥着浓重的科学主义风气，数学、物理、化学等体现"实用之学"的学科占据着绝对的核心地位，人文课程虽不能说无足轻重，但也正因为其缺乏"实用性"而日趋走向"没落"。在学校中，一个有朗诵天赋的学生和一个物理"尖子生"，他们在教师心目中的分量是失衡的，显然，在教师们看来，物理要比朗诵蕴藏着更大的学术价值，或者说得更直白一些，有着更大的实用价值，即它能带来高分数。

我们自己作出了"崇拜科学"的选择，这警示我们，一方面，我们要为自己的选择承担后果，另一方面，我们也应该更加审慎地作出选择。

人文与科学的演进路线完全不同，科学是把丰富的事实、现象抽象为一连串的数字符号，而人文是把"干瘪"的事实还原为鲜活的个体和丰富的想象。人文是意义之学、价值之学，它不仅关怀着每一个个体的价值和意义,更关切整个世界、整个社会的整体价值和意义。

在学校教育中,我们急需扛起人文教育的旗帜,让人文课程肩负起它的历史使命,让哲学、历史、文学、艺术在人的生命成长和意义生成上发挥更大的价值。为此,人文课程不可束之高阁,也不能孤芳自赏,它必须具备针对困扰人的现实问题乃至社会问题而提出解决办法的能力,这就需要我们能以更加尊重和包容的态度,给社会中沉寂的思想家、艺术家、文学家、理论家以更大的"演说"空间,让他们能够自由提出诸如"如何形成一个完美社会""个体如何体验幸福生活"的真知灼见。这是避免发生社会危险的最有效的方式。因为,我们相信一个社会"真正的威胁不是革命或街头巷战,而是已经露头的人际关系的日益恶化,以及人们相互对待的方式"。[32]学校教育,不仅要传播科学知识和科学思想——一种事实和经验之学,以实验、抽象、推理为基本方法和特征,更要传播人文知识和人文思想——一种意义、价值之学,以批判、怀疑、关怀为基本方法和特征,它在引导我们获得人生的幸福上具有更大的价值。

爱
没有爱就没有教育[53]

对于"什么是爱",至今仍未有统一的认识。美国的著名心理学家马斯洛(Abraham H.Maslow)认为,爱是人类的一种不可缺少的需要。艾里希·弗洛姆(Erich Fromm)也认为,爱是人的基本需要之一,是人性的重要方面,人之爱是确立人道的人际关系和人道社会的途径。我国的伦理学专家王海明认为:"爱是一个人对给予他利益和快乐的东西的必然的、不依人的意志而转移的心理反应。"[54]我基本赞同这个定义,但需要强调的是,这里所说的"利益和快乐"必须是个人所乐于接受的,否则,并不一定产生爱。概括起来,人们对爱的理解有以下两方面共识:一方面,爱具有互给性,即一方付出爱,也期盼获得别人给予爱的回应;另一方面,爱是能产生无私利他、自我牺牲行为的。这是因为,一个人不管多么自私,都或多或少会从他人那里得到快乐和利益,从而或多或少有爱人之心,这种成为自己快乐之因的心理反应,会驱使自己相应地为了他人的快乐和利益而劳作,所以,爱人之心会导致无私利他的行为。

儒家认为,人类世界应该是一个有爱的世界,这个爱是从亲子之爱扩充出来的,进而扩及人与人之间普遍的爱,这就是"仁",也就是相互和谐。实现仁的路径就在于推己及人,即孔子的忠恕之道。仁者都有一颗善良博爱的心灵,能与他人、社会及自然和谐共生。在人际交往中,爱是联结人与人关系最深层、持久的链条。在人与自然的关系中,爱能唤醒和感化人的心灵,使人视自然为自己的利害相关者,进而使人与自然互惠共生;人类社会更不能没有爱。一个缺失爱的社会将何以为继?一个缺乏爱的个体将何以为生?"人就其本质而言是一种关系性的存在。"⑤人存在于关系的世界,人就是在关系的世界中找寻人生的意义。可以肯定的是,一个有意义的关系的世界必定是充满、洋溢着爱的世界。

和谐社会的基本特征是民主法治、公平正义、诚信友爱、充满活力、安定有序、人与自然和谐相处。和谐社会应是一个充满爱的社会。不论是家庭和谐、社会和谐,还是人与自然的和谐,都离不开存于每个人心中的爱的联结。爱是人的意志与情感对真善美的追求,是社会和谐最需要的凝聚力,构筑在爱之上的和谐才是真正的和谐,缺少爱的和谐将是最大的不和谐。

爱是至善的体现,爱是做人的根本德性,对爱的体悟和践履是人的实践生存样态。爱的潜能依赖教育特别是德育来激发。毕竟,德育是一种育人之德性的活动,它是指向人内心的,它的核心价值体现,就是要在人的头脑中植下善根,使人养成良好的德性。没有爱就没有教育,真正的教育是爱的教育。爱的教育和德育二者在本质上是相通的,爱的教育是德育的应有之义。

当前,这种以爱为核心的学校德育存在着肤浅化、仪式化等问题,仍然受到知性德育(或"约束性德育")的禁锢,仍以简单灌输既定道德规范知识为主,以学生能够记诵各种道德知识为目的,而忽视了在学生内在心灵中培植爱(心)。如:我们对小学生进行爱国主义教育,大都是让学生记诵国歌、历史知识等,告知学生"我们要热爱我们的祖国",而不容许学生有任何质疑;每周一次的升国旗活动也大都变成了某种固定化的仪式,失去应有的庄严与神圣。这种教育隐含的一个预设是:学生的爱(心)是先天就有的,只需要进行"爱什么"的教育就能达到爱的教育的目的。其实,教育学生"爱什么"固然重要,如果学生没有被以恰当的方式把自身爱的情感、爱的需要激发出来的话,那这种所谓的"爱的教育"是很难收到理想效果的。从这个意义上说,学校德育要重视培养和激发学生爱的情感和爱的需要,唤起他们爱的行为,这是当前学校德育的重要使命。

实施爱的教育要秉持一种大德育观。即凡是对人的德性的教化有益的教育都属于德育的范畴。德育是一种无形的教育,它是一种渐趋植入人的灵魂深处的深刻而具有持久影响力的教育。它让人成为一个"大写"的人,一个有良知的人。它的实现途径不仅仅局限于专门化的学科教育(包括德育学科),也不只是通过所谓的"德育渗透"。从根本上来说,德育面对的是人而不是物,即使是物,我们也要显示它背后的人,显示它和人的关系。这里的人既指现实生活中有血有肉的人,也指历史中的人、理想中的人、文本中的人。从这个意义上说,学校教育的各门课程都是关于人的课程,各种课程都以不同的方式、形态,融入了人的意志、利益、价值等因素。从伦理、教育的角度来讲,人化世界的理想状态必然是一个趋善的世界、和谐的世界。一个善的、和谐的世界的建构则需要用人与人之间彼此的爱来编织,而如何激发、释放人与人之间的爱的情感,进而使之生成并绵延不绝,这就需要给人们施以爱的教育。因此,我们可以自信地说,学校教育的各门课程中都蕴含着丰富的爱的教育资源,爱的教育的实施途径除了专门的德育课程之外,还在于其他课程之中(包括隐性课程等)。爱的教育就是要使体验者在人与人的对话、交流、共鸣中,深刻体悟人类爱的力量,唤醒个体对爱的信仰和践行。

爱的教育对象不仅包括学生,也包括教师。教师和学生都是教育的主体,都是爱的教育的体验者。二者在教育教学的交往互动过程中,都具有独立的人格,彼此地位平等。这是一种新型的师生关系,它将更少地体现为有知识的教师教导无知的学生,而更多地体现为一群个体在共同探究有关课题的过程中相互影响。教师要善于用那种自然流露的、纯洁而可亲的爱,满足学生爱的心理需要,促使学生获得前进的内驱力。同时,作为具有丰富情感表达的学生,他们在爱的感染、感召下,会主动释放爱、回馈爱。在这个过程中,师生双方对爱的心理需要都得到了满足,以此架起师生间、生生间情感和思想沟通的桥梁,构筑起爱意浓浓、情意绵绵的和谐的教育生活场域。

爱的教育方法主要是一种体验性方法。传统的"约束性德育把活生生的道德实践转换成规定性的道德规范知识,并主要以口头传授的形式予以实施,这是缺少体验的道德教育"。⑤这种教育很难在师生的心灵深处形成情感上的共鸣,离理想的德育目的相距甚远。体验式德育重在创设一定的真实、客观的道德情境,使作为体验者的教师和学生经历感动,对道德规范发生切己的理解和领悟,以提升自身的人格力量,生成一定的道德境界。

爱的教育内容包括对爱的内涵的理解、感悟和爱的表达两个方面。在实施爱的教育过程中,对爱的内涵的理解、感悟是基础。也就是说,爱的教育的重点仍在于激发学生和教师(教师既是体验者,也是引导者)爱的情感,使他们懂得什么是爱,领悟爱的价值。体验者只有对爱产生情感上的理解与共识,才能有发自内心的对爱的感受,也才能学会真正地表达爱。爱的表达有不同的分类,按对象的性质分类,可以分为对世界之爱、对自然之爱、对社会之爱、对集体之爱、对祖国之爱、对民族之爱、对他人之爱、对自我之爱等;按内涵的层次分类,可以分为尊重之爱、理解之爱、宽容之爱、期望之爱、责任之爱、同情之爱、感恩之爱、奉献之爱等。体验者通过亲身体验各种爱的表达,更能坚定他们践履爱的信念,他们的德性也会因有了爱而更加完善。

爱的教育是使每一个人都能感受爱、珍惜爱、释放爱、拥有爱,懂得爱的方式、实践爱的行为,使每一人都能够成长为拥有爱心、心怀天下的"大写"的人。由于各种知识背后其实都有人的因素,所以,爱的教育必能使学生赋予所学各种学科知识以生命的意义。使各种学科知识体现出鲜活的价值,使知识的学习与个体生命的成长融为一体,进而激发学生求知的欲望、坚定求知的意志、增强求知的信心。

创造力
我们迫不及待要再度拥有它

人类的文明史就是一部创造史，历史的车轮总是在人类创造力的推动下不断前行。人类具有创造力，这从根本上是因为我们每一个人都与生俱来有着丰富的想象力。宗教、艺术、语言文字等，这些都是人类想象的结果。可以说，想象是创造力的原初动力。每一民族都是凭着对美好生活的想象进而创造出了各具特色、丰富多彩的文明样态。

中华民族是富有创造力的民族，儒释道相交合流的信仰与哲学，源远流长的礼乐文明和宗法、政治制度，体现东方美学精神的建筑群落，联结中西、横跨欧亚的丝绸之路，基于象形因素的书法艺术，有着一千三百年历史的文教科举制度，活字印刷、指南针、造纸术、火药四大发明的熠熠生辉,望、闻、问、切"四诊"为体的中华医学,独具地域特色的烹调与饮食,凡此种种文明成就,无一不是人类创造力的结晶,无不体现出中华民族文明演化的丰富多样。中国作为世界上唯一的文明延续五千年而从未间断的文明古国,其中原因复杂、值得回味,但若是这个民族缺乏创造力,又怎能达到如此高峰? 也许有人会说,中国长久以来的封建统治压抑了人们的创造力,束缚了人们的思想,这是有一定道理的。不过,中国能维持一个将近 2400 年且历经朝代更迭的强大封建帝国社会,并且出现了"文景之治""贞观之治""开元盛世""弘治中兴""康乾盛世"等社会繁荣景象,我想说的是,这本身就是一个伟大的奇迹了。

当今时代,面对如浪潮般汹涌而来的一波接着一波的科技革命所带给我们在思维和生活方式上的改变,我们的生活正逐渐被跨越国界的技术变革所主导。技术改变了生活,技术也控制了我们的生活。核技术的进步,在造福人类的同时,也给人类留下了隐患。从第一颗原子弹的成功引爆开始,"人类不仅有了改变历史进程的能力,更有了结束历史进程的能力"。[57]广泛应用于全球的信息网络系统的建立,让我们的信息交流再也不必麻烦邮递员了,只要轻轻敲击键盘或是通过网络视频,我们不仅可以即时实现和地球上其他地方人们的对话,甚至也可以问问身在太空中的宇航员"你吃饭了没"。我们也会时不时地接听到陌生电话的提醒和问询,告诉我们的汽车快到年检时间了,问我们的新房子需要装修吗? 我们的孩子需要上保险吗? 苹果 Iphone 手机可以非常隐蔽而准确地搜集到用户的行迹信息,对用户经常活动的地点、时间、频率进行分析。当我们知道这些信息的时候,是不是有点毛骨悚然的感觉?我们的个人信息已处于完全开放状态,技术已经成为我们生活中最隐蔽的"潜伏者"。毫无疑问,人类的这些重大的技术进步都应该归功于创造力的结果。创造力开创了我们崭新的生活,创造力也让我们对这个新奇的世界日益失去了控制。

创造力如此重要,它是可教的吗?教,指的是人类技能或经验的一种纵向传递。在中国的传统文化中,对师者的职业定位就是传道、授业、解惑,所谓的传道,指的就是传"可教之道"或者说是"可学之道",而"授业"和"解惑"的目的也在于更好地为"传道"服务。宇宙航行、飞机驾驶、烹饪技术是可教的,《百家姓》《千字文》《颜氏家训》是可教的,但创造力单靠教真的是教不出来的,因为它并不是一项单纯的技能或知识系统,它是一个人知识、智力、人格、修养等多种因素内在综合"反应"的结果。

于是,有人提出创造力(创造性)只能培养,不能教。我想说的是,创造力到底怎么培养呢?它能完全脱离教吗?如果能完全脱离教,那学校的职能又是什么呢?我们知道,学校的基本职能是教育,即教和育的有机结合。像在一些学校里专门开设的开发创造力的课程,难道这种课程不需要教,仅仅依靠学生的"陶冶"就能会吗?持"创造力只能培养,不能教"这种观点的错误之处,在于它完全割裂了培养和教二者之间的内在联系。教是培养的一种手段、途径,培养不能完全脱离了教。显然,创造力虽然不能完全依靠教,但其在某种范围内仍然是可教的,问题的关键在于怎么教、教什么以及是否为教创造了适宜的土壤和氛围。

创造力在一定程度上有可教的成分,这是一个基本事实。一个班级里的学生,其中总有个别学生会表现出具有较高的创造力,我们不能说这类学生所具备的创造力是他们靠着自身天赋和努力独自发展起来的,与老师的教毫无关联。对于创造力而言,真正存在的问题在于,我们对创造力如饥似渴,但我们根本不会教,正如有人在谈到创新人才培养时这样讲道:"中国人的文化基因中有一种饥饿基因,始终处在饥饿状态之下,做什么事情都火急火燎,追求即刻效应,注重眼下,不论未来,就连培养创新人才的教育也是如此。但这样是根本培养不出创新人才的。"⑱

我国基础教育的弊病,一言以蔽之,即学校培养出来的学生普遍缺乏创造力。我国中学生在国际数学奥林匹克竞赛上频获大奖,不能不说如果学生没有卓越的创造力,这简直就是一个无法达到的高度。然而,众人皆知,但凡是能够参加这类比赛的学生,都是在国内经过层层选拔,优中选优,历经各种艰辛的强化训练,才能有资格代表国家出征的,这些学生的智力和创造力是无可怀疑的。但是他们毕竟是少数精英的典范,不具有普遍意义上的代表性。用于奖励在物理、化学、生理或医学、文学、经济、和平等领域对人类作出重大贡献的诺贝尔奖,至今仍是国人之痛,也成为国人缺乏创造力这一说法的最掷地有声的"脚注"。美国获诺贝尔奖的人数累计已达到 300 名以上,英国、德国、法国等欧洲老牌国家紧居其后,包括俄罗斯乃至我们的邻邦日本都屡获此奖,而我国本土到目前仅获得两项诺贝尔奖,一项是诺贝尔文学奖,获奖者莫言并不是严格意义上的体制内的某著名大学文学院教授,他仍是一位集农民、军人、作家、教师等诸多身份于一身的民间人士,另一项是诺贝尔生理学或医学奖,获奖者是女科学家屠呦呦,她被戏称为"三无科学家",无博士学位、无留洋背景、无院士头衔。真可谓高手在"民间"！

崔健在歌中唱道："不是我不明白，这世界变化快。"我们身处一个急速变革的时代，我们的创造力冲动不足，似乎也跟不上时代发展的节奏，我们注重模仿多于自主创造，于是，国人便作出了"当今中国社会缺乏创造力"这一定论。毕竟，那么多的诺贝尔奖都几乎与我们无缘，国内每年"制造"出那么多的高考状元，我们也没见他们为社会作出了多么伟大的贡献。

创造力既然有可教的成分，那么若从学校教育的角度进行反思，我们需要做出哪些根本性的改变呢？我认为，检验一个人是否有创造力的根本标准在于他(她)是否能够为社会创造出新的、更大的价值。因此，学校要自觉打破自身围墙的限制，主动与社会建立相互融通的关系，与社会融为一体。我们要以社会服务作为评价学校成就优劣的根本标准，以社会表现而不是在校的考试分数作为评价学生发展的根本标准。学校要让学生走出学校，进入社会，到生活中、在事件中探究问题，增长智慧，在社会实践的大课堂中发展创造力。

聪明
原来是一种文化偏见

　　"是的,我的孩子很聪明!"国人大都不会用这样直白的语言表达对自己孩子的赞赏。但是,我们却也对从别人口中说出的诸如"您的孩子真聪明"这样的赞扬之辞受用之极。"聪明",这个词的意思说的是一个人的天资很高,并且有着很强的记忆和理解能力,其用在学习上,指的就是一个人在学习上表现的很轻松、不费力,却能比大多数人学得更好。一个孩子能否学有所成,聪明固然重要,但勤奋远比聪明重要得多,或许这个观点会得到大多数国人的支持。

　　在中国的传统文化里,我们往往对一个人的勤奋品质褒扬有佳,"读万卷书,行万里路""书山有路勤为径,学海无涯苦作舟""十年寒窗""孙康映雪""凿壁偷光""勤学苦练""悬梁刺股""勤能补拙"，诸如此类赞赏和推崇勤奋的词句在古诗词和成语里不胜枚举。而要说到聪明，也就是一个人天资聪慧，我们总是在赞叹之余仍要强调勤奋的重要。王安石笔下的方仲永就是一个天资极为聪慧的人，他五岁就能写诗，且颇具文采。他的父亲发现了他的聪慧过人之处后，不是让他去潜心学习，发奋读书，而是天天带着他去拜访同乡，以他的诗作换取财物，终使他才能耗尽，成了一个平淡无奇的普通人。王安石的《伤仲永》告诫人们，一个人的成功，单纯依靠先天的聪明是不够的，必须通过后天的努力，即强调勤奋对成才的重要性。

聪明指的是一个人先天具有的一种禀赋。既然我们说它是先天的，这也意味着它是由遗传得来的。如果别人当着我的面夸我的孩子很聪明，这其实也就是在夸我本人（甚至包括我的父亲、母亲、爷爷、奶奶）很聪明，或者说，夸我有好的遗传基因，我心里哪能不偷着乐！时下，我们经常听到一句话："好孩子是夸出来的。"据说这也是学习欧美先进教育理念而总结出来的。我们的一些国人终于也自觉更新了传统的教育理念，勇于当着众人的面自豪地说："我的孩子很聪明！"说这样的话本身也没什么错，但总让人觉得有点不舒服的感觉。

美国人、英国人、澳洲人，为什么他们乐于夸奖自己的孩子聪明？有人会说，这是因为他们的思想比较开放，他们的教育理念跟我们大不一样。这或许有一定的道理，但是，其中可能还有更为深层次的原因。

在1492年哥伦布发现美洲新大陆之前，居住在那里的土著人世代繁衍生息，他们形成了语言、宗教、政治、贸易、风俗、艺术和教育的系统的文化体系，他们有着自己独立的文化和身份认同，也许，在他们看来，除了他们自己的存在是真实的，这个世界上根本就不存在其他的"人类"。但是，随着哥伦布及后续的欧洲探险者纷至沓来，当地的土著人面临了巨大的生存危机和文化危机，他们遭到了殖民者的驱逐和灭绝性的屠杀。

在殖民者看来，土著人就是缺乏"文明"的、愚昧的"野人"，是一种在文化上极其落后的未开化的人种，他们把这些土著人叫作印第安人。欧洲人不仅急于把他们的文化移植到美洲的土壤，而且还从非洲贩卖非洲裔奴隶到美洲。在美洲大陆这片广阔的土地上，欧洲殖民者们世代相传，他们通过宗教和科学的种种虚构的故事，声称他们不仅在道德和健康方面，而且在智力上都比非洲裔高出了许多，进而不断自我强化了自己拥有优秀种族文化基因的集体想象。随着时间的推移，这种偏见会越来越深，乃至形成了一种恶性循环。殖民者相信自己在事实上的确比非洲裔聪明，而非洲裔深处困境，他们在就业、教育和医疗等各个方面都明显处于劣势，他们的内心被打上了深深的烙印，他们长久地被困在这个恶性循环里而难以自拔，进而固化了一种错误的自我预言，即他们是笨的、不聪明的。

由此可见，夸奖孩子聪明，或许不仅仅是一种单纯而简单的教育方式，它背后可能隐藏着发人深省的种族歧视和文化偏见。而在国内，夸奖孩子聪明即使是作为一种教育方式，也不会得到广泛的采纳，因为这种教育方式在中国缺乏相应的文化土壤，国人还是愿意夸奖孩子勤奋，或者是因为别人夸奖自己的孩子聪明而暗自窃喜，至于当着外人的面夸奖自己的孩子聪明，那还是会羞于启齿。

优等生
与时间赛跑的赢家

"您孩子学习挺好的吧？""嗯！还好吧！"这些通常是三三两两聚在一起，围站在学校门口，等着放学接孩子的家长们聊天的常用交际语言。作为一名家长，你十有八九也有过被人问起自己孩子学习情况的经历。还记得你当时是怎样回答的吗？是"还行，算中等生吧"，还是"挺好的，能排在班里前三名"（潜台词是我的孩子是优等生）。可能，最让你不堪回首的是你这样回答对方："差得很呀！每次考试都倒着数。"优等生与我们"望子成龙、望女成凤"的传统文化心理相契合，一个优等生就是一个家庭的骄傲，甚至也代表着一个家族的荣耀。

我们这里所谈的优等生，指的就是在学校的诸多学科考试中都能得到高分,甚至是满分的极少数学生。它还有一个更时髦的称呼,叫学霸。当然,我对优等生的定义,可能会遭到很多人的质疑。有的人会反驳道:"我的孩子其他学科成绩一般,但数学成绩非常突出,那他就不能叫优等生吗?"是的,像这样的学生,我们通常都称其为偏科生(似乎还带着一些贬义)。

有的人问道:"我的孩子数理化成绩都非常突出,就是语文、历史成绩稍微差点,这也不能算是优等生吗?"从严格意义上讲,这种情况也不完全符合我们所讲的优等生的范畴。然而,在人们的印象中,数理化学的好的孩子都具有很强的逻辑思维能力,它通常被认为是一种非常优秀的思维品质,其对于社会发展所能发挥的作用较为突显。在高考取消文理分科的背景下,我们对逻辑思维能力的重视正日益加强。例如,浙江省"新高考"方案采取"3+3"模式,除了必考的语数外之外,考生需要从思想政治、历史、地理、物理、化学、生物、技术等7门高中学考科目中自主选择3门参加考试,据统计,考生选考物理即可报考的专业达到了91%。[59]上海复旦大学的法学、哲学、社会科学类专业都要求考生选考物理,北京大学的法学专业也要求考生选考物理。因此,对于这样的学生,我们充其量只能称之为潜在优等生。

有的人讲道:"我的孩子画画特别好,这应该也算是优等生了吧?"当然不是,我们通常把在体育、美术、音乐、舞蹈等某一方面成绩突出的学生叫作特长生。还有的人一脸惋惜地说:"我的孩子学习能力非常强,可就是一到考试的时候就紧张,成绩总是不理想。"是啊,如果你的孩子是这种情况,我听了之后也只能表示遗憾。因为,在如何对学生进行考核评价这个问题上,我们的体制设计主要由考试,尤其是高利害考试说了算(比如中考、高考),我们重在看结果,至于综合素质评价等类似于过程性的评价,其在学生招生录取中所占的权重实际上仍比较有限。

我们每一个家长都怀有一个让自己的孩子成为优等生的期许,这无可厚非。成为一个优等生,我们所看重的,不仅是一个至高的荣誉,更有实实在在的好处,甚至事关孩子的前途、命运。想想看,如果你的孩子是一个优等生,这不仅让你在同事面前赚足了面子,而且,你也不必再为孩子某一科的学习成绩上不去而苦恼,这可是我们很多家长都普遍要面对的问题,甚至,你也不必太担心孩子考不上某个心仪的高中、著名的大学,在很多家长都在为孩子的学习焦头烂额的时候,你却可以戴着太阳镜,躺在柔软细腻的沙滩上,享受着午后明媚的阳光,自然恬静的优美环境让你好不惬意!

优等生同样也是学校的宠儿,老师的荣耀。优等生喜欢学校学习的氛围,他们的记忆力超强,接受和理解能力突出,成绩当然是最好的,他们能够高质量完成老师布置的各种作业,积极回答老师提出的问题,在同学中间显得无所不知、无所不能,是老师眼中好学生的标杆,是同学们眼中学习的好榜样。特别是在课堂教学中,优等生总能在别的同学面对老师提出的问题仍不知所措的时候,积极地配合老师,为其解困,准确地说出答案。优等生最受学校的赏识,他们往往都是学校保送推荐和评优评奖的首选人物,也是学校之间互相比较的重要砝码,更是家长评价学校优劣的基本指标。想象一下,有甲、乙两所相同规模的新办高中学校,甲校三年后考上重点大学的学生明显多于乙校,如果你的孩子可以在两所学校中间自由选择其中的一所学校,你会毫不犹豫地选择甲校,原因只是甲校满足了让你的孩子在这三年内也会成为优等生的想象。

那么优等生究竟是怎样"炼成"的呢？是主要由人的智力决定的，还是由人所处的环境和所受的教育决定的？首先，我们要肯定的一点是，在当今学校所教知识被高度分科化、学术化且难度没有明显降低的情况下，拥有正常乃至更高的智力水平，这是成为一个优等生的先决条件。此外，学习者个体的后天因素，包括非智力因素（例如学习的自觉性、自信心）、环境因素（例如家庭经济条件和社会氛围）和教育因素（例如学习者所在的学校、学习的课程和教师）也发挥着重要作用。

对于一个志在成为优等生的学习者来说，上述因素都不可或缺。基于优等生是在一定的时空范围内比较的结果，而且，从统计学的角度来看，一个班级内学生之间的智力差异不会达到显著性水平，所以，我们在这里着重分析环境因素的影响作用显得更有价值。现在，让我们假设有甲、乙两个小学一年级并且在同一个班级的学生，他们每天带着同样的课程表，学习同样的课程，由同一个教师为他们上课。而且，经过智商测试，结果显示二人拥有基本相当的智力水平，二人的学习自觉性、自信心也不相上下。但是，他们在以下方面存在着明显的个体差异性：甲生已经拥有了丰富的诸如历史、文学、数学、地理等背景知识，这将有助于他（她）对学习任务的快速理解，而乙生的知识储存仓库才竣工不久，里面空空如也；甲生的语文阅读量和阅读能力已经达到了小学三年级的水平，而乙生才刚刚做好要认字的准备；甲生在语文课上经常踊跃举手，并能准确回答老师提出的问题，而乙生才刚踏上求学的征程之路就已经被老师标记为"这是一个不擅长数学学习的学生"；甲生家里拥有非常丰富的图书资源，而乙生家里只有几种常用家用电器的使用说明书；甲生已经积淀了在世界各地游历鉴赏的丰富体验，而在乙生的认知中，加拿大可能就是一个大一点的城市而已吧！我们不难看出，上述关于甲生和乙生之间差异性的描述主要是由环境因素造成的，这种由环境因素形成的个体差异性对学生的学习将产生重要作用。

或许有人会说："没错，我也承认这种个体差异性的客观存在，可是，这会对他们以后的学习发生什么根本性的影响呢？不管对于哪一个学生来说，一加二都等于三，他们学到的知识是一样的。"的确，对于甲生和乙生来说，在"一加二等于几"这个问题上，答案不会因为二人的个体差异性（甲生有着丰富的背景知识和学习体验，而乙生则相对缺乏）而发生丝毫改变。但是，我们能据此就说他们二人学到了同样的东西吗？可能实际情况并没有这么简单。甲生由于有着丰富的背景性知识为基础，所以在他（她）的经验和意义世界里，会有多种对知识的表征方式，这会帮助他（她）在对知识的记忆、理解、应用乃至分析、评价、创新等多个层面上的表现都优于乙生。例如，当甲生声情并茂地朗读课文中的语句"祝福我们伟大的祖国繁荣富强"的时候，他（她）可能会激动地流下眼泪，你若问为何会流泪，他（她）会告诉你，他（她）当时想到了晚清政府与西方列强签订的《辛丑条约》，想到了在侵华日军南京大屠杀遇难同胞纪念馆看到的惨烈场景，这些都让他（她）难以控制激动的心情，热爱祖国之情油然而生。

我们通过上面的分析，着重强调了环境因素对个体差异性的塑造及其对学习者的显著影响作用。我相信各位现在已经认识到了环境因素对学习的重要作用。其实，我们在这里所说的环境因素也可以换成家庭背景这个概念，因为越是经济文化条件优越的家庭,越看重对孩子的教育,也越能为孩子创造更为优越的成长环境。由此,我们可以得出如下假设:家庭背景与学生学业之间存在显著相关。事实上,该假设早已得到诸多研究成果的支持。美国约翰霍·普金斯大学著名的社会学家詹姆斯·科尔曼(James S.Coleman)在 1964 年对 4000 所学校 60 万学生进行了一项关于穷人缺乏教育机会的调查研究,他得出两个在当时看来非常令人惊异的结论:"首先,学校资源的差异与学业成绩的差异之间只有很小的相关性。其次,学业成就的差异和学生同辈群体的教育背景以及期望有密切的关系。当弱势学生被安排到与那些有着优越背景、学业成就更高的学生在同一个班级的时候,他们的表现有明显的改善。"⑩无独有偶,1972 年,由美国著名社会学家克里斯托弗·詹克斯(Christopher Jencks)在一项关于学校教育和家庭背景之间的研究中发现,"学生的学业成就和他们的家庭背景关系最为密切"。⑪

那么对于一些环境因素明显缺乏,家庭背景条件不足以称之为优越的孩子来说,要想让他们也能获得成功,成为优等生,我们作为家长该怎么办呢? 这对于我们每一位家长来说,算得上是一个非常实际的问题了。美国的一位名叫本杰明·布鲁姆(Benjamin S.Bloom)的心理学家为我们指明了一条道路。他在20 世纪 60 年代末提出了关于学习的一种理论——掌握学习。该理论认为,只要给予学生足够的时间,绝大多数学生(约 90%-95%)都能够在学习内容上达到掌握的程度。"学习成绩背后的最重要的区分因子是时间,而不是某种类型的学术才能的差异。"⑫"假如教学时间和类型随不同的个体而变化,那么每个学生都有可能掌握所学的内容。"⑬美国的另外一位心理学家约翰·卡罗(John B.Carroll)也认为,"学生之间能力倾向的不同是由他们在学习材料上所花的时间导致的……对于任何给定的目标,学生达到的学习程度是所允许的时间、学习毅力、教学质量、学生理解教学的能力和学生能力倾向的函数"。[60]他认为,只要保障每个学生适宜的学习时间,学习的个体差异会随着时间的延续而逐渐减少。

如此看来,增加孩子的学习时间是提高学习成绩的一个有效途径。一个孩子的学习成绩不理想,不是因为他在学习能力上有多么明显的欠缺,环境因素也不一定就能起到决定性作用,它从根本上是因为学生用于学习的时间不足。

时下有一句流行的口号,就是"不要让孩子输在起跑线上"。该口号把学生的学习想象成一种充满了竞争的个体竞技活动,这是有一定道理的,毕竟学校里充满了各种各样的考试、选拔、排名,而且学校之间也存在着各种优劣不同的排名,更何况当学生步入社会的时候,他们在就业、工作中也要面临竞争。我们既然认可了竞争的客观存在和合理性,就必须真实面对现实。对于那些对该口号持认同态度的家长们而言,他们的心情是较为复杂的,其中,一部分家长的心态是"怕输",他们希望自己的孩子只要不被落在后面就可以,而另一部分家长的心态是"想赢",他们希望孩子能领跑整个队伍,甚至把别人远远甩在身后。而不管是"怕输"还是"想赢",家长们的心态都是极其焦虑的。为了消除家长自己对孩子在"跑步竞赛"中的焦虑情绪,他们便自然成了该口号的支持者和鼓吹者,并且对孩子做出了实实在在的行动,例如延长他们的学习时间,增加他们的课外作业量,给他们报各种学科类或兴趣类的课外补习班。

　　家长们对孩子学习成绩优劣存在的焦虑心态是可以理解的,毕竟,对于他们来说,孩子能有一个好的学习成绩光靠期待是得不来的,没有哪一个家长会把宝押在期待孩子有一天突然顿悟,对学习开了窍,从此学习成了一件轻松有趣的事情。而且,家长们的想法和举动也有系统的理论作为支撑,例如我们上面所讲到的布鲁姆的掌握学习理论,即只要增加足够的学习时间,学习终会成功。如此一来,学习终究演化成了一种与其说是学生之间的比赛,不如说是学生与时间的赛跑。学生的时间本该是色彩斑斓的,有休闲的时间、打瞌睡的时间、发呆的时间、读闲书的时间,甚至是写情书的时间。现实却是,学生本该拥有的这些时间都被挤压或剥夺,学生大部分的时间都被家长以各种名义换算成了学习的时间。正如孔子站在河边曾经告诫我们所言:"逝者如斯夫! 不舍昼夜。"对于要成为一个优等生的学生来说,他(她)必须具备争分夺秒的时间意识,甚至恨不得跑在时间的前面才好,这种现象我们也不难看到。例如,有的学生在上初二的同时就赶在了时间前面,提前把初三的几门重要课程也学完了。

　　要是我们每一个人都树立了与时间赛跑的坚定决心,那将会是一种多么壮观的场面!我们可以想象,每一个人都在"赛跑"的跑道上不敢有片刻喘息的时间,每一个人都承载着巨大的心理压力,每一个人都心怀被别人超越的恐惧。这样的世界实在有些恐怖! 与时间赛跑,往往给学生造成过重的学业压力。2000年,浙江省金华市一个高二学生徐某因承受不了学业竞争和家长的压力,铤而走险,铁锤杀母,藏尸遁逃。据该生交代,从小学开始,他的母亲就要求他考试成绩不低于 97 分,低了就要挨打。一次期中考试,徐某成绩排在第 18 名,母亲就拿皮带、棍子打了他一顿,要求期末必须考到前 10 名,否则打断他的腿。母亲要求他考上北大、清华,最低也是浙江大学。徐某面对母亲施加的巨大的精神压力而无法承受,终而促成这场悲剧的发生。

我相信,看了这个实例之后,你绝对不想让自己的孩子过以上我所描述的这种了无生趣的日子。接着,我们要反思的一个问题是,学生的学习到底有没有起跑线? 我想说的是,学习根本就没有起跑线,在倡导终身学习的当今时代,如果非得划一条线的话,那么,这条线就是终点线,即在每个人生命终结的那个时刻。既然学习没有起跑线,实际上,"不要让孩子输在起跑线上"根本就是一个谎言。为什么说学习没有起跑线呢?这是因为我们每一个人来到这个世界上都是独一无二的,是一个个有着各种差异性的存在个体,同样,学习对于每一个人来讲都是有差异化表现的,有的人学得好一些,有的人学得差一些,有的人学得快一些,有的人学得慢一些,有的人在数学上有特长,有的人好似就是为歌唱而生。如果我们非要给所有人都划同一个起跑线,这对于每一个人都是不公平的。

众所周知,人们在智力水平上是存在差异的。这种差异性是由先天和后天二者的影响因素共同决定的,如果说对于后天影响因素,例如孩子的成长环境、教育环境等,我们可以通过实施人为干预来减少这种差异性,而对于先天影响因素,例如父母的遗传基因,科技发展还没有达到能够为母亲孕产一个高智力孩子而显著优化父母基因的程度。我说这句话的意图在于,假如有两个刚出生的孩子,他们所拥有的遗传因素对各自智力的影响的差异是客观存在的,除非是同卵双胞胎不会存在这种差异,因为同卵双胞胎的基因是完全相同的。接下来,两个孩子所生存的环境、在正式迈进学校前所接受的非正规教育,这些都会对他们的智力发展造成不同程度的影响,也会对他们的个性塑造、行为习惯等造成不同的影响。当孩子们进入学校接受教育的时候,坐在同一个教室里的他们除了在年龄上基本相同外,其在智力、经验和心理发展上都有不同程度的差异,他们在学习这件事情上,早已按照各自的起点(有的孩子从妈妈十月怀胎时就开始"奔跑"了)和"奔跑"速度暗自"跑"了起来,跟本就不存在同一个起跑线这回事。

接下来,我们有必要讨论一下让家长们为之亢奋,也是让孩子们不惜耗费精力与时间赛跑的奋斗目标所在,即学到了什么? 或许,你已经有了答案,这就是知识。若更具体一点,从实用主义的角度来说,是指能在考试中获得高分的知识。

这种对所学之物的狭隘理解,与我们对学生单一的评价方式有着直接联系。我们的纸笔考试方式,考察的是人在限定的时间之内(例如考试时间为 100 分钟),面对由笔画、符号构成的特定情境,发挥智力,用知识解决问题的能力和效果。谁在考试中获得了高分数,也将意味着谁就学到了货真价实的知识。由此,人们流行于追求知识的加速跑,大家对"实用知识"的狂热追崇已经形成了一种不良风气,进而影响到了人的发展这一根本问题,若长此以往,我们的学生终将沦为知识的奴隶,而无法成为知识的主人。

在我们的理想教育中,学生的所学之物,不是只有知识,"它在性质上可以是知识、技能、观点、理解、见识、意义、态度、资质以及或者能力"。⑥我们对"所学之物"的理解必须有更为广阔的认知,要革新考察和甄别学生学习状况和程度的方式、方法,唯此才能改变我们一贯以来的考知识—学知识这一单向度的、片面的对学习的认知。

如果我们非要用跑道来比喻学生学习的话，就像我们为飞机设置了航道一样，我们每一个人都应该有自己专属的"跑道"。在你的"跑道"上，你可以健步如飞，也可以款款而行，能跑出自己的精彩，这才是最重要的。教师不是嘴里吹着口哨，让所有的学生在同一个"跑道"上同时"奔跑"的裁判，教师真正的职责是帮助每一个学生开发出适合他们各自"奔跑"的"跑道"，让他们自由而欢快地"奔跑"起来。

优等生执着于与时间赛跑，用令他们无限荣光的一张张逼近满分的试卷向时间炫耀不已。追求在学校围墙内一时胜出的功利化欲念，往往让我们过分重视了对"实用知识"的贪婪性占有，却忽视了对每一个人的成长发展影响更为深远的核心素质的养成，例如敬畏生命、珍视健康、创造力、想象力、求知欲、合作意识、他者的立场、道德品质、情感塑造、文化陶冶等。

正可谓有得必有失。由于在学校内和学校之外的社会，二者对人的评价机制和标准存在巨大落差，优等生在学校的优异表现常常不能迁移到社会和工作实践中，这样的现实让他们很难接受，先前是学校的宠儿如今却黯然失色，想必这种感觉不好受！想象一下，唯一能让优等生在社会中挽回颜面的事情就是参加知识竞赛了，毕竟，这是他们最为擅长的。优等生脆弱的心理防线很容易崩溃，他们轻则患上心理疾病，重则导致更加严重的后果，还可能演化成为家庭的悲剧。据报道，2005年北京大学在4个月内接连3个学生跳楼自杀，想必最心痛的就是这3个优等生的家长了！

　　同是家长的我,实在没有让孩子成为一个优等生的想念,只愿孩子能够心智健全,快乐坚毅地去面对生活。如果你的孩子对学习有强烈的冲动,但对周围的其他事情毫无觉知的话,你可能需要带他(她)来一次说走就走的旅行,以打开他(她)的视野,让他(她)不要做一个书呆子;如果你的孩子在某些学科的学业成绩达不到及格水平,那么,让孩子多用一点时间学习知识,这是非常及时的;如果你的孩子的学业表现出类拔萃,同时又有多方面的兴趣和涉猎,而且乐于参加各种社会实践活动,那我就没有什么好说的了:"恭喜你!"

宝贝
师爱的含情表达

❦

　　"亲亲的我的宝贝，我要越过海洋，寻找那已失踪的彩虹，抓住瞬间失踪的流星，我要飞到无尽的夜空，摘颗星星作你的玩具，我要亲手触摸那月亮，还在上面写你的名字……"这是周华健为他的大儿子周厚安的诞生而专门写的一首歌曲。歌词纯美、温情而幸福，写出了一个慈爱父亲对孩子的疼爱之情。孩子的降生是带给父亲最好的礼物，父亲愉悦和兴奋之情溢于言表，他要越过高山和海洋，走到世界的尽头，飞到无尽的夜空，迫不及待地要和这个世界分享他的快乐。"亲亲我的宝贝"在歌者的演绎下，表达出了温馨、甜美的美妙意境。当你听到这首歌曲的时候，你或许可以回想起初为人父（母）时你那激动不已的心情。

孩子与父母因血脉相亲而"天然"联结在了一起,他们之间无法进行双向的选择,孩子不能选择自己生在哪一个家庭,父母也无法决定孩子的天分和健康,这所有的一切可以说都是命运的"巧合",它无关乎贫穷与富贵、病疾与健康、庙堂与江湖,从此,"父慈子孝"便成了天经地义的事情。

中国古语有言:"一日为师,终身为父。"如果说,孩子是父母的宝贝,那么,学生就是老师的宝贝。同样地,在很大程度上,学校中的学生也无法自由选择教他们的老师,老师也不能指定要教哪些学生而不愿意教哪些学生。

学校中教师对学生的爱,这与家庭中父母对孩子的爱是不同的,毕竟教师与学生无亲无戚,但是,父母和教师具有共同的使命,即让孩子(学生)健康成长。教师与学生同时出现在学校这个时空场域之中,这也算作是一个机缘巧合。教师对学生的爱,是教育的需要,也是教师的使命,当然也是学生的需要,这种爱是无私和宽广的。老师们!爱我们的宝贝——学生,这是教育的起点,也是教育蕴藏无限潜能的奥秘所在。

宝贝是"爱人"的昵称,当然,这里的"爱人"是一个拟人化的概念,它可以是人与人之间的爱,也可以是人对动物、植物的爱,还可以是一个人对某件艺术品的爱。总之,"宝贝"这一爱语表达了深深的珍惜和疼爱之情,让人回味悠长。试着回想一下,你最近一次被别人叫作"宝贝"是在什么时候?我相信,它一定会激起你对美好过往的回忆,因为一声深情的"宝贝"早已化作了情感的暖流,注入在你的记忆深处。这个喊出的"宝贝"不仅是有分贝的,它更兼具味道、色彩和情感,让你受用不已。

在我们每个人的孩提时代,我们都是父母眼中的至亲宝贝,我们的成长离不开他们的疼爱和呵护,即使我们已经年过半百,但仍然是他们一辈子的宝贝,尽管此时他们已经不再把"宝贝"二字叫给我们听。如果你是一位教师,你会称呼学生"宝贝"吗?也许,你会说:"这很平常呀!我经常这么叫我的学生。"也许,你会感到羞涩而叫不出口,毕竟,假如一位男老师称呼女学生"宝贝",这很可能会引来异样的目光,或者是遭到道德上的责难,认为这位男老师心怀不轨。对于这种世俗的偏见,我们有什么好说的呢?我从来没听说一位父亲会当着自己女儿的面叫她"宝贝"而感到脸红羞怯的事情。因此,我也不认为教师称呼自己的学生"宝贝"有任何不妥之处。也许有人会反驳道:"师爱和父爱是不同的。"这的确是事实,二者在爱的深度和爱的方式上有着明晰的区别,不过,我需要提醒的一点是,师爱在影响力上的作用有可能会超过父爱。我们仔细想想,这也是有道理的。一个孩子从上幼儿园开始一直到大学毕业,这其中有将近20年的光阴主要在学校教育中度过,教师的陪伴常随其左右,也是在其成长中产生重要影响且独一无二的角色,学生在学校学到的知识并不完全是单调的数字和符号,而是兼具师爱情感、带有"温度"的知识。正是在老师们"前赴后继"一天天地引导着学生学习、成长的历程中,师爱所发挥的影响力渐趋深远,甚至伴其一生。想象一下,一个从来没有在学校教育中体验过师爱的学生,我们能说他(她)接受了正常的学校教育吗?

师爱的表达方式也随着时代的进步而有所不同。在我小的时候,我亲眼看到有的家长把孩子送到学校,对着教师说:"老师,我的孩子要是不听话,您就给我打他!没事!"在那时的年代,教师具有绝对的权威性,甚至有"打"学生的权力。对于教师的这种行为，我们在今天的时代可以理解为是粗野和不文明的表现,但是在当时,人们却并不认为教师的这种做法是错的,人们更愿意把它理解为是教师对学生的一种严苛的爱,甚至,这种爱的方式得到了父母的"授权"。所以我们不能因为教师"打"了学生,就认为这位教师的师德修养差或者人品差,也不能因此就认为这里没有发生真正的教育(请记住:爱是教育的起点)。随着社会的发展,特别是在当下的学校教育中,师生关系已不像从前那般"简单",教师也不像从前那般享有"特权",若发生了教师"打"学生的情况,愤怒的家长绝对要向学校讨一个说法,教师轻则向家长道歉,重则离职。师生关系的生态状况发生了巨大的改变,以前在教师看来习以为常的行为,在今天就很可能成为一起能引发轰动效应的"恶性"事件。

一个敢动手"打"学生的教师,他(她)已经触犯了师德规范的"红线",若没有因此而丢掉"饭碗",实属侥幸。曾经作为一个常规教育手段、带有爱的名义的行为(以前的私塾里就有专门的戒尺以备老师体罚学生所用),如今背负了伦理道德的谴责,这不得不说是社会进步和文明的体现,因为对于生活在今日文明社会中的人们来说,"打"——这种看起来行为粗暴的做法,它与"我们要过有尊严的生活"的价值追求是相违背的,这同样适用于哪怕是一个不谙事理的小孩子。越来越多的父母都已经意识到不能再用"打"这种暴力方式对待孩子。当然,任何一个教师再也不能把"打"学生作为爱(生)的"缘故"了,如果以此作为维护学生尊严的借口就显得有些荒诞了。

当今教师,学会如何表达爱(生)显得尤为重要。既然"打"——这种直接诉诸于身体的教育方式已与时代的发展脱轨，那么教师只能用言说的方式来实施教育了。教师对学生爱的表达及其效果，完全看他（她）怎么和学生说，以及他们之间说了些什么。由此，我们可以说，教育在当今时代就彻底演化成为一种语言的艺术，或者说是一种师生对话的艺术。这就对教师提出了更高的要求，教师曾经挥两下戒尺就看似能有效解决的问题，现在却要思量再三，盘算着怎样与学生进行一次真诚的对话，以达到比让学生尝受肌肤之痛更具教育功效的目的。一个优秀教师，必须具备良好的语言表达能力，即你得会"说"，更要具备与不同个性、特点的学生进行有效对话和情感沟通的能力，即让学生愿意和你"说"。

对话的基础在于平等和尊重。师生双方基于对各自独立人格的尊重，能够彼此主动拉近心理距离，畅通情感上的联系，这是开展对话的伦理基础。教师是长者，但不能以长者自居而俯视学生，自当秉持"三人行，必有我师"的谦虚心态，以教书育人、诲人不倦为己任，做学生成长的"引路人"。学生是后辈，却要发扬"吾爱吾师，吾尤爱真理"的精神，敢于批判、质疑老师，做推动社会进步的践行者。

师生对话的情感基础在于爱。"学生性向及兴趣殊异，在爱的呼唤下，各人埋头苦干，就会有'青出于蓝而胜于蓝'的表现。教师虽闻道先于学生，但教师所闻之道，也许不保证一定是至道或正确之道。以爱鼓励学生思考，则学生有朝一日迎头赶上或后来居上，这也是教师颇堪欣慰之时。"⑥师生均抱持着"弟子不必不如师，师不必贤于弟子"的坦荡胸襟，彼此心照不宣，以此开师生交往对话、探究真知的新风尚。

教师赋予学生对话的权力，提供对话的适宜条件，这是师生对话能够持久深入的必要条件。面对随机搭配在一个班级的学生，教师不能像在日常生活中任由自己选择能谈得来的朋友那样在学生中间自由选择对话的对象，教师必须全神贯注于所有的学生，主动挖掘与每一个学生进行对话的资源，创造对话的恰当时机，时刻做好与任何一个学生进行对话的准备，以履行作为教师的责任，完成教育的使命。

对话中作为学生的一方，他们并不总是处于被动的立场而消极等待教师与其对话，实际上，他们具有与教师对话的强烈需求和冲动。在课堂上，那些踊跃参与课堂活动的学生，他们显然是与教师对话的积极参与者，那些始终沉默的学生、经常出现纪律问题的学生，他们并非不愿意参与对话，而是想要尽力争取对话的权力。他们以"沉默"和"捣乱"的方式表达他们的不满，提醒教师以引起对他们的注意，并告知教师，他们需要教师为其创造适宜的对话时机和条件。

只可惜，很多教师没有正确理解他们的用意，以为这些学生采取上述行为只是说明他们在学习态度上的消极和懈怠，或者是故意拒绝了与教师进行对话的机会，并且认为他们的行为妨碍了教学，正在对课堂秩序造成一定的威胁。教师继而加强了对课堂纪律的控制，对个别"捣乱"频繁的学生施以专门的行为矫正。结果是，沉默的学生依然以沉默为习惯，捣乱的学生纵使有所收敛却也收效甚微，很快便恢复了"原形"。正如有研究者宣称"95%的纪律问题源于孩子追求权利的努力，只不过这种努力被误用了"。㊹

教师看似给予了每一个学生对话的平等权利，但这种权利对于有些学生而言无法兑现为他们的实际行动，因为他们缺乏实施权利的有效条件。在课堂上，这些学生的精力往往都集中在了如何扰乱课堂纪律以吸引老师的注意上，而不是要学的东西上，他们不仅在学业上自然无法取得成功，而且在健全人格的发展方面也会遭受打击。他们期望得到教师关爱的心理需求始终无法得到正当的满足，他们被教师边缘化的现实境遇滋生出的是一种无助感和失落感。他们时常会问自己同一个问题，即"老师是爱我的吗"，他们宁愿相信老师是爱他们的，只是这仍需要得到现实的验证。也许，在他们的内心里早已认定了一个事实，即老师对学生的爱是有差别的（要求老师同等程度地爱所有的学生确实不太现实），他们由此也会推倒出一个令人悲观的结论：这个世界原来是不平等的，也是不公平的，自己的"合法"权利无法得到保护，而任凭自己怎样努力也无济于事。

在理想化的层面上，师生间的对话，"不仅仅是指师生双方狭隘的语言交谈，而且是指师生双方各自向对方的精神敞开和彼此接纳，是一种真正意义上的精神平等与沟通。这种沟通围绕着双方认知的发展与情意的培养来进行，通过这种沟通，师生双方都获得自己对于世界与人生的理解，在人格上都走向一个新的成熟阶段，双方都获得发展"。⑧在现实的学校教育和课堂教学中，由于现代教育理念广泛普及，再加上学生的权利意识日益增强，使得学生在教育中的中心地位得到了突显，民主、平等的新型师生关系受到广泛倡导，这就为师生间开展对话创造了适宜的文化氛围。但接下来的问题是，基于这种新型的师生关系，教师能否完全接受和适应对话的教育方式。或许有的教师会提出如下问题：师生间基于平等、尊重而展开的对话（教育），会对学生造成何种影响呢？学生真能从中受益吗？教师又如何摆正心态呢？想来大家对长篇大论的论述已经有所厌倦了,这里,我引用一位教师(迪克)和学者(罗曼)的书信对话来说明上述问题。

亲爱的罗曼:

非常感谢你上次的回信,它确实帮了我不少忙。

但我不得不谈谈我的工作:我和我的新班级已相处两周,说实话,挺让人头痛的。毫无疑问,他们都是些好孩子,但他们似乎总喜欢向秩序宣战,这难道是孩子的天性吗?……拉夫尔对我走路的姿势似乎比对其他任何事情都要感兴趣,我不止一次见他得意洋洋地在大家面前模仿我的样子;萨尼呢,总是不知疲倦地在教室里跑来跑去,从不肯安安静静地待上哪怕一秒钟。我发誓一定是那句莫名其妙的"打倒权威"捣的鬼!我清楚地记得席勒先生在开学典礼上救世主一般地宣布说:"孩子们,你们要记住,这里没有权威,你们每一个人,都是学校的主人,课堂的主人。"从此,这群被解除了束缚的精灵们,便开始尽情享受他们做主人的乐趣了。这实在是害惨了我们这些教师!

我最聪明的罗曼,告诉我,是你们那些教育家们得出的结论吗,规定孩子必须成为校园和课堂的统治者,教师却只有一心一意奴仆一般地爱他们宠他们为他们服务?知道吗,我现在必须时刻告诫自己,我不再是他们的权威,我最好的命运不过是和他们一样,需要共同学习,共同成长。既然是伙伴,孩子们就再也不能接受我用命令的口吻和他们说话了,所以,我每天不得不像个乞丐一样,小心翼翼地和他们商量:"亲爱的,我们来学这个好吗? ……答应我,下面一起来看看这个吧! "……我发誓,我相信民主、尊重、关爱还有接纳,但是,能单靠这些概念来教育孩子,他们还是不停地出现问题,现实总是越来越糟糕。有时我甚至觉得,学生生来就视老师为天敌——是他们想方设法反抗的独裁者,或是他们可利用的大傻瓜。

……我觉得自己完全成了一个表演者,隐藏起教师的真实面目,成天戴上好朋友、好伙伴的面具……遗憾的是,没有哪家剧团给我发过薪水,柏林金熊奖晚会也从没邀请过我。

…………

期待你的回信!

你忠诚的朋友迪克

亲爱的迪克:

很高兴你一遇到问题就能想到我,这实在是我的荣幸。

的确,在你我大学时的想象中,教师是一个多么圣洁,具有高尚精神价值的职业,它总能令人感到喜悦和宁静;教学又是怎样的一个引导学生进入神圣知识殿堂的探宝活动,使人生发无限的成就感。然而,如今你我都很清楚:教育孩子也会非常令人头疼和充满失望,当然,这并不能简单归咎于今天的孩子们。我们都明白,教与学是两种不同的职责,教的过程由一个人实施,而学的过程却在另外一个人的内部进行,这是显而易见的。教学要有效,必须在这两者之间建立起联系。……在古老的中国,传说以前每家每户堂屋的正壁上都供着"天地君亲师"的牌子,逢年过节,人们便叩手礼拜,把老师和天地君王父母同列为神圣,世界上大概只有中国如此。在那里,师生关系通常被视为仅次于直隶亲属关系的最重要的社会关系,师承关系往往维持一辈子。良好的师生关系是教育产生效能的关键。……在学校里,学生往往先喜欢上他们的老师,再喜欢老师所提供的教育。孩子们会从老师讲话时的表情和语气来判断,这个老师是不是喜欢自己。一旦他们对老师产生了尊重和信赖,教育的步子就容易得多。

……教师和学生究竟是一种什么关系呢?想一想我们这些年所遇见过的老师吧,有的严格要求,也有的宽大慈悲;有的严厉强硬,也有的温柔可亲。但他们大多数都是那么惹人喜爱不是吗?因为他们都是那么的有威信!……当学生自觉地接受教育和劝导时,教师的这种威信和民主并不冲突。因为这威信不是教师自诩的,这威信是学生给的。由学生给予的威信是合情合理的,这种威信在学校里永远不会招致麻烦。你想想看,即使是在民主的社会上,依然需要秩序和权威,何况是在校园呢。并且,归根结底,只有发扬了教育中的民主,才可能建立真正的威信。

……单纯运用权威来让孩子学习,会最终失去自己的影响力:学生至少可以转向另一位教师,或者消极地等到明年或者等到这一学期结束,或者逃学;单纯地让孩子做主,这种表面上的尊重和信任就会变成漠不关心和敷衍塞责。对于这一点,赫尔巴特早就告诫我们:一个性格孤僻、脾气古怪、语调生硬、对人冷漠的人不可能得到儿童的爱,对儿童过分迁就、毫无尊严的人同样也得不到爱。所以,任何一个有理智的教师都会选择威信,用真诚和才能,从彼此的了解开始,最终赢得学生的爱戴。这种熟悉与友谊并不一定导致轻视,有威信的师生之间并不排斥感情投入。……当然,我们必须警惕,这种熟悉也不一定带来尊敬,师生之间的友谊没有精神上的巨大丰富性,就会变成一种庸俗的亲昵关系,这对于教育同样是一种危险的现象。

答应我,别再担心了,其实你和你的新班级的关系并不见得有那么糟糕。……你的孩子们只是在用一种公开的抵制试探你而已,亲爱的迪克,努力去做一个可亲可敬的老师吧,不要做至高无上的权威,但一定要有威信,让孩子们从心底爱戴和尊敬你。把自己看作孩子中的一员,平等地对待他们,你身上的美德、知识以及所有美好的东西,就由不得他们不去尊敬,威信随之而来。那么,在你们学校里出现的那些恼人的事件就会烟消云散。因为学生是不会骚扰他们热爱的老师,或者给他们尊重和关怀的老师惹麻烦,相信我,他们爱还来不及呢。

…………

永远记住夸美纽斯的话,太阳底下没有比教师这一职业更为高尚的了。

你的罗曼⑪

的确,民主平等的师生关系、对话的教育方式,并不排斥教师需在学生中树立威信。显然,在学生中拥有威信是教师实施教育教学的必要条件。教师威信的获得具有自得性,即当教师第一次出现在学生中时,他(她)因为拥有"教师"的身份而"天然"地具备了威信,只不过,此时的威信力还需要得到学生的认可,故而教师的威信"指数"仍处于一个较低的水平。在长期的师生交往中,教师的人格魅力、学识修养、与学生情感沟通的能力,决定了教师威信"指数"的上升或下滑。有研究者指出,"公正是教师最应具备的职业品格……教师对学生的公正程度与教师自我价值认同、教师对同侪的公正程度密切相关,教师自我认同价值越高,教师对同侪越公正,就越能公正对待每一位学生"。[⑳]我们可继此认为,越是公正的教师,越能在学生中树立可靠的威信。但是,教师的公正也不可滥用,例如,一个习惯于对大多数学生使用粗俗语言的老师,他(她)就无法在学生中树立起真正的威信,诸如"榆木疙瘩""笨蛋""傻瓜"之类的言语会深深刺痛学生的内心,这种语言暴力和精神伤害所具有的持久"杀伤力"甚至超过了身体暴力。教师在语言上的不当使用,不仅害人(伤害了学生),也害己(使自己的威信"指数"下降)。教师语言暴力的使用,可以说是其欲在学生身上实施身体暴力的一个影射,这也反映出在实际的学校教育中,师生关系本应有的尊重、宽容、平等的价值观念尚未真正"植入"教师内心。

与教师的威信具有自得性一样,学生也具有"被老师所爱"的自得性。对于学生们而言,他们被随机地聚合在一个班级里,共同面对令他们感到陌生的老师,他们能坐下来以看似平常、自得的心态与老师对话,其内心必然抱定了这样一个信念:这个陌生的老师一定是爱我的。这种对师爱的信任,是学生建立对世界的信任的基础。一位慕名前来拜访裴斯泰洛齐(Johan Heinrich Pestalozzi,他是 19 世纪瑞士著名的民主教育家),想做他学生的人，在他第一次看见裴斯泰洛齐的时候的心情是这样的："裴斯泰洛齐——就是这个样子！他很慈爱，见到我这个陌生人很高兴，没有自以为是的傲气，他站在我的面前显得很忙乱，他朴实而又随和。这一切一下子吸引了我。还没有人这样触动过我的心灵，也没有人这样赢得过我的信任。"①

在学生们看来，他们暂时离开了父母爱的怀抱，从家庭来到了学校这个陌生的地方，遇到了老师——这个陌生的人群，并被父母告知，这个人群会以老师的名义真诚地爱着他们，这让他们感到既意外，又欣喜。他们会意识到，在这个世界上，不仅父母爱他们，老师也会爱他们，同样地，他们不仅爱父母，也应该爱老师。"他人爱我一我爱他人"，爱的范畴由此扩展开来。在学生们的观念和想象中，他们的生活时空就由家庭延展到了学校，以及更为广阔的地方，乃至整个世界，学生爱的对象也由父母、亲人延展到了老师、同学，以及更多的其他人。人与人之间在情感上的联系由此得以建立，乃至于这个世界的和谐秩序也由此得以构建，因为学生是我们未来社会的主人，正是他们彼此互相联结乃至于他们广泛联结其他人，才构成了整个社会。正是从这个意义上来说，学生的学校生活是他们社会生活的一个缩影。

教师，请不要挥霍学生对你的信任——师爱，否则，这个世界将呈现的是另外一番景象。教师要在与学生的日常接触中不断积累和丰富师生间的情感，培育师爱的种子使其生根发芽。在了解学生、真诚面对学生和与学生沟通、建立情感上，教师必须下苦功夫，无任何捷径可走。有的教师带着侥幸心理，企图用一种虚伪和言不由衷的亲昵话语来表达"师爱"，这是危险的。

每个人大概都听说过，也都知道，小孩子需要被关爱，而且也一定要被关爱。即使是最喜欢孩子的人也承认孩子并不全是很有趣和容易相处的。他们通常很像老年人，常常让人头痛万分。然而，虽然很多成人并不喜欢孩子，却觉得有责任爱护他们。另外，成人的行为，尤其是语言，总是表现出似乎很喜欢他们的样子，以为这样就算是负责，而事实上这些亲昵的语言都是些毫无意义的字眼，像亲爱的、达令等。很多成人对孩子说话时，都习惯使用这种可怕而亲密的话语。其实小孩子从十岁开始，就厌倦这种虚伪的感情，而且也开始不信任成人所说的话。⑫

师爱是成人对孩子真情实感的自然流露，在这一点上，教师切不可轻视孩子们所具有的敏锐辨别力。当一个教师"爱的假象"被学生识破的时候，就是他(她)威信扫地的时候，不仅失去了学生对他(她)的信任，而且，也会让学生看不起。在现实中，我们不能期望每一个成人都能以极大的热情，愿意整天和孩子们在一起，为孩子们的点滴成长费尽心思，也能为孩子们的屡屡挫败而承担责任。因此，有些人即使拥有高超的"教"的技能，也是不适合当教师的，原因在于，他们再也不愿意回到那个童真年代了。

师生情
孔子和他的两个学生㉑

〰〰〰

　　凡是读过《论语》的人，无不对颜回和子路留下深刻印象。毫无疑问，二人都是孔子的得意门徒，是孔子的终身追随者。"子以四教：文、行、忠、信。"其弟子各有发挥，分别在德行、言语、政事和文学上有所建树。其中，颜回居德行科之首，子路则居政事科第二，后人把二人称为孔子身边的"文""武"弟子，左膀右臂，"文"指的是颜回，"武"指的是子路。孔子对颜回更是疼爱有佳，称其为贤人，子曰："贤哉，回也！"以至于"颜渊死，子哭之恸。从者曰：'子恸矣！'曰：'有恸乎？非夫人之为恸而谁为？'"意思是太悲伤了吗？我不为这个人悲伤，还为谁悲伤呢？孔子对于颜回如此珍爱，以至于后世儒家尊称颜回为"复圣"，给予颜回极高的评价和地位。颜回号称孔门第一大弟子,其德行修养境界之高,并非浪得虚名,他是后世儒家垂学的典范。子路刚勇、鲁莽、热诚、坦率的性格和自由、批判精神也足以使自己在孔门中占有一席之位。

颜回,生于公元前521年,字子渊,亦称颜渊,鲁国人,庶民出身,小孔子三十岁。十三岁进孔门,开始学习生活。仲由,生于公元前542年,字子路,亦称季路,卞(山东)人,庶民出身,小孔子九岁。孔子收子路为弟子的经过在《史记》中有载:"(子路)冠雄鸡,佩豚,陵暴孔子,孔子设礼稍诱子路,子路后儒服委质,因门人请为弟子。"

颜回和子路二人年龄相差二十一岁,同出身于庶民家庭,家境贫寒。顺应当时社会"求贤若渴"的需要以及"养士之风"的盛行,他们都有着强烈的求知学习的愿望。所不同的是,颜回是主动拜孔子为师,而子路则是孔子以"礼"驯服而从师,子路拜师虽有被动、不情愿之嫌,但如果他当时没有学礼的内在需要,也就不会拜孔子为师,所以说子路有着从"仕"的强烈愿望。孔子用礼来教化子路,收子路为徒,可见,在孔子看来,子路是可造之才。在拜师入门这一环节里,我们可以看出颜回和子路都有主动好学的优良品格。

在《论语》中,有关评论颜回性格的字句很少,因此我们只能从关于描写颜回的言语中来洞察他的性格特点。"哀公问:'弟子孰为好学?'孔子对曰:'有颜回者好学,不迁怒,不贰过。不幸短命死矣,今也则亡,未闻好学者也。'"。孔子夸奖颜回为人好学,不拿别人出气,也不再犯同样的过失。孔子问颜回的志向,他说:"愿无伐善,无施劳。"意思是:"愿意不夸耀自己的好处,不表白自己的功劳。"[24]这可反映出颜回拘谨、恭谦、内敛的性格特点。他非常注重自身的道德修养，真正做到了"躬自厚而薄责于人"的境界。于陈脱险后，颜回落在了后面，等到他赶上孔子时，孔子担心地说："我以为你已经死了。"颜回风趣地说："您还活着，我怎么敢死?"在这里，颜回并非是专门阿谀逢迎孔子，完全是感情的自然流露，充分体现了师生在大难不死之后重逢的喜悦心情，颜回的幽默诙谐也表现得淋漓尽致。

颜回对于孔子的为人和学问实在是到了顶礼膜拜的程度，颜渊喟然叹曰："仰之弥高，钻之弥坚。瞻之在前，忽焉在后。夫子循循然善诱人，博我以文，约我以礼，欲罢不能。既竭吾才，如有所立卓尔。虽欲从之，末由也已。"从颜回的感叹中，我们可以看出，一方面，颜回对孔子的为人和学问有着深厚的敬仰之情，另一方面，也体现出他柔顺、退缩、不敢越雷池一步、与世无争的出世心态，怪不得孔子说："回也，非助我者也，于吾言无所不说。"颜回非常聪明，他的道德学问可以说已是高深莫测，可是他常常穷的没有办法，只过着"一箪食，一瓢饮，在陋巷"的简朴、落魄的生活，"回也其庶乎，屡空"。他也没有主动积极地参与社会生活，从而实现自己的社会价值。

在性格方面，子路趋于鲜明而有个性。当子路对孔子的言行有不满之时，他总是当面说出，毫不留情。一方面，这体现了子路粗鲁的性格特点，另一方面，这也反映了他的率真、坦荡和正直。"子见南子，子路不悦"，孔子没有办法，也只得当着子路的面对天发誓，以表清白。"公山弗扰以费畔，召，子欲往。子路不悦，曰：'末之也已，何必公山氏之之也?'"孔子也只能巧言以辩道："那个叫我去的人，难道是白白召我吗? 假若有人用我，我将使周文王武王之道在东方复兴。"⑦面对如此不给老师面子的学生,孔子有时也实在是恼火,便生气地说道:"由也嗲","若由也,不得其死然","野哉,由也!""嗲、野"皆为鲁莽之意。可是"忠言逆耳利于行",如果没有子路的适时规劝,恐怕孔子真的要做出让他遗憾终身的错事,"嗲、野"的评价真是有失偏颇。

子路对待孔子一向赤诚忠心,对待他人诚实守信,对待工作刚正不阿、精明果断。"子疾病,子路请祷""子疾病,子路使门人为臣",子路如此热爱老师,孔子也有感而发道:"道不行,乘桴浮于海。从我者,其由与?"孔子还夸奖子路做事果断:"子曰:'片言可以折狱者,其由也与!'子路无宿诺。"

我们发现,子路的性格中多有乐观、豁达的因素,但也有几分鲁莽和冲动,他给人以可爱、至亲、充满灵性的感受,相信他是孔子从内心里特别喜爱的学生。颜回的性格因素中有谦虚、幽默和内敛的特点,但也有几分畏缩、悲观的成分,或许正是由于他性格上消极因素的原因,才导致了"回年二十九,发尽白"和他的英年早逝。

孔门弟子所学兼为"六艺",即《诗》《书》《礼》《乐》《易》《春秋》,弟子们都秉承了孔子"学而优则仕"的为学目的。孔子周游列国数十载,以期实现他的政治抱负,就是其弟子理应效仿的楷模。学生的学习过程是学思相济、学以致用,即"学而不思则罔,思而不学则殆""君子耻其言而过其行""君子欲纳于言而敏于行"。孔子强调学习要注重践履躬行,注重知与行的和谐统一,知是行的基础,行是知的检验。颜回能"闻一知十",他对所学知识能够做到触类旁通、举一反三。孔子也不禁被他的毅力和好学所感动,连连称赞道:"惜乎!吾见其进也,未见其止也。"从中体现了颜回具有一定的知识创新和迁移能力,但他却过分重视知,而忽视了行(这里指为"仕"),甚至不敢行,甘愿做一个安贫乐道的好学的学生。他能做到"其心三月不违仁""一箪食,一瓢饮,在陋巷,人不堪其忧,回也不改其乐"。他始终没有认识到为学的根本目的,即行。颜回在《论语》中仅有一次问到治国之术:"颜渊问邦。子曰:'行夏之时,乘殷之辂,服周之冕,乐则《韶》《舞》,放郑声,远佞人。郑声淫,佞人殆。'"由此可见,颜回对从政缺乏足够的兴趣甚至是力不从心,苦修德行也许是他最好的归宿。鉴于颜回对政事毫无建树,为了给颜回一些精神上的安慰,孔子也只得叹然感慨道:"用之则行,舍之则藏,唯我与尔有是夫!"这却和孔子"知其不可而为之"的作风大相径庭。从某种意义上说,教育总是个体化的行为,受教育者所接受的外来思想总要和自己的内在思想相碰撞、交融。颜回视孔子的教诲和学问如亘古不变的真理,一切全盘接受,毫无批判意识,这是我们值得深思的。

在子路身上,学、思、行有了较一致的统一。子路十分注重个人的道德修养,曾向孔子请教有关于怎样做君子,以及君子是否要有勇敢品质等问题:"子路问君子。子曰:'修己以敬……修己以安人……修己以安百姓。'""子路曰:'君子尚勇乎?'子曰:'君子义以为上,君子有勇而无义为乱,小人有勇而无义为盗。'"针对子路鲁莽、尚勇的特点,孔子还专门授子路以"六言六蔽",并语重心长地对子路说:"由,知德者鲜矣。"告诫子路知与不知的关系:"知之为知之,不知为不知,是知也。"要求子路要脚踏实地地求学。

孔子对于子路的道德修养也给予了很高的评价:"子曰:'衣敝缊袍,与衣狐貉者立,而不耻者,其由也与!'"子路不仅学习用功,并且善于提问,有疑难之处就向孔子请教,诸如"子路问事君""子路问君子""子路问成人"和"子路问政"。子路极其注重对所学知识的躬行实践,"子路有闻,未之能行,唯恐有闻",意思是:"子路有所闻,还没有能够去做,只怕又有所闻。"⑩尤其令人欣慰的是孔子周游列国,子路如影随形,与孔子生死与共,这种师生不畏艰险、为志献身的精神实在叫人钦佩。子路终于不负孔子重望,为政一方,并且功绩卓著。孔子赞道:"由也果,于从政乎何有?""由也,千乘之国,可使其治其赋也。"

子路给我留下最为深刻印象的还在于他对待学习的存疑、叛逆、敢发前人之未发的自由批判精神;不唯师、不唯书,事事与实践相结合的求实精神;好学、猎奇的探究精神。孔子被困于陈,断绝了粮食,跟随的人相继病倒,子路很不高兴,对孔子所授的"君子"风范表示了质疑,便问道:"君子有穷乎?""子不语怪、力、乱、神。"而子路却对鬼神、生死有着浓厚的兴趣,他不顾孔子的学问禁忌,勇敢地发问:"季路问事鬼神,子曰:'未能事人,焉能事鬼?'曰:'敢问死。'曰:'未知生,焉知死?'"这一点是其他弟子难以望其项背的。

子路从政,在实际工作中有疑难之事,便虚心向孔子求教:"子路问政。子曰:'先之劳之。'请益。曰:'无倦。'"对于孔子的授道,子路自有自己的理解和主张,当师徒有意见分歧时,他会毫不客气地不顾老师的颜面而加以批判。"子路曰:'卫君待子而为政,子将奚先?'子曰:'必也正名乎!'子路曰:'有是哉,子之迂也!奚其正?'"子路问孔子如果卫君要让孔子去治理国政,孔子应首先做什么,孔子说首先要纠正名分上的用词不当。子路却反对道老师的看法过于迂腐了,何必去正名呢?到底该不该正名,我们先不必过问，单就子路不唯师的勇气和胆魄就使我们为之一震、发人深省。子路有着强烈的自我表现欲望，他的琴艺高超，还专门去孔子家里演奏，与孔子切磋，孔子对于子路的这一举动大为吃惊，子路的举动也遭到了同门的冷观，但他的积极进取，勇于表现自我的精神又非同门能比。

第三辑

穷原竟委——观教育政策

名校
名校办分校的忧与思

〜

　　我们每一位家长都想着让自己的孩子读名校，那读名校到底有什么好处呢？如果笼统地回答这个问题，这就是：孩子读名校可以享受到更为优质的教育。

　　具体来说，首先，名校有名气。名气这个东西，没有具体可衡量的标准，它就是一个符号，深深打印在人们的潜意识之中，听从感性的召唤。这正如同一个题材的电影，大部分人都会不假思索地认为，由张艺谋做导演必然比一个不知名导演会赢得更大的票房。假设甲校和乙校都是名校，如果让人们选择其中的一所学校，很多人不是从学校的师资水平、学科优势、办学特色、学生发展来综合考量，而是要看哪所学校更有名，这个名在很大程度上是由人们口耳相传得来的。让孩子上一所更有名的学校,这着实是家长的荣耀。

其次,名校有名人。如果从一所学校中走出了某一个领域或众多领域的社会知名人士、专家,那么,这所学校必然会广泛宣传,或通过新闻媒体进行传播报道,或请这些知名校友回母校"省亲",目的只有一个,即让人们知道一件事情:"这些名人都是我们学校培养出来的。"当人们接收到这个信息之后,很容易在心理上产生一种错觉,"如果把我的孩子也送到这所学校,孩子将来也很可能成为一个名人"。在这种名人效应的影响之下,家长们对名校趋之若鹜就是一个非常合情合理的事情了。

再次,名校有名师。对于名校而言,名师才是最为实在的"名之所源"。名师就是一所学校的顶梁柱,如果一所名校,没有出几个名师,不管是在职的还是不在职的,那是不能被称为名校的。南通师范第二附属小学因为有了李吉林老师而名声大噪,盘锦市实验中学也正是由于有了魏书生老师而在全国知名的。

最后,名校有"优生"。这里的"优生",一是指优质生源,即我们通常所说的好学生,二是指有着"优质"家庭背景的学生,他们的父母通常是社会精英人士和中产阶层,比如政府官员、富商、高级知识分子,等等。家长们把孩子送到名校,就是让孩子能尽早与这些"名生"为同学,为孩子今后步入社会提前做好铺垫,打好基础。

上名校是我们都为之向往的,但正因为是名校,所以它的数量毕竟是非常有限的。那么怎样才能满足人们上名校这一普遍的心理需求呢? 于是,名校办分校就应然而生了。

名校办分校的初衷无疑是想利用名校这块金字招牌的巨大

社会影响力来吸引人们的眼球，让大家相信分校与名校是一脉相承的，也同样拥有名校的独特气质。但事实果真如此吗？名校之所以能成为名校，它是多种因素长期累积的结果，这里有一代代校长的继承与创新，有一批批教师的探索与奉献，有一届届学生的践行与成长，更有当时社会大环境的推波助澜，使它形成了自己独特的文化气质，经得起历史浪潮的汹涌波涛，不会因为政策的变动、校长的更迭、教师的流动和学生的变化而发生根本性的逆转，才最终成就了一所名校。

一所学校要想成为名校不可能一蹴而就，它需要经历一个长期的发展过程。享誉中外的南开中学自 1904 年由著名爱国教育家严范孙和张伯苓创建以来，历经百年沧桑巨变，其间，校舍被日军炸毁成为一片废墟，师生辗转流离于他乡，但"允公允能，日新月异"的精神始终根植于"南开人"的内心并得以传承，正如校长张伯苓校长讲道："敌人能摧毁的只是南开的物质，南开的精神是摧毁不了的。"南开中学涌现出来的周恩来、梁思礼、曹禺等一大批政治界、科学界和文艺界的社会栋梁，更是把南开精神发扬光大。

名校办分校，这从逻辑上是行得通的，如果我们先不论分校办的质量如何，一所名校可以办无数个分校，但如果要把分校也办成与名校具有鲜明文化传承关系的"名校"，它的前提条件是名校和分校之间必须有统一的价值认同。那么，问题就来了，如果办分校，名校对于分校的文化传承的使命该由谁来担当呢？又有谁能够保证分校的师生就一定能够全面接受名校所秉持的价值观念系统呢？可见，分校办成名校在现实性上会受到诸多条件制约。由此，我们对名校办分校不能采取过于乐观的态度,不能简单地认为它就是一个拷贝和移植的过程,教学楼、校门可以照着原样拷贝、复建,但是人们的心理和观念绝非拷贝这么容易。

出于在短时期内解决教育公平和优质教育资源短缺问题的考虑,很多地方掀起了名校办分校的热潮,其中大部分属于政府行为,而且分校与名校之间的关系也较为复杂。例如,北京市截至"十二五"期间建立了60多所名校分校,这些分校主要分布在北京市的13个区县,集中在城乡接合部、人口聚集区和城乡新区等学位明显不足、优质教育资源稀缺的地区,以朝阳、丰台、大兴、通州等区县居多。⑰这里的"名校"不仅有像中国人民大学附属中学、北京第二实验小学、史家小学等北京的一些知名中小学校,也有像湖北黄冈中学、东北师范大学附属中学、华中师范大学附属中学等外省市知名学校。分校中不仅有政府新建的学校和开发商新建的小区配套学校,也有一些是早已存在的薄弱校。可见,分校在"地缘"关系(指地理位置)和"文缘"关系(指文化传承)上与名校保持着或远或近的联系,这种远近关系是否对分校的发展造成不同程度的影响呢? 举例来说,东北师范大学附属中学沈阳分校和东北师范大学附属中学北京分校,两所分校在办学理念、教育思想、教师专业素养、学生发展等方面和东北师范大学附属中学的契合度是基本相同呢?还是根本就差的很远。

名校办分校易,分校办成名校难,但其中也不乏成功的例子。例如,美国的加州大学伯克利分校,宁波诺丁汉大学、南京外国语学校仙林分校,等等。这些分校之所以能办成名校,其中一个重要的原因就在于较好地处理了名校与分校之间的文化传承这一核心问题。担任宁波诺丁汉大学校长一职的是杨福家院士,他在2000—2012年曾长期担任英国诺丁汉大学校长,而且是世界大学校长执行会执行理事。可以想见,杨福家院士作为世界知名大学校长,他能够较好地把西方高等教育的先进教育和管理思想,英国诺丁汉大学的治学传统和中国教育国情相结合,这就从顶层设计上保障了宁波诺丁汉大学的国际化、高水准发展。南京外国语大学仙林分校的成功正在于分校秉承了本部的优秀管理经验和教学传统,继而在此基础上发展自己的特色,赢得人们的广泛认可和赞誉。

基于一个地区优质师资和优质生源数量的有限性及优秀教师专业成长的客观规律性这一基本事实,对于名校办分校,不能采取简单的拿来主义态度,认为多多益善,而应对分校的招生规模和分校数量进行科学合理的规划。如果名校所办分校数量过度扩张,这对于一个地区的教育生态不免会有拔苗助长之嫌,也有悖教育发展的客观规律,而且,容易演化成由各个名校所办的分校对优质师资和优质生源的地区性争夺,这不仅对本地区教育发展造成不利影响,而且对于名校的声誉和影响力也会造成负面影响。

名校办分校,把分校办成名校,从政策出台的本意上讲,是为了缓解一个地区优质教育资源供给不足的突出矛盾,它欲使更多的人在家门口就可以享受到更为优质的教育,此举首要的是一种公益驱动而不是利益驱动,而且,这也是名校传播自己优秀学校文化的一个有效途径,它迎合了人们对优质学校文化资源的大众消费心理,不仅满足了人们享受优质教育资源的实质需求,毕竟先进的教育教学仪器设备和丰富的图书资料是实实在在的东西,与此同时,也满足了人们"读名校,成名人"的心理想象,必然会受到人们的追捧。但是,需要提醒的一点在于,名校办分校易,而把分校办成名校却难,如果对名校办分校不加以科学规划,那么,直到分校满天飞的时候,恐怕"受伤的"不只是大众,还包括名校自身。

"摇号"
几家欢喜几家愁

国家教育部曾发文件，要求全国重点大城市所有县（市、区)95%以上的初中实现划片入学,每所划片入学的初中95%以上的生源由就近入学方式确定。各区县根据小学适龄学生人数、学校分布、学校规模、交通状况等因素，按照就近入学原则依街道、路段、门牌号、村组等,综合考虑本区县初中教育资源均衡分布,合理划分学区片,为每一所初中划定对口小学。对口小学的划分采取单校划片和多校划片两种方式。单校划片指的是一个学区片内的初中学校采用对口直升方式招生,即一所初中对口接收片区内所有小学毕业生入学。多校划片指的是一个学区片内的多所初中学校一起接收所有小学毕业生入学。基本步骤是先征求学生入学志愿,对报名人数少于招生人数的初中,学生直接入学;对报名人数超过招生人数的初中,以随机派位(俗称"摇号")的方式确定,被摇中的学生可入此学校,落选学生根据就近原则安排进入其他未招录满员的初中学校。

"摇号"是国家推进小升初免试就近入学采取的一个重要举措,这也成为当前人们议论小升初的一个焦点问题。社会上,人们对"摇号"的合理性提出了质疑,这是有一定道理的。我们试想,就一个区域来说,如果该区域的初中教育基本上达到了均衡水平,也就是说每一所初中的办学水平都基本相当,那还需要"摇号"吗? 显然,"摇号"这种方式的出现,恰好说明当前初中教育离均衡还有一定距离。那么,"摇号"难道是政府的权宜之计吗? 也许是的。正如教育部办公厅印发的《关于进一步做好重点大城市义务教育免试就近入学工作的通知》中讲道:"义务教育免试就近入学工作关系千家万户,备受人民群众关注。由于重点大城市优质教育资源分布尚不均衡,群众需求多元,调整需要时间,仍不同程度存在义务教育择校问题,影响了社会对基本公共教育服务的满意程度,不利于和谐稳定。"㉘换句话说,"摇号",一方面成为推进义务教育均衡发展的一个重要手段,另一方面,也成了义务教育不均衡现状的一个佐证。

小学和初中属于我国的义务教育范畴。义务教育是根据法律规定,适龄儿童和青少年必须接收,国家、社会、家庭必须予以保证的国民教育,其实质是国家依照法律的规定对适龄儿童和青少年实施的一定年限的强迫教育制度。义务教育这个概念发源于德国,由宗教领袖马丁·路德(Martin Luther)最早提出,他的本义是为了向广大民众推行宗教教育,在民众中广泛宣传《圣经》的教义。我国最早是从日本引进了这一概念,始见于清光绪二十九年(1903年)《奏定学堂章程》中的《学务纲要》,原文为:"初等小学堂为养正始基,各国均任为国家之义务教育。东西各国政令凡小儿及就学之年而不入小学者,罪其父母,名为强迫教育。"[70]实施义务教育是国家的义务,国家要依法保障每一个适龄儿童、青少年接受义务教育的权利。我国宪法规定,公民有受教育的权利和义务。接受义务教育,既是公民的权利,也是公民应尽的义务。

义务教育属于基本公共教育服务,它体现了准公共产品的性质。经济学理论认为,全部社会产品可以分为三类:私人产品、公共产品、准公共产品。私人产品指具备效用的可分性、消费的竞争性和受益的排他性的产品。效用的可分性指产品可以被分割成许多可以买卖的单位,而且产品有特定的使用人群。例如,你的一套有两间卧室面积不等的房子要出租,你想把这两间卧室分别出租给两个租户,而且价格也不同,面积大的房租自然也就高一些。消费的竞争性指如果某个人消费了某种产品,其他人就不能再消费该产品。例如,你在商场看上了仅有的一双非常适合你脚的尺码的皮鞋,在你正为是否要买这双皮鞋犹豫不决的时候,另外一个人也试穿了这双皮鞋,并快速去收银台付了款。这双鞋找到了它的主人,可惜不是你!受益的排他性指产品谁付款,谁受益,产品的所有者可以完全占有或独自享受该产品,未经同意,其他人不能分享。迫于丈母娘的压力,你终于痛下决心付全款买了一套房子,今后,你就不必再担心租房的时候,那个无礼的房东擅自进入屋里的情形出现了。

公共产品是指具备效用的不可分性、消费的非竞争性和受益的非排他性的产品。例如,国防、司法、外交、灯塔等都属于公共产品,它们服务于社会上所有的人,是为整个社会共同消费的产品。任何人对公共产品的消费不会影响其他人同时享用该产品,任何人消费公共产品不排除他人消费。

准公共产品指具有有限的非竞争性或有限的非排他性的公共产品,产品的效用、功能会随着消费人群的增加而变化,即在一定范围内,其竞争性为零,而超过一定的限度,其竞争性或排他性就会逐步增加,提供该产品的成本也会增加。例如公路,一定限度内增加在公路上行驶的车辆,公路的功能、效用不变,但是,当公路上的车辆达到饱和度时,车辆再增加,公路就会堵塞,如果需要拓宽道路就必须再投入资金。

义务教育是一种具有非排他性和不充分的非竞争性的准公共产品。义务教育具有非排他性,意思是说,当所有的适龄儿童都从义务教育这一产品中受益的时候,某个人的受益并不影响其他人也同样受益。例如,在同一个教室上课的两个学生,甲在上课的同时并不排斥乙也在学习。义务教育具有不充分的非竞争性的意思是,随着适龄人口的增加,国家就要聘任更多的教师,建更多的学校,投入更多的教育经费,这就使得义务教育的成本进一步增加,因此,义务教育具有一定程度的消费竞争性。我们可以再举一个更为实际的例子,一所优质初中所能容纳的学生数量是有限的,这所学校的招生名额不可能无限制放开,那么,先到这个学校申请成功的学生可以入学,而后来者可能就被拒之门外了。

义务教育是一种准公共产品,它在某种程度上存在一定的竞争性,更由于我们的教育资源分配仍不均衡、教育质量参差不齐，再加上人们对教育的多元化需求日益突显，这就在客观上造成了义务教育还具有选择性的特点，例如择校就是义务教育选择性的一个突出表现。义务教育不均衡问题不仅在我国存在，即使在发达国家也普遍存在，由此而形成的学区房也是炙手可热。据报道："英国许多家长为送孩子上名校不惜花大价钱购买位于好学区内的房子。这也逐渐造成了重点学校周围的房子被有孩子的家庭大量购买的现象。而名校录取名额有限，入学时经常人满为患。"⑳为了解决优质教育布局不均衡这一突出问题，英国有三分之一的地方辖区都使用"摇号"或公平分班的方式录取小学毕业生。但这种"公平录取"方式也广受质疑。英国初级中学联合会的负责人说："教育是一项社会工程，以掷骰子的方式来决定孩子的命运并不妥当。"㉑

为配合小升初"摇号"政策的试行，社会舆论、新闻媒体大致从三个方面加强了宣传：一是说当前的义务教育已经达到了基本均衡，二是说校长和教师流动可以进一步促进教育均衡，三是说在"摇号"后，每所学校的生源基本均衡了，这有利于调动每所学校和教师的积极性，使学校办学更有活力，也使教师工作不再倦怠。很多校长、教师和教育专家都现身说法，积极支持"摇号"政策。我们常常通过电视机、收音机、报纸、网络等媒体看到百姓身边的好学校如雨后春笋般拔地而起。昨日还是一所薄弱学校，仿佛在一夜之间，它就变换为一所优质学校了。

学校如此"华丽"的转身，家长们能买账吗？我宁愿相信家长们不会太过乐观。毕竟，每一所学校都有它的历史积淀，而且，学校在发展中面临的问题也不尽相同，要均衡发展每一所学校，把每一所学校都办成优质学校，这哪是一项治标不治本的教育政策所能解决的问题呀！我们可以想象一下，面对突如其来的"摇号"政策，家长们会略显无奈地对自己的孩子说："孩子，你上哪一所小学是我们父母可以决定的，但是，你上哪一所初中就得由你的命运(摇号)决定了，以后的路更要靠你自己的本事了！"

满意是一种结果导向，就像你去银行取钱，在你就要起身离开的时候，银行柜员会让你对他(她)的服务给予满意程度的评价。你去银行是以取钱为目的，如果你顺利取到了钱，你给予柜员的评价至少应该是基本满意，如果因为银行计算机系统出现了故障让你白白浪费了时间，没取到钱，你恐怕不会给柜员一个非常满意的评价吧。

人的欲望普遍具有贪婪性，满意的感觉也会是稍纵即逝。例如，你两次去同一个饭店吃饭，你对第一次的饭菜是满意的，但是很可能因为心情不好的缘故，你对第二次的饭菜就不满意了。实际上，两次饭菜都是出自同一个厨师。你对饭菜的满意度为什么出现了截然相反的情形呢？这是因为满意或不满意是一种非常不稳定的心理状态，而从根本上来说，不满意才是常态，这也是人类发展的动力所在。

办人民满意的教育必须要以信任为基础。满意是结果导向，而信任是过程导向。信任时时刻刻影响着我们，"世界上，每一个人、团队、家庭、组织、国家、经济和文明都拥有一个共同的力量。如果没有这个力量，最强大的政府，最成功的企业，最繁荣的经济，最具影响力的领导者，最伟大的友谊，最坚强的个性，最深的爱，统统都会被摧毁"。② 这个力量就是信任。想想看，如果一个人总是信守承诺，言行一致，并对自己的行为负责，你一定会非常愿意和这个人共事、合作，因为他(她)会给你带来安全感，而且你们之间的沟通也会非常融洽,你们的工作效率也会很高,这就是信任的力量。信任能够在很大程度上降低沟通成本,提高工作效率。一个人在社会中要赢得好名誉,需要建立个人信任,同理,一个国家也要赢得国民的信任,并且还有责任在民众中树立信任的价值观,传递信任的力量。

人民对国家、政府的信任,会形成一股强大的凝聚力,它对社会发展的意义和所产生的作用是无法估量的。信任汇成了一种集体的想象(我相信你,你也相信我),形成了一种文化。这种信任文化在社会中广泛传播,使其根植于人们的内心,表现于人们的言行之中,正气方能畅达,民风方可淳朴。客观而言,我们的教育不是完全均衡的,也不可能完美无缺,这是事物发展的规律所致,我们应该承认这一点。我们的国家、政府要对教育发展负责,即使发现在教育决策中出现了错误,也要勇敢而坦诚地向民众予以说明,表达歉意,这才是负责任的表现。越是坦诚相对,越能赢得理解和支持。一种信任的文化,使民众对发展教育有信心,相信教育会办得越来越好,这才是问题的根本。

我国从20世纪70年代初实行计划生育政策以来,"独生子女已超过1亿人"。⑧当今社会,存在着众多的"6+1"模式的核心家庭结构,即一个核心家庭由独生子女、父亲、母亲、爷爷、奶奶、姥姥、姥爷七个人共同组成。可以说,独生子女已成为家庭的中心,也承载着家庭的梦想。

独生子女的受教育问题是家庭的头等大事。在你的孩子出生不久时,孩子将来要上哪所幼儿园、小学、中学甚至大学,这样的话题就已经成为你们家庭成员共同关心和热衷讨论的问题了,有时成员之间也会围绕孩子的教育展开辩论,大家各抒己见，争论得面红耳赤。为了这仅有的一个孩子将来能够享受到更为优质的教育，整个家庭不惜耗费大把的钱用在买学区房、聘请家教、参加各种补习班，或者是为孩子买教育基金，以尽全力为孩子创造更为优越的受教育条件。

家长们为孩子的教育设计了一份理想的路线图，其中离不开家庭的财力支持，更离不开孩子的天赋和努力。在家长们的想象中，只要这两者配合得力，孩子的教育前景便是极为乐观的。即使抛开孩子的天赋和努力，家庭的财力支持在孩子教育上也能够发挥较为重要的作用。教育是一种准公共产品，它具有一定的竞争性和选择性，家庭为孩子投资教育具有一定的合理性。对于家长而言，不花钱能让孩子享受到优质教育，这是"上策"；花了钱就能享受到优质教育，这是"中策"；花了钱也未必能享受到优质教育，此为"下策"。而"摇号"政策的出台，直接让家长跌入"下策"的泥潭而难以自拔。

把子女享受优质教育的机会压在"摇号"上，这对于很多家长来说都是一时难以接受的。对于"摇号"政策出台之前已经完成教育投资（例如花重金购买了学区房）的家庭而言，他们眼看着给孩子规划的教育路线就要落空，想象着在小学学习表现非常优秀的孩子将来不幸被摇到一个名不副实的优质中学，他们不禁对花出去的钱扼腕叹息，更对孩子未卜的未来而恐慌不已。对于在"摇号"政策出台后而准备教育投资的家庭而言，虽然只能在"下策"中认真考量，但思来想去，恐怕投资仍是最佳选择。虽然不投资也可能享受到优质的初中教育，但是，谁敢忽视孩子六年的小学学习，这六年的小学教育，有可能就奠定了孩子一生的学习习惯，也为孩子健全人格的养成奠定了扎实的基础。而投资教育就会为孩子将来有可能享受到优质的初中教育打下一个好的基础。综合考虑，有能力投资教育的家长还是愿意投资，以选择一个较为优质的小学。因此，"摇号"政策的出台并不能缓释家长对教育投资高涨的热情，反而使他们的投资意愿更为坚定。我们也可以预见，学区房的价格依然会居高不下。

"摇号"政策的试行，惊扰了教育生态的原有秩序，生源的均衡化给学校造成一系列的"化学反应"，曾经的薄弱校此时看到了希望，他们决心要演绎一场漂亮的屌丝逆袭，与名校一决高下，那些老百姓口碑中的实力派学校也准备走下神坛，放低姿态，声称要办老百姓家门口的好学校了。

教育生态的原有秩序看似已被打破，实则不然。生源均衡并不必然导致所有的学校在教育教学水平和质量上也同样达到均衡。生源只是反应学校教育教学效果的一个重要因素。除生源因素之外，教育教学的效果还受制于教师素养对学生的直接施导、校长治学对学生的精神引领、学校管理对学生的行为塑造、学校文化对学生的无形影响等诸多因素，而这些因素都是无法被人为均衡化的。学校间生源的均衡化，造成了一个学校内班级间生源的均衡化，但就每个教师而言，他（她）所任教的班级内的生源却是更为不均衡的，无论是学生的智力、个性的发展，还是家庭的背景等方面都表现出了更为明显的差异性。恐怕教师们都会普遍染上一种叫作"教学不适症"的怪病，而且这种病是会传染的，它的症状反应在教师的言语中，可被描述为："我从没教过这么好的学生，也从没见过这么差的学生，不知道该怎么教才好了！"但不管怎样，我们相信每一位教师都会努力克服这种不适症，尽职尽责，教书育人。

　　所有的教师都要面对有着共同生源特点的班级而开展教育教学,他们面临的问题是一样的,但是,我们能对他们有解决问题的同等能力持乐观态度吗?单就教师素养而言,在之前的优质学校和薄弱学校之间有着非常明显的差异。现在,他们解决同一个问题的能力也是有差异的,而且,他们所在学校的保障系统(例如教科研实力、教学风气、学校管理效率等)所发挥的作用也不尽相同,即不同学校对学生施加的教育影响是不同的。因此,我们有理由相信,在"摇号"之前的优质学校,其解决问题的能力依然会明显强于"摇号"之前的薄弱学校。可见,由"摇号"所形成的校际间的生源均衡并不能实现校际间教育结果的均衡。

　　校际间教育结果的不均衡是一个客观事实,若从务虚的角度来说,不同学校的校风对学生的影响是不同的,若从务实的角度来说,不同学校的教育教学质量是不同的。有人会说,校长和教师的流动有助于缓解这种不均衡状况,这恐怕只是我们的一厢情愿罢了。学校教育是一个持续的动态发展的过程,如果均衡的意思不是指削峰填谷,也不是取折中之意的话,我们如何对处于发展速度、发展时间、发展特点各不相同的学校采取均衡化的处理?校际间的均衡标准如何制定?均衡指数如何监控?如何保证校长和教师流动有助于促进均衡而不是适得其反? 如果说校长在一个区域内学校之间的流动是一纸调令就可以解决的问题,那么,教师流动就不仅仅是一个行政命令的问题,它还包含很多情感性的因素在里面。大凡优秀教师对学校都会有着强烈的归属感,让他们流动到别的学校,这对他们来说不免会有"身在曹营心在汉"的游离之情。教师对学校的深厚情感及由此而表现出的工作自觉性和主动性很难随着工作环境和人际氛围的改变而实现迁移。我们试问:有多少教师是不计名利,愿意主动参加流动的? 有哪个校长会把学校辛苦培养的骨干教师轻易流动出去? 这里,教师参加流动的潜规则应该是不言自明的吧。

既然校际间的教育结果客观上依然存在不均衡,校长和教师流动的作用也不会表现的过于显著,那么,我们可否得出小升初"摇号"政策是失败的,或者说是有所不足的结论呢?我们也不必这么悲观,因为"摇号"实际上主要是为了解决愈演愈烈的择校问题,"摇号"从制度设计上遏制了日益盛行的择校之风,光是达到这一目的,就已经难能可贵了。

"选择性教育是一种合理的教育需求,群众的选择需求总体上看是为了提高生存与生活的品质。比如,适应不同家庭对子女的期望,适应不同学生的个性发展,适应社会对不同人才的需要,适应市场变化影响下的就业形势,等等。"⑩既然我们承认义务教育具有一定的选择性,那么,择校这种行为就具有一定程度上的合理性。接下来的问题是,择校有没有一个适用的范围? 从理想化的角度来说,择校应是社会成员的一项基本权利,人们可以在公办教育内自由择校,也可以自由选择民办教育,国家应该努力创造条件保障人们实现这一权利。然而, 从现实性的角度来说,择校(主要指在公办教育内的择校)引起了教育生态的破坏性,例如校际教育差距越来越大、人们对优质校的极度追捧,也让社会不正之风有了可乘之机。然而,客观而言,择校所引发的问题与择校本身是两个不同的概念,但是,我们往往把这两个方面混为一谈。例如,由择校而引发的教育腐败,这从根本上说不是择校的问题,而是腐败的问题。由此可见,择校的理想性遭遇了现实性的打击,必须给自己限定一个可行的范围。

由于公办教育,特别是在义务教育阶段,它提供的是面向全体社会成员的以体现公平为核心价值的教育公共服务,所以,公办(义务)教育的选择性功能不宜被突出,这也正是"摇号"政策试行的初衷。可以说,"摇号"完全"屏蔽"了公办义务教育的选择性(选择初中学校)特点。既然公办择校的路已经行不通了,唯一的出路就是选择民办校了,这也就是我们所说的"公办不择校,择校找民办"。

民办义务教育生存的基本法则,就是努力为群众提供选择性辨识度较高的教育服务,谁的选择性特点显著,谁就能在教育市场中占据一席之地。然而,当前我国民办义务教育无论是从数量,还是从办学特色等方面,其供社会选择的余地仍然非常有限,而且,选择民办学校必须付出高额的学费,这使得义务教育的选择性明显"缩水"。因此,政府需要加大发展民办义务教育的力度,以在更大程度上满足社会对义务教育的选择性需求。

不管是"摇号"还是择校,二者最终要达到的目的是一致的,这就是让老百姓对教育发展有信心,让孩子们都能享受到更为优质的教育服务。

重点学校
动了谁的奶酪

在你快要出生的时候，你的父亲为了最大程度上减轻妻子分娩的痛苦，经多方打听，从本地较好的几家医院里选了一家口碑很好的医院，并预约了医院里最好的妇产科大夫；你的出生为家庭增添了欢乐，你成为了家庭中重要的一员；在你上小学的时候，你的妈妈去学校见了班主任，好让班主任对你的学习多加照顾；你通过自己的努力，考上了当地的重点高中，你成为了整个家庭的荣耀；在你填报高考志愿的时候，你在几所重点大学中作出了选择；你在单位努力工作，经常得到领导的表扬，夸赞你在工作中总能抓住重点，也因此得到了领导对你的重视，你也成为了单位的重点培养对象；你总结了多次交友失败的经验教训，善良、勤奋成为你择偶的重要标准;随着你的事业蒸蒸日上,你被安排到了重要的工作岗位,你成为了同事心目中一个重要人物;你在工作上积劳成疾,终究病倒被送到了重症监护室,成为了医生的重点治疗对象,纵然生病是每一个人都很难避免的,但最后这个例子,仍是我们不愿意看到的。

在我们的生活中,"重点"这个词总是显得格外显眼,我们经常能看到和听到的诸如重点高中、重点大学、重点工程、重点课题、重点实验室、重点项目,等等,它意味着在众多的事物或事件中具有重要的或主要的价值。在对话中,我们总是用"重点是……"来说明我们对事物有更加敏锐的认识,此时听者的注意力一定高度集中起来,因为他(她)知道下面要讲到的内容是应该予以关注的。抓住了重点就是抓住了"牛鼻子",可以起到举一反三、事半功倍的效果,例如,我们认为,家庭和睦的重点是处理好婆媳关系,发展经济的重点是处理好市场与政府的关系。如果你是一位教师,那么你对重点这个词就更为熟悉了,你在每节课的教学设计中,都要清楚地写出教学重点是什么。如果在你的课堂教学中,你所认为的教学重点没有被你讲透,学生也没有学会,那么,这节课很难说是一节好课。不管你是否承认,在你所教的班里,总有几个学生是让你非常欣赏的,他们得到了你的重点关照。也许你会说,我并没有关照他们什么呀!这种肯定和亲近的心理感觉并不需要多么显眼的行动, 有时候你投给他们一个肯定的眼神,这对他们来讲就是一种巨大的精神力量。当然,由于你在教学工作中的出色业绩,学校把你列为了骨干教师的重点培养对象,并计划把这个学期仅有的一个出国考察学习的名额分配给你。

　　"重点"是一个符号,它本身就是一种名誉,意味着有资格获得更多的资源,得到更多的利益,当然,它也意味着能够为社会创造更大的价值,这也是我们承认或认同其为重点的一个基本预期。那么,"重点"是由谁来授予的呢? 它大致可分为官方和民间两种,即有官方授予和民间赋予两种方式,前者突显行政色彩,由官方指定,后者突显民意所向、由民众口碑相传。如果我们把重点"主体物"(例如可以是一个人、一个社会群体,也可以是一项工程、一个机构,等等)看作是一台生产机器的话,我们为其输入运转所需的动力能源(例如资源、利益、名誉等),也可在较为宽泛的意义上称之为投资,其最终目的是让它能够生产出具有更大价值的产品,即重点"主体物"的根本价值在于其所具有的增值功能和成效。

　　我们相信,我们对重点"主体物"的投资是最具有效率的行为。所谓效率,"经济学上的一个较为技术化的经典定义是:效率等于投入与产出之比。伦理学上的概念理解则认为,效率即是某种行为目的的价值实现。效率不仅意味着财富,而且也意味着社会美德"。[⑮]效率不仅包括经济效率,例如国内生产总值的增长,同时也在至少不能损害社会效率的基础上 (例如造成对某一类人群的歧视)显著提升社会效益。我们大力宣传劳动模范、道德模范的典型事迹,目的就是发挥他们的榜样引领作用,在社会上树立良好的道德风尚,这就是一种通过投资重点"主体物"而提升社会效益的典型。总之,这种增值的功效能够显著地增加社会的总体财富。有人会感慨地说,要是我们每一个人都能成为重点"主体物"就好了。如果这样的话,也就失去了重点的意义,重点也就不成其为重点了。形成重点的一个前提假设是,资源(我们把投资于重点"主体物"上的东西统称为资源)的有限性,把有限的资源平均分配到社会的个体或者组织,这一定不是一个明智的选择,也无法取得理想的社会成效。重点总是有限的资源与社会成效的最大化之间平衡的产物。

重点是比较的结果,有重点就有非重点。比较的依据基于我们所要达到的目的。如果我们要组建一个篮球队,那么身高就是我们挑选队员的一个基本依据,如果我们要成立一个合唱团,那么嗓音就是我们挑选成员的一个基本依据。这些被我们挑选出来的篮球队员、合唱团成员,相比较于其他人而言,就成为了重点"主体物",而且,我们也相信,只要对他们在篮球、唱歌这些方面施以专门的训练和培养,他们就能表现出超过常人的才能。

对于重点"主体物"而言,拥有了"重点"这一符号,它意味着对资源的适度有限占有、自我发展的提速、创造的社会财富的剧增,而若从社会总体来讲,它也有益于增进每一个人的福祉。有的人虽然认同上述观点,但与此同时,也认为对重点"主体物"的投资,即给予它大大超过个体平均数的资源,这就抢占了其他非重点"主体物"的应得资源,这是不公平的。

事实果真如此吗?我们知道,社会资源的初次分配要坚持平等原则,为了保障每一个人的基本权利,每一个人得到的资源是相同的,例如,国家有责任为每一个人的生存、受教育提供必要的保障。但是,社会资源的再分配要坚持贡献原则和补偿原则。贡献原则,指的是谁为社会创造的财富多,谁就能获得更多的资源,国家保护公民的私有财产不可侵犯就是这个意思。与此同时,谁获得了更多的资源,谁就有责任为社会贡献更多的财富。补偿原则,指的是为社会创造更多财富的一方有义务拿出一部分财富补偿给为社会创造财富较少的一方,这是因为创造财富较少的一方和创造财富较多的一方,双方共同构成了一个完整的社会,而且,社会财富的创造从根本上依赖于社会上每一个人都做出自己的贡献。显然,我们这里所说的对重点"主体物"的投资不属于初次分配的范畴,所以,它应该遵循贡献原则和补偿原则。

众所周知,社会资源的分配一般都是按照教育、医疗、国防、农业、工业等不同领域而进行的。以教育领域为例,如果我们投在教育领域的经费多一些,那么,分配在其他领域的经费就会相应减少,这也意味着我们对教育具有创造更大社会财富的能力,或者说教育所产生的高效率,存在合理预期。继而,我们还可以在教育领域内,按照阶段、地区、人群等维度进行细分,例如,我们可以考虑在幼儿园、小学、初中、高中、大学等各个教育阶段,经费如何分配更为有效,也可以考虑教育经费在城市和农村的配置比例是多少,还可以考虑专门为经济贫困人群增加经费支出。

现在,我们假设,有一项经费要视情况而定,计划投给教育领域,基础教育和高等教育都各自向"投资方"阐明了自己应该得到这项经费的理由,但"投资方"最后还是把这项多投在教育领域的经费都配置给了高等教育。教育经费如此配置,并不意味着减少了基础教育的经费投入,只能说基础教育的经费没有得到增加。因为,增加的这部分教育经费如果不投给高等教育,那么,它就被分配给其他非教育领域了。这就好比一个乐善好施的富人路过你家,但是你的家门紧锁,而这个富人到了你的邻居家并给了邻居1000元,在你知道了这件事情之后,你不能说你少了1000元,实际上你没有任何损失。更为可能发生的事是,如果你经济上遇到困难找邻居借钱,邻居可能把那位富人给他(她)的1000元借给你。因此,在同一个领域里,对某一个重点"主体物"的投资,并不意味着对非重点"主体物"应得资源的剥夺,也不会对其公平感造成实质威胁,相反,它在某种条件下会增进非重点"主体物"的福祉。

有了上面的铺垫,接下来,我们就可以谈谈重点学校的事了。设立重点学校,这意味着我们(或者说"投资方")认为可以从所有的受教育者中,依据一定的标准,划出其中的一部分人列为重点,让他们在一个重点"投资"的学校接受更为优质的教育。"投资方"认为这是最有效率的一种方式。而且,"投资方"对这些重点学校的能力有了充分的信任和认可,认为只要加大"投资",例如投入更多的经费,在社会上招聘到大批优秀人才任职教师,加大对教师继续教育的经费支持,增添藏书、现代化的教学仪器和设备,制定有关政策,为重点学校的运转创造便利条件,重点学校就能凭借其优越的育人环境、教育资源和文化氛围,创造出更大的社会价值,为社会培养出更多的优秀人才。

重点学校的设立是基于对优秀人才的迫切需求。新中国成立后,重点学校政策几经沉浮,这几年里,为了摆脱贫穷落后的面貌,国家面临着尽快实现工业化的巨大压力,但只有大力提高教育质量,才能培养出大批的建设人才。1953年5月,毛泽东在中共中央政治局会议上作出了"要办重点中学"的指示,全国陆续新建了将近200所重点中学。在1958年到1960年的"大跃进"期间,全国学校数量猛增,但教育质量却大幅下滑,针对这种情况,1962年国家出台了《关于有重点地办好一批全日制中小学的通知》,这标志着重点中小学校制度的正式建立。"文革"十年期间,国家经济建设陷于停滞,家庭出身和阶级成分成为受教育的先决条件,重点学校制度也被搁置。党的十一届三中全会以后,我国进入了社会主义现代化建设的新时期,重点学校政策得以被重新重视起来。到了20世纪90年代,由于重点学校制度被逐渐纳入教育平等的讨论范畴之内,遭到人们的质疑和批判,国家取消了"重点高中"而代之以"示范性高中",规定义务教育阶段不设重点校、重点班、快慢班。在2006年新修订的《义务教育法》指出,不得将学校分为重点学校和非重点学校,学校不得分设重点班和非重点班。这是国家首次以法律的形式取消了在义务教育阶段设立重点学校。

重点学校虽然从法律和制度层面上被禁止,但是在实际操作层面上并没有得到彻底的贯彻落实,也由于重点学校的历史发展惯性使然,学校之间的区别依然非常明显,在公众看来,哪些学校是重点学校,哪些学校是非重点学校,都是一目了然的,即重点学校并没有因为法律和政策上的禁止而消亡,它在人们的心目中作为一种文化依然存在。

重点学校为何有如此大的吸引力?显然,重点学校有着远超出非重点学校的更为优质的教育质量,而且读重点学校也满足了人们拥抱未来美好前程的想象。拥有重点学校的教育机会,仿佛就照亮了自己光明的前程。这里,我们把重点学校和非重点学校的招生机制作一区别,重点学校是坚持能力本位的,它主要看一个人是否有出众的才能,这主要是依据考试分数的高低而作出判断,我们大部分人都认为,考试分数高的人,其才能也相应较高,当然,考试分数较低的人也就自然被重点学校所拒绝。非重点学校是坚持泛身份本位的,凡是适龄的儿童、青少年都有资格进入学校接受教育,只不过,他(她)所受到的教育服务要逊色于重点学校。

重点学校并不适合于每一个人的发展。正如上文所言,重点学校的选人标准是依据人的能力高低(例如,人的逻辑推理能力、高级写作能力等),"高能者"入围,"低能者"则被淘汰,这是学生在重点学校生存的基本法则。也许有人会说,人的能力不是不可改变的,它是变动发展的,"低能力者"通过自己的努力也能转变为"高能力者"。这种说法大致上是正确的。但是,我们想想看,即使每一个暂时被认定的"低能力者"都用这个观点作为理由,重点学校仍然不会接受他们,因为那样对"高能力者"是不公平的,毕竟"高能力者"是在与"低能力者"较量中获胜的一方,而且,更为重要的一点是,这从根本上不符合人们对重点学校能够产生巨大增值效应的预期,或者说,人们并不愿意把有限的资源放在期待那些个别"低能力者"可能需要很长一段时间才有可能实现的"逆袭"上。

有人又要说了,那就干脆不比较了,我们办同样的学校,让所有人都接受同样的教育,这样大家就都平等了。这种想法显然是一种乌托邦,因为它违背了效率原则。而且根本就不存在绝对的平等,像"同样的教育""同样的学校"这样的说法也只存在于人们的想象之中,现实中根本就没有这回事,它们与我们说"同样的两本书""同样的两双袜子"有着本质的区别。生在贫富差距明显的两个家庭的孩子,他们在生活上的差异与他们家庭之间的差异基本上是一致的。

平等是一种政治诉求,而不平等也是一种常态,正如法国思想家卢梭(Jean-Jacques Rousseau)在《论人类不平等的起源和基础》中讲道:"我认为人类中有两种不平等:一种,我把它叫作自然的或生理上的不平等,因为它是基于自然,由年龄、健康、体力以及智慧或心灵的性质不同而产生的;另一种可以称为精神上的或政治上的不平等,因为它是一种协议,由于人们的同意而设定的,或者至少它的存在是为大家所认可的。第二种不平等包括某一些人由于损害别人而得以享受的各种特权,譬如:比别人更富足、更光荣、更有权势,或者甚至叫别人服从他们。"⑱

西方的重点学校制度又是怎样的呢?在英国的中学教育体系中,最引人注目和地位最为显赫的是公学,它并非由政府出资,完全是私立贵族学校,以培养社会精英而闻名。英国历史上有著名的九大公学,即温彻斯特、伊顿、哈罗、查特豪斯、威斯敏斯特、拉格比、什鲁斯伯里、圣保罗和麦钦泰勒学校。公学招收年满13岁的学生,学制5年。英国第一所公学——温彻斯特公学建立于1382年。一开始主要面向平民子弟为其提供免费教育,主要培养神职人员。由于公学毕业生大都进入社会地位较高的宗教领域,故吸引了越来越多的贵族子弟进入公学。在18世纪下半叶,公学就成为名副其实的贵族学校了,由于公学收费极为昂贵,一般家庭根本难以承受,生源主要来自贵族和富裕家庭。"1984年,9大公学平均学费高达4000英镑,到1991年,公学寄宿生的学费上升到1万~1.2万英镑,到2002年,著名公学的年学费平均约达1.5万英镑。"⑲

几个世纪以来,公学为英国培养了大量的精英人才。英国从1721年任职的第一任首相罗伯特·沃波尔(Robert Walpole)爵士算起至今的50余位首相中,有30多位曾就读于公学,约占总数的70%。"1942年弗莱明委员会通过有关调查发现,在830名主教、大学学院院长、法官、领薪治安理事、国内高薪文官、驻印度文官、自治领总督及银行和铁路公司经理中,受过公学教育者占76%之多。"[⑧]19世纪末的一些调查结果表明,"牛津和剑桥大学三分之二以上的学生来自伊顿、哈罗、拉格比、温彻斯特等主要的公学"。[⑨]

公学虽然主要面向贵族和富裕阶层,但想让孩子进入公学只有"财"是不够的,更要有"才"。公学招生有一套严格的程序,入学考试内容偏重学术性,一般包括英语、法语、历史、地理、拉丁语、数学、科学、宗教等。想要让孩子进入公学的家长,在孩子8岁时就需要向有关公学提出入学申请,交纳登记费。在孩子11岁时,学校将通过面试等方式确定其是否有参加公学考试的资格。在孩子13岁时,他们将通过公学组织的严格的学术性考试,有的公学还要进行智力测验,才能最终进入公学接受教育。

美国是一个地方分权制国家,地方政府拥有较大的自主权,同样,地方负责制也奠定了美国教育制度的基础。美国有着悠久的私立教育传统,在美国独立以前,学校基本上都是由私人或教会举办的,属于私立性质。在高等教育,水平最高的多数为私立大学,例如全球著名的哈佛大学、耶鲁大学、斯坦福大学、麻省理工学院等。哈佛大学的前身是哈佛学院,它成立于1636年,是北美殖民地中的第一所高等学府,"是马萨诸塞议会应约翰·哈佛(John Harvard)牧师的遗愿,将他的图书馆和一半的财产——大约400镑用于建立一所学校或学院,最初的目的是为殖民地培养有教养的牧师,但很快这个目标被修改成为以'文学、艺术和科学的进步和养成年轻人在文学、艺术和科学中良好修为'为目的"。[90]在基础教育领域,私立学校将近占到四分之一的比例。美国的私立学校80%以上具有宗教色彩,由宗教性机构举办,"只有很少一部分私立学校是非宗教性机构举办的。非宗教性机构举办的学校通常是指2000所左右的独立学校,在独立学校中有一些经营型寄宿制私立学校,这些学校每年的学费几乎接近精英型大学的学费"。[91]

美国的私立教育非常发达,学校类型多样,以私立高中为例,就有私立寄宿高中、私立走读高中、私立男校、私立女校。私立学校不仅要与公立学校竞争,而且私立学校之间的竞争也非常激烈,名校林立,在教育质量上享有盛誉。

美国的公立学校客观上也存在重点学校,一种叫学术高中,一种叫特长高中,如艺术高中,它们具有很高的教育质量。例如,纽约市的史岱文森高中,它一直享有全美"公立精英高中"的美誉,该校的校长认为,学校的特点主要是"高选拔性、高竞争性以及高强度的课程学习"。[92]像史岱文森高中属于学术高中类型,而艺术高中录取有某种艺术特长的学生,通过考试选拔,择优录取,例如,比较出名的有德州华盛顿艺术高中、佛罗里达州新世界艺术高中等。

特许学校是一种典型的公立学校,它主要由州政府提供教育经费,私人管理经营,"由州、地方学校董事会或者其他指定的组织颁发特许状(或合约协议)成立。特许学校赋予学校更大的自主权,鼓励革新与实践,希望通过竞争来提高学校效能,而且最重要的是,它在公共学校系统中为家长和学生提供了更多的教育项目的选择机会"。[93]特许学校的建立是国家对人才的需求和民众对优质教育多元选择需求的一个回应,自从 1992 年在明尼苏达州成立第一所特许学校以来,"美国特许学校的数量增长到近 3000 所,在 41 个州和哥伦比亚特区得以实施,招生人数占学校招生总数的 1.5%"。[04] 它成为人们最普遍的一种择校选择。特许学校定期接受政府和公众的考核评价,不达标则意味着举办者要终止合约,学校关闭。特许学校在经费使用、教师招聘和招生等方面享有更大的支配权。有的特许学校的招生对象是有才能的资优学生,有的特许学校的招生面向家庭经济困难和处境不利的学生。联邦政府通过财政拨款,鼓励特许学校为资优学生提供教育服务。

概观中外,重点学校在招生上基本上都是坚持能力本位的,不过西方社会受阶级性和宗教性的束缚,不是每一个家庭的子女都能够单纯凭借能力就可以进入重点学校的,还会受到家庭经济条件、宗教信仰等条件的限制。虽然我国的贫富差距仍较为明显,但是,由于我国的重点学校不收取高昂的学费,所以,这种家庭经济条件的差异还不足以对学生升入重点学校造成显著影响,即使是家庭经济条件一般或较差的学生,只要通过重点学校的入学考试,梦想即可变成现实。

在市场化机制渐趋完善的当今社会,提供教育服务的重点学校和受教育群体都有双向选择的机会,这导致重点学校之间也面临着日益激烈的竞争,而且各种花样翻新、名不副实的"重点学校"越来越多,我们时不时会听到类似这样的消息:为了满足人们对优质教育的需求,一所好学校就要开学了,学校有一个响亮的名字,例如,某某重点大学的附属学校。这种急功近利的做法正是利用了重点学校所产生的"重点效应",

它已成为人们对学校认知的一种文化,它满足了人们的一种集体想象,即认为凡是重点学校就有好的校长、好的管理、好的教师、好的学生。

的确,重点学校的优势正在于此。重点学校能够招聘到更为优秀的教师,能够招收到能力更加出众的学生,这两点基本上保证了重点学校能够产生出比非重点学校更为出色的效能。

重点学校在校长领导和学校管理方面同样是有优势的。有人专门研究了重点学校与非重点学校的办学行为和策略。该研究以校长领导行为作为测量学校办学行为和策略的依据,把听评课、开设的数学课程时间、分层教学情况、由校外机构组织的跨校统一考试频率、校内跨班级考试频率、任课教师组织的小测验频率、学生一天的在校学习时间、周末补课情况、有固定的校外培训机制、教师专业发展经费开销比例、在校工作时间等 11 个变量作为校长领导行为变量,选取了 5 个城市的 60 所学校(其中,20 所重点学校,40 所非重点学校)进行了分析,得出的结论是:重点学校与非重点学校在办学行为和策略上并没有多大的不同。⑤这个结论乍一看的确与我们所想象的不一样,那么,我们该怎样解释这个结论呢?该结论或许可以说明,办学行为和策略不是区分重点学校与非重点学校的重要特征,但是,我们对这一结论也可做出一个合理的推论,即非重点学校采取的办学行为和策略正是学习了重点学校的结果,所以,二者才没有表现出显著的差异性。

一所学校成为了"重点",既有被官方指定的,这种学校主要是公立学校,例如我国在 20 世纪 60 年代兴办的重点中小学和现在的示范性高中、美国的学术高中等,也有因办学质量声名显赫而在民间广为流传的,这种学校主要是私立学校,也包括一些公立学校,例如英国的公学、美国的一些优质特许学校。概言之,一所真正称得上为"重点"的学校,它必须向政府和民众兑现能够为学生提供优质教育的承诺。若做不到这一点,"重点"也就名存实亡了。曾经被政府列为重点的学校,有可能因为诸多原因而走向衰落,这样的学校也就不能被称为重点了。从根本上来说,不管是公立学校还是私立学校,只有民众更为认可的,能够在更大程度满足民众教育需求,而且民众愿意出资让孩子就读的学校,才可以称之为重点学校。

只要赋予学校以充分的办学自主权,不限制校长和教师的合法流动,不禁止公民的教育选择权利,重点学校的存在就是必然的。而且,重点学校的存在有重要价值,它是国家快速培养精英人才的摇篮,体现了民众对子女未来美好生活的寄托,是草根阶层向上层流动的阶梯,它倡导勤奋、努力、刻苦的人生观、价值观,形成社会发展的一种正能量。可以说,在一个主要以能力高低为取才标准(当然,人的德行也应该是好的)的社会中,教育资源也相对有限,重点学校不仅对整个社会的发展作出了贡献,同时,它在人的发展上所起到的作用,从整体上来说应该是促进而不是阻碍。那些没有进入重点学校的人也大可不必恼火,如果你相信自己的能力,就应该付出更多的努力,而不是一味抱怨自己遭遇到了社会的"不公平"对待。

令我们不能容忍的是,有些人用权钱合谋的方式拿走重点学校的学位。这也正是一些人反对重点学校的主要原因,认为重点学校滋生了贪污腐败,引发社会不公。这种观点显然是错误的,因为,不是重点学校"滋生"了腐败,而是腐败"浸透"了重点学校。至于重点学校(如果是公立学校的话)留出有限名额让某些家庭交出高价学费以为其子女购买入学机会的事情,这的确是不公平的,虽然某些家庭为社会创造了更多价值,我们也可以理解为他们为社会作出了更多的贡献,但这并不能成为他们有资格花"重金"为其子女购买一个重点学校学位的充足理由。

国际化
基础教育发展的必然趋势[96]

全球化,作为"一种广泛的经济、政治、社会、技术以及科学的趋势和力量"[97]正引领着世界发展的潮流,带动了人才、资源、信息、技术、资本的全球流动与配置。在全球化的推动下,各个国家都在谋划国际化的发展战略。若从国家或组织的角度讲,国际化指的是国家或组织遵循有关国际规则,通过制定有关政策和开展各种项目,参与国际活动,加强国际交流,从而在国际上占得相应地位,获得相应利益的过程。教育国际化是教育发展顺应全球化的必然选择。我国教育国际化在高等教育领域日臻成熟,但囿于"基础教育作为国民教育有其培养公民国家认同等特殊任务"[98]的考虑,使我们对基础教育国际化尚未予以深层次的思考,在国际化成为热潮的今天,这些问题亟待厘清。

一、基础教育是否必须国际化

基础教育是以新生一代为对象,直接关系着一代新人的发展水平和全体国民的素质水平,是各级各类人才发展需要接受的基本教育。基础教育的根本任务是培养合格公民,出于基础教育特殊性的考虑,有人顾虑,随着基础教育国际化的推进,可能会影响学生正确的世界观、价值观、人生观的形成,甚至造成中国传统文化的中断。学者燕国材就认为:"教育从来就是国家的、民族的事业。任何国家的特别是基础教育必须传播本民族的优秀文化传统,弘扬民族精神,培养为本民族、本国家、本地区建设服务的人才。"[9] 也有人旗帜鲜明地反对基础教育国际化,认为教育国际化的实质"无非是西方发达国家实现其殖民统治的一个重要领域而已,教育在增进国家之间相互交流的同时,也是现时西方发达国家殖民统治的一项重要内容和文化殖民的一种重要途径"。[10]

以上担忧有一定道理,但是,我们必须清醒地认识到,基础教育国际化是教育全球化的必然要求,是教育国际化的重要组成部分。当前,从全球范围来看,教育服务的全球化贸易和教育资源的全球化争夺,已成为不可阻挡的趋势,人才的竞争已由高等教育下移到基础教育,围绕开展基础教育的资源、人才、资本的国际流动日益凸显,进一步推动了基础教育的国际化。我国加入 WTO,为我国参与教育服务的国际竞争搭建了平台,同时也向其他 WTO 成员国做出了教育服务承诺,有限开放了我国的教育市场。虽然,目前我国对基础教育阶段的小学、初中教育没有做出开放市场的承诺,但是,可以预期在不久的将来,我国的小学、初中教育必将实施有限的开放,这是我国基础教育更加开放地面向世界,更加主动地进行国际交流与合作,更加积极地参与国际竞争的必然要求。我国基础教育的国际化处于一个持续渐进的过程,其发展趋势是必然的。

"从20世纪80年代开始,基础教育国际化逐渐成为许多国家和地区基础教育改革的重点。我国自改革开放以来,伴随着社会主义市场经济的逐步建立,基础教育国际化也在快速推进。"⑩基础教育国际化,使基础教育在教育观念、教育目标上更多地包含了国际化内容,促进了教育内容和课程的国际化,吸引了在华工作的外籍人士携子女来我国接受具备国际标准的基础教育,壮大了我国中小学生赴境外留学的规模,扩大了我国基础教育在世界的影响力。在全球化的推动之下,我国基础教育国际化也应与时俱进,深入推进。这大致体现在以下几个方面:第一,国家成立专门的组织机构,制定明确的战略策略,推进基础教育国际化;第二,加强课程国际化建设,提升国际化课程的数量和比重,把课程国际化作为实现整个基础教育国际化、提高基础教育质量水平、培养国际化人才的主要途径;第三,推进形式和手段多样化,通过在本国建立国际学校、在发达国家和发展中国家设立分校、不同国家学校之间学分互换、网络和远程教学等多种方式,拓展国际化的广度和深度;第四,集聚优势,积极参与国际竞争。我国基础教育良好的国际影响和中国优秀传统文化,是在吸收借鉴国外基础教育先进经验的基础上,推动我国基础教育走向国际化的重要资源,我们要加强宣传,以吸引全球的眼光关注我国的基础教育,进而不断提升我国基础教育参与国际竞争的能力。

二、基础教育国际化与民族化二者是怎样的关系

基础教育的国际化要求各国基础教育要有国际的视野、开阔的胸襟，开放本国的教育市场，吸纳他国基础教育的优势。基础教育的民族化则是在全球化背景和基础教育国际化发展的进程中，保持本国文化的独特性、民族性，固守本国基础教育的特质。基础教育的国际化是世界发展趋势，是更为活跃和能动的因素，基础教育的民族化是各个国家教育传统的集中体现，是相对稳定和被动的，两者之间存在着一种张力，如何把握两者之间的张力、处理好两者之间的关系，对基础教育的发展至关重要。

传统的观点认为，若从发展中国家的角度来看，基础教育的国际化面临着两难的境地，这表现为本国基础教育的民族化往往会受到国际化的强烈冲击，在这种情况下，如果一味坚持固守，那么国际化的进程就会减缓，如果采取全面开放，那么民族化的特点也将消失殆尽。

基础教育的国际化和民族化不是一个此消彼长的对立关系，而是相辅相成、互相促进的关系。在这方面，学者吴定初有着精辟的论述，他指出："基础教育的国际化要以民族化为前提。虽然我们强调教育国际化重在提高和发展自己，但如果缺乏对中国教育现实的深刻了解和分析，盲目引进，极有可能出现'圆凿方枘'的结果。同时，基础教育的国际化必须建立在实事求是地认识和肯定民族教育传统的基础之上。基础教育国际化的理想境界是，通过与他国平等交流与合作，在借鉴他人经验的同时，发展中国的基础教育并扩大国际影响。"[①] 与此同时，"基础教育的民族化必须具有清晰的国际化走向的意识。我们必须认真研究国外先进的、有益的教育教学与教育管理经验，在此基础

上建构自己的富有民族特色的基础教育体系"。⑩

　　这里，需要着重强调的是，基础教育的民族化并不排斥国际化，我们应以历史的眼光看待基础教育的民族化。基础教育的民族化，主旨是强调保持、保护和发扬本民族的基础教育优秀传统，即在本民族长期实践中形成并延续下来的优秀的价值观念、思维方式和教育制度等，体现本国、本民族的特色、个性，它本身也有一个自我发展、转型、创新的过程，同时，它也是国际化中的一个有效因子，会在一定程度上影响国际化。我们如果人为地、过分地强调民族化或特色化，或者有意无意地以特色化来拒绝和抵制国际化，就不可能提高基础教育的现代化水平。同时，这样的民族化也只能是在低水平上徘徊。因此，基础教育只有在走向国际化的道路上重塑民族化，这样的民族化才是真正的民族化，是具有国际竞争力的民族化，才能从根本上体现"越是民族的就越是世界的"普遍共识。

　　民族的教育既要融入国际化的进程，又要在国际化中不迷失自己，保全和发展自身的独特个性，这应是我们的根本立场。就我国而言，如何实现基础教育国际化与民族化二者之间的平衡，有论者认为，基本的应对策略是"坚持邓小平先生在20世纪80年代提出的'三个面向'，即'教育面向现代化、面向世界、面向未来'，'三个面向'的基本思想就是要积极应对全球化挑战，而'三个面向'的话语背后，还有两个隐在的话语——一是'我'在面向，二是在面向过程中要实现'我'的发展，即要借助一个开放的环境，完成教育的不失主体性的自主发展"。⑭ "三个面向"是对我们科学认识教育民族化与国际化关系的完整诠释，对于我国基础教育国际化具有根本的指导意义。

三、如何认识我国基础教育与国际接轨

在国际化浪潮的推动下，基础教育与国际接轨成了时髦话语。建立国际学校、引进国外课程、开展中外合作办学、开展对外的人员交流和活动、强化外语教学、参与国际教育评价项目等都被看作了与国际接轨的重要举措和标志。当前，在我国香港和内地一些国际化程度较高的城市，比如上海、北京、广州、苏州等地，基础教育国际化的经验比较成熟，国际化水平也相对较高，这些地区纷纷提出要与国际接轨。

不可否认，各种活动的开展在很大程度上推动了基础教育国际化的进程，而且也取得了较为明显的成效。但是，我们似乎对基础教育与国际接轨的认识仍缺乏深入的探讨。基础教育要实现与国际接轨，我们至少要对以下两个问题有较为清晰的认识。

第一，接国际的什么"轨"？我们说与国际接轨的潜台词是指我们的基础教育已具备了与国际接轨的条件、达到了可以与国际接轨的水平。而实际上，我们的基础教育和国际水平还有很大的差距，这是我们必须要正确面对的。我们应把"国际"看作是世界上发达、先进教育的代名词，而并不是指某一个国家，或者某一个国际组织。衡量一个国家、地区教育先进与否的终极性指标在于教育在人才培养的能力上。自我国加入 WTO 以来，我们更加清楚地认识到我国基础教育的发展现状与世界先进水平存在较大差距，尤其是在人才培养方面，我们在培养学生的创新精神和实践能力上与世界先进水平还存在较大差距。因此，"国际之轨"从根本上来说，指的是在人才培养的能力上居于世界先进水平的各级各类教育，它具体又包括教育理念、教育管理、教学和课程、教师教育、教育评价、教育技术、教育体制等多个方面。

第二,怎样才能接轨?基础教育要与国际接轨,其根本要求是我们要通过不断创新人才培养体制,进行教育教学的体制机制改革,在人才培养上达到世界先进水平。我们提出了与国际接轨的目标,但要实现这个目标还需要一个漫长的过程。从根本上说,这是由我国基础教育的现实水平决定的。如果从一个城市的角度来说,基础教育要与国际接轨,这与该城市的国际化水平密切相关。显然,国际化水平越高的城市,基础教育与国际接轨的条件就越成熟。当前,从整个国家层面上来说,我们要围绕人才培养这个核心任务,大力推进基础教育改革,追赶世界先进水平。在理念更新层面上,要在继承我国优秀传统的基础上,充分吸收借鉴、学习消化世界先进教育理念和思想,用先进的教育理念、思想指导教育实践,并在教育实践中实现对教育理念、思想的本土化改造,以避免"水土不服";在制度改革层面上,以改革人才培养体制为首要任务,加紧建立现代学校制度,改革教育管理体制和办学体制,不断扩大教育开放;在教育实施层面上,要全面贯彻党的教育方针,全面实施素质教育。

四、培养国际化人才是否应从基础教育抓起

综合国力的竞争归根到底是人才特别是高素质创新型人才的竞争,而人才的流动、竞争已逐渐冲破了地区、国家的界限,正在向全球拓展。国际化人才必将成为人才竞争的焦点。按照国际标准,培养国际化人才,是衡量一个国家教育国际化水平的重要指标之一,也是一个国家提高国际竞争力的重要因素。培养国际化人才是教育在培养目标上的一个重大的战略转向,对于国家民族的强大和人才素质的提高,具有深远的战略意义。

随着我国综合国力的日益增强、教育开放的不断扩大,培养

国际化人才已成为国家发展的迫切需要。《教育规划纲要》明确提出扩大教育开放,适应经济社会对外开放的要求,培养大批具有国际视野、通晓国际规则、能够参与国际事务和国际竞争的国际化人才。《教育规划纲要》对什么是国际化人才给予了清晰的界定,而怎样培养国际化人才就成为了我们思考的焦点所在。

培养国际化人才是一个系统工程。从教育与外部的关系上看,它需要政府和整个社会创设适合国际化人才成长的良好的经济、文化、制度和政策环境;从教育内部看,培养国际化人才,不只是某一级教育或某一类教育所能单独完成的,它需要从基础教育到高等教育乃至继续教育一个完整的体系作为支撑和保障,这是因为,国际化人才的培养应是各级各类教育实施的知识、能力、态度、价值观教育在人身上综合发展的过程。从某种意义上说,国际化人才的成型应该在高等教育阶段,但是,国际化人才的培养如果从高等教育开始就为时过晚,它必须向下延伸到基础教育,即培养国际化人才应从基础教育抓起。

基础教育不仅是向学生传播本国本民族优秀文化传统,弘扬民族精神的关键期,也是培养学生拥有国际视野,学习国际多元文化,培养国际意识的关键期。"在全球化背景下,教育要更多体现'以人为本'的价值追求以及为整个人类的生存与发展服务的理念。教育既要培养'个体'的人,又要培养'国家'的人和'全球'的人。"⑩因此,我们只有抓住基础教育这个人才培养的关键阶段,推进基础教育国际化,才能为培养既能服务国家、服务人民,又能参与国际竞争的各级各类人才奠定坚实的基础。

大学
昔日的光环在人海中被淹没[106]

现在,国家已经放开了"二孩"政策,不过,它对我国人口出生率到底能够产生多大影响,我们现在对此仍无法做出结论。该政策对于高等教育发展规模的直接影响将会在 20 年后才能显现。当前,由于我国人口出生率的下降,人口流动性的增强,以及人们对于接受高等教育的观念等方面的变化,高等教育发展正面临诸多现实问题。

一、问题之一:关于高等教育的发展布局

高等学校地区分布结构不平衡。高等学校地区分布结构不平衡反映了我国地区之间高等教育资源分布的不平衡。一个地区高等教育资源状况与本地区的经济发展水平和人口规模有着

紧密联系。当前,我国高等教育发展从总体来看,与各地区的经济发展水平和人口规模基本趋于一致,表现为经济发展水平较高、人口规模较大的省市,高等教育规模相对较大,经济发展水平欠发达、人口规模较小的省市,高等教育规模相对较小。高等教育的地区布局呈现自东向西逐步递减的格局。东部十二省市高校数占到全国总数的 51.44%,中部地区占 37.55%,西部地区仅占 11.01%。每十万人口高等学校平均在校生数,北京、天津、上海居于全国三甲,远远高于全国平均水平,而且东中西部之间的差距仍相当明显。根据 2010 年第六次全国人口普查各地区常住人口的统计数据,常住人口排在全国前十名的省份,除四川省外,广东、山东、河南、江苏、河北、湖南、安徽、湖北、浙江等九个省在 2011 年的普通本、专科院校数均排在了全国前十位。

我国高等教育资源特别是优质高等教育资源聚集于经济发达地区和部分人口大省,而在经济欠发达地区则相对薄弱,这在一定程度上也反映出我国人才分布的地区不均衡性较为突出,经济欠发达地区一来人才存量就捉襟见肘,二则也往往留不住人才和难以吸引人才,面临人才缺乏的困境。

高等学校学科专业布局不合理。高等学校学科专业布局必须着眼于中国当前和未来所需人才及整个社会的可持续发展。从某种意义上说,高等学校的学科专业布局决定了我国高级专业人才的层次和结构。高校学科专业主动适应社会经济结构战略性调整和人才市场需求的能力不足,致使人才培养供需矛盾问题突显,进而引发用人荒和就业难等一系列社会问题。从2011 年全国普通高等教育本科在校生按学科分布结构上看,工学、文学和管理学排在前三位,其次是理学、医学、经济学、法学、教育学、农学,最后是历史学和哲学。从学科排名情况看,哲学、历史学仍长期处于冷门学科的位置,工学、文学和管理学成为学生选择最多的三大热门学科,理学、医学等自然科学学科并未突显出来。

二、问题之二:关于高等教育的生源

高校生源持续缩减。1999 年教育部颁布的《面向 21 世纪教育振兴行动计划》提出,力求到 2010 年实现大学毛入学率 15%。该计划拉开了我国高校高速扩招的序幕。我国高考报名人数开始了长达 10 年的迅猛增长,在 2008 年高考生源达到了历史最高的 1050 万,但在 2009 年高考人数出现了下降,该年高考人数为 1020 万,2010 年降到 957 万,2011 年降到 933 万,2012 年降到了 915 万。在 2012 年,从全国范围来看,有 12 个省(区、市)高考人数较 2011 年有所增加,其中一半在西部地区,此外还包括像广东、河南这样的人口大省。不过,这些高考人数出现增长的地区并不能从整体上改变全国高考生源持续缩减的趋势。

出生率下降导致高等教育适龄人口减少,是造成高考人数连年下降的主要因素。根据《中国统计年鉴》中人口出生率的分析,2008 年高等教育适龄人口数达到了最高峰,2009 年以后高等教育适龄人口数将逐年下降,到 2020 年高等教育适龄人口数将减少 30% 左右。

除了出生率下降的原因,越来越多学生选择出国留学进一步加剧了生源缩减。据相关统计,在北京、上海等大城市,放弃国内中高考转而选择出国留学的学生,正以年均 20% 的速度增加。

生源缩减进一步刺激高校不断提高录取率以招到足够多的学生。"2010 年全国有 8 个省市高考录取率超过 80%,过去'上大学难'的生源大省的录取比例也出现了快速增长:山东省2010年高考录取率达到 79.72%;湖南省攀升至 81%左右;黑龙江甚至突破了 90%。"⑩上海 2011 年高考报名人数仅 6.1 万左右,实际参加高考人数不足 6 万,高招录取率逼近 90%。

重点高校农村生源比例偏低。温家宝曾在新华社发表的题为《百年大计 教育为本》署名文章中说:"过去我们上大学的时候,班里农村的孩子几乎占到80%,甚至还要高,现在不同了,农村学生的比重下降了。这是我常想的一件事情。"⑩"在 1949 年之前,绝大多数高校学生来自社会优势阶层和富裕家庭。新中国成立后, 随着实行新的政策,1952 年高校学生中工农子弟的比例达到 20.5%,1958 年高校新生中的工农子女已占 55.28%,1965年达到 71.2%。"⑩"北京大学在 1960 年来自工农子女家庭的学生就达到了 64.8%。据厦门大学 2004 年的调查数据显示,在部属重点高校中家庭背景为农业劳动者的学生在本校学生中所占比例为 27.3%。另有研究者对 2002 年北京部分重点大学的实证调查显示,新生中农村学生所占的比例:清华大学 17.6%、北京大学 16.3%、北京师范大学 22.3%、北京邮电大学 26.0%。"⑩"2013年北京大学招生本科新生 3145 名,农村学生比例为14.2%。"⑩据《广州日报》的一篇文章报道,清华大学 2010 级农村生源占总数的 17%,而在当年的高考中,考生中有 62%的农村学生,2011 级清华大学农村生源下降到总数的 1/7。调查显示,近 30 年来,高校农村生源比例几乎下降一半,而与此形成鲜明对比的却是农村与城市的人口基数之比是 8:2。

重点高校农村与城市学生数量的比例与我国农村与城市的人口基数比例反差太大, 这在某种程度上也是一种教育不公和社会不公，反映出农村学生上重点大学的机会要远远小于城市学生。众所周知，像"985""211"等重点高校集聚了全国最优质的高等教育资源，那些具有较强文化资本、经济资本和社会资本的强势社会阶层子女，占有较大的份额，而农村学生所占份额在逐渐减少。与此同时，教育资源、教育质量相对较弱的地方性高等院校聚集了最多的农村学生，也集中了最多的高校贫困生。重点高校凭借其资源优势效应和高额成本费用，再加上其在全国各地录取名额的不均衡机制所致，阻隔了农村学生的优学之路，这在一定程度上限制了农村学生改变自身阶层身份的机会，他们的社会经济地位难以提高，长此以往将固化社会阶层之间的差距，形成阶层之间的断裂和鸿沟，加剧社会精英的城乡分化，对于社会的阶层之间的融合和社会和谐发展造成不利影响。

1984年教育部开始实行的保送生制度是我国高考招生制度改革的一项重要举措。实施保送生制度的高校以重点高校为主。当前，重点高校的保送生制度在农村学生和城市学生之间存在着机会不均等。生活在城市的非农户口学生，更容易获得保送、加分优惠以及自主招生方面的信息。另一方面，想成功获得保送、加分优惠政策和自主招生资格，学生家庭要承担相当的经济、义化成本和时间成本，而持农业户口的学生显然处于劣势。据中国教育在线《2012年高招调查报告》分析，城市学生获得保送资格的机会几乎是农村学生的3倍，直辖市考生获得自主招生机会是农村考生的5.1倍，米自省会城市的学生，获得保送资格的可能性是郊区农村学生的11.1倍。

为了提高重点高校中农村学生比例，2013年5月国务院决定扩大农村贫困地区定向招生专项计划，提高重点高校招收农

村学生比例，新增的本科招生计划主要用于高等教育资源相对
缺乏、升学压力大、农村考生多的中西部省份。就此，教育部专门
下发了《关于2013年扩大实施农村贫困地区定向招生专项计划
的通知》，从招生规模、招生区域、招生高校等方面，加大了对农
村贫困地区学生的高考招生规模。2014年，国务院总理李克强
在政府工作报告中指出要显著提高贫困地区农村学生上重点高
校人数的比例。我认为，应建立全国城乡重点高校招生名额分配
的长效机制，全国各省市根据本地城乡高等教育适龄人口发展
及比例情况，合理配置城乡招生比例，使农村学生升入重点大学
的比例达到50%以上。

三、问题之三：关于高等教育扩招

高等教育发展与经济社会发展不相协调。高校扩招政策的
实施意图主要在于拉动国内经济，而没有过多地考虑到高等教
育自身发展规律、人才成长规律，以及社会对各级各类人才的结
构性需求。其导致的直接结果就是高校规模的盲目扩张和大学
生毕业就业形势不容乐观。"据有关资料显示，2003年至2010
年，全国高校毕业生从212万增加到631万，人数增加了3倍，
而每年市场提供的工作岗位数量仅是人数增加的1/4左右。每
年岗位增加约36%，而毕业生却增103%~120%。"⑫我认为，就中
国社会经济结构现状而言，社会更需要的是普通劳动力和中等
及高等职业技术方面的劳动者，这方面的劳动力需求要远远大
于对普通高等教育所"生产"的大学生的需求。扩招"生产"出过
多的大学生，实际上是被既定的经济结构所排斥的。有论者不顾
中国国情，简单地拿美国等发达国家的高等教育受教育率和我
国作比较，往往得出我国要继续扩大高等教育规模，尽快提高高

等教育受教育率的错误结论。殊不知,像美国这样的发达国家,支撑其具有较高比例的高等教育受教育率的一个基本条件是普及教育的基础厚实,即初等教育和高中阶段教育的普及率非常高,而且,中等职业教育也较为发达。反观我国,义务教育刚刚实现全面普及,中等职业教育受到传统观念的固有影响而发展缓慢,在此情况下,若过度发展高等教育,将对整个社会的人才生态链造成结构性破坏。因此,我国当前应该加强发展基础教育和中等职业教育,高等教育应在保持现有规模的基础上,强化质量提升和内涵发展。

一些高校即将面临生存危机。近年来,我国高等教育招生规模逐年扩大,但是增幅却在逐年放缓。以2006—2012年为例,全国各类高等教育总规模增长了825万人,年均增长137.5万人。毛入学率提高了8个百分点,2012年达到了30%。全国各类高等院校增加了479所,年均增加80所。全国普通高等院校增加了575所,年均增加96所,其中,本科院校增加了425所,年均增加71所;本专科招生数增加了142.78万人,本专科招生数增长幅度最大的一年是在2008年,比2006年增加了41.74万人,此后招生数虽逐年增长,但是增长幅度却在逐年放缓,2012年仅比2011年增长了7.33万人,这预示着在目前高等教育招生制度不变的前提下,我国高等教育发展速度已经减缓,高等教育规模已达到了一个高峰值。

2012年4月20日,教育部颁布《关于全面提高高等教育质量的若干意见》,提出“今后公办普通高校本科招生规模将保持相对稳定”,“公立学校本科不再扩招”。从1999年的开始扩招到2012年的停止扩招,13年的高等教育大发展对我国高等教育乃至整个社会都产生了巨大的影响。扩招在某种程度上对于拉动内需、缓解就业压力和提高国民素质起到了一定的作用,与此同时,"由于扩招一般是针对社会紧缺的热门专业,造成在高校内部系科和专业之间的失衡",[13]对于高校内涵发展提出了严峻的挑战,还造成高校在教学设备配置、师资配置和教育经费投入等诸多方面身处困境。例如,一些高校为了扩大规模,负债现象严重。随着高校规模的不断扩张,生源的逐年萎缩,学费收入的逐年下滑,可支配资金随之减少,不少高校出现入不敷出甚至资不抵债的局面。"截至2012年,广东50所省直公办高校贷款为98.69亿元",[14]"吉林大学曾自曝负债30亿元"。[15]可以预见,由于高校生源持续缩减和停止扩招政策的影响,高校面临的生源危机、财政危机、内涵发展问题会接踵而至,其中一些学校不可避免会面临生存危机,甚至遭到市场淘汰。

教育政策
以正义的方式实现[116]

    "公共政策是实现公共意志、满足社会需要的公共理性和公意选择,是规范、引导公众和社群的行动指南或行为准则,是由特定的公共权力机构制定并由社会实施的有计划的活动过程。它是国家公共权力运行的具体体坝,是政府实施公共管理的重要途径,是政府维护公众利益的主要手段。"[117]公共利益指的是广大人民群众的根本利益,是政府政策行为的价值标准。"公共政策以公共利益为其逻辑起点,以公共利益为其最高目标,致力于维护和增进公共利益。公共政策的基本目的是利用国家公共权力来解决社会的公共问题。"[118]

    "教育政策是国家和政府制定的调整教育领域的社会问题

和利益关系的公共政策。"⑪作为一种公共政策,教育政策的特殊性在于它直接或间接地关涉社会中每一个人及其终身的教育利益,体现最为广泛的公益性。而且,"教育政策公益性的内容尤其是教育政策公益性的实现与一般公共政策公益性的实现具有很大的区别,它主要是通过非营利性教育组织提供非商品性的教育服务来实现的。"⑫公共政策服务于公共事务,体现公共利益,而教育是首要的民生事业,它着眼于每一个人的终身发展,它是一个国家最大的也是最为重要的公共事务和公共利益所在。从某种意义上说,实现教育的优先发展,就是要实现教育政策优先,政府要高度重视教育政策在国家政策中的地位和作用,把教育政策列为公共政策的核心位置。

　　西方有一句谚语:正义不仅应该实现,而且必须以人们看得见的方式来实现。这种"看得见的"的"有形正义"就是程序正义。美国著名学者约翰·罗尔斯(John Bordley Rawls)把程序正义分为纯粹的、完善的和不完善的三种类型。"在纯粹程序正义中,不存在对正当结果的独立标准,而是存在一种正确的或公平的程序,这种程序若被人们恰当地遵守,其结果也会是正确的或公平的,无论它们可能会是一些什么样的结果。"⑬例如,博彩中赌金的分配就是一个纯粹程序正义问题。"在博彩中,我们不知道谁赢得赌金是正义的,即我们不知道赌金分配的正义标准。但是我们知道,如果博彩的程序是公平的和公开的,而且人们是自己自愿参加博彩的,其中没有任何欺诈,那么赌金的任何一种分配(无论谁赢得赌金)都是正义的。"⑭

　　完善的程序正义,是指存在着决定结果合乎正义的某种标准,且同时也存在着使满足这个标准的结果得以实现的程序。

例如,分蛋糕问题,只要设定分蛋糕的人最后拿蛋糕,并且其在技术上能够平均地分配蛋糕,就能够保证均分结果的出现。"不完善的程序正义是指尽管有一种关于正确结果的独立标准,但是由于人类有限理性所决定,还可能是因为某些偶然因素而使我们偏离正确的结果,我们无法设计出一种程序以保证正确结果会万无一失地实现。"[122]不完善的程序正义的基本标志是:"当有一种判断正确结果的独立标准时,却没有可以保证达到它的程序。"[123]以刑事审判为例,刑事审判期望的结果是,只要被告犯有被指控的罪行,他就应当被宣判有罪。审判程序是为探求和确定这方面的真实情况而设计的,但不可能把程序设计得使它们总是得到正确的结果。有的时候,一个无罪的人可能被判有罪,一个有罪的人却可能逍遥法外。

以协调和配置社会公共利益为己任的公共政策必须坚持程序正义。公共政策程序正义是指在公共政策的确认、制定、执行、评价与终止的过程中,依照宪法与行政法规的要求,按照一定的顺序、方式与步骤作出政策选择的行动。公共政策程序正义属于不完善的程序正义。这表现为:一方面,我们确认判断政府公共政策效果正当与否的标准是公共利益的实现,因为"政府作为权威的公共组织其任务是按公共利益的要求,协调不同利益主体的利益要求,维护社会和谐与稳定"。[125]但是,另一方面,由于政府的有限理性及其他原因所致,我们无法设计出某种程序以确保正确结果必然实现。

作为公共政策重要组成部分的教育政策,是用来专门调整社会中教育公共利益的。由于社会的文明进步,教育利益主体不断分化,教育利益需求不断多元化发展,教育政策用来调整教育公共利益的难度越来越大,不确定性也越来越多,教育政策只有首先坚持程序正义,才能尽可能客观地反映公众的教育利益需求,才能使其产生应有的效力。教育政策程序正义指的是教育政策的确认、制定、执行、评价与终止都要遵循合理正当的程序,合乎正义的要求。实质正义追求结果的某些平等,而程序正义则坚持可衡量的起点平等和规则普遍适用上的平等,法律面前的平等。作为不完善的程序正义,教育政策的程序正义必须要优先于实质正义,以程序决定结果,以程序的正义性保证结果的正义性。这是因为,同实质正义相比,程序正义有两个优越的特征。"首先,正义是由程序保证的。在许多场合,人们知道什么是正义,什么是不正义,问题在于人们往往不按照正义原则行事。在这种情况下,正义的程序能够保证人们按照正义原则行事。其次,正义是由程序建立的。在有正义标准的场合,正义是由程序保证的;在没有正义标准的场合,正义是由程序建立的。因为程序正义具有这样一个重要特征:正义的程序一旦执行,它所达到的任何结果都是正义的,无论它们是什么。"[120]

实现教育政策程序正义必须满足以下四个条件:

一是凡是与教育政策有利害关系的公民或其代表、利益集团、社会群体等"都有权参与该程序并得到提出有利于自己的主张和证据以及反驳对方提出之主张和证据的机会"。[121]当前,我们在进行教育政策决策时还没有充分地关注到那些与政策相关的弱势人群的利益表达与主张,而事实上这些弱势人群希望通过制度化的渠道表达意见的主观要求也并不强烈。据一项关于中小学校的民众满意度的调查发现,低收入人群"存在着严重的'表达弱势',在对公共服务不满时,他们更加不会选择制度化的渠道表达其意见"。⑱

二是在利益主张过程中,各方相关利益者拥有平等地位并受到平等尊重。在这里需要注意的是,普通公民和教育政策专家应拥有平等地位,他们的声音应得到同等的尊重。教育政策专家作为政府聘任的参与帮助政府决策的"内行",应防止由于其特殊身份而形成的自我中心意识,应注意认真倾听、深刻理解和充分体认那些所谓"外行"的公众的利益申诉,避免出现话语霸权。

三是在决策过程中,政府必须在各种相互竞争的利益要求中保持中立态势,平等对待各种利益要求,不有意偏向任何一种价值取向。教育政策以维护公共利益为宗旨,而公共利益必须以公共价值取向为导向,"但公共价值取向并不是由政府随意决定的,它是公民理性协商的结果。在决策的过程中,政府只有保持价值中立的态势,才能为不同的利益要求与价值取向提供平等协商的机会",⑲才能最大限度地整合、平衡各种不同要求,以保证绝大多数社会成员的需要和利益在教育政策中得到反映。

四是以决策程序保障决策结果的合法性。"程序没有预设的真理标准,程序通过促进意见疏通,加强理性思考,扩大选择范围,排除外部干扰来保证决定的成立和正确性。"⑳任何经过公认的特定程序而确定的教育政策都是公众利益协商统一的结果,都在一定程度上具有法律的强制性、普遍的适恰性和合理的正当性,全体公民都必须认同并遵守。

现实中,由于比较缺乏程序正义的意识和相应的制度设计,一些地方教育政策的出台并没有经过严格的程序路径,教育政策结果的正义性受到一定程度的质疑,教育政策的实质正义难以实现。例如,某市教育局出台规定,金融高管子女中考加10

分,优先投档。此消息经媒体曝光后,立即引起社会广泛关注和质疑,教育部对此事的评价是有违公平。在各方面的压力之下,该市教育局只得宣布停止执行该政策。可见,重视和实施教育政策程序正义,加强教育政策程序正义的制度建设,是实现教育政策公平正义的基本保证。

教育政策程序正义不仅有助于形成正确的政策决策,实现实质正义,真正维护和增进教育公共利益,而且也具有自身价值。教育政策程序正义的内在价值是相对于程序产生的结果之外的独立的价值,"其价值证明不依赖于程序结果的正当性而内在于程序自身之中"。⑩它具体表现在以下三个方面。

一是对公民人格的平等尊重。如果说,拥有程序正义的公共政策由于受其影响的公众的范围较大而对广大公众具有广泛的教育意义的话,那么,教育政策程序正义本身所具有的道德价值及其对公众产生的教育意义则更为直接和深远。"尊重是公共生活中最基本的道德价值。"⑫一切道德价值的基点在于对作为人格主体的尊重。这种对人的尊重,把每个人当作目的而不是手段,强调每个人的人格尊严的不可侵犯性。教育政策遵循程序正义,可以帮助人们树立自尊,并且引导人们过一种有尊严的公共生活。因此,允许公民(至少是利益相关者)参与到教育政策活动之中,表达他们的意见与建议,并公平地对待这些意见与建议的要求,是政府尊重公民人格尊严应尽的基本职责。"只要政策是在程序中选择,程序结构也是公开的,每一个公民都平等参与决策的制定过程,程序的结果也是所有公民所共识的,公民就会觉得他们在决策中受到了平等的尊重。"⑬

二是对公民平等受教育权的保护。受教育权是指公民有从国家获得接受教育的机会以及获得接受教育的物质帮助的权利。公民平等受教育权是指"公民受教育机会平等,即受教育的权利和拥有相应的条件这两个方面的平等。它是平等受教育权最低限度的要求。它禁止依据不合理的标准对人进行分类,再依据不同分类提供不同的教育机会,或者给予某些人受教育的优惠,或者对某些人不提供受教育的机会。其次是指受教育的待遇平等,即享受国家提供的教育条件(包括教育教学的设施、教师)和教育内容方面的平等。这就要求消除一切基于种族、肤色、性别、语言、宗教、政治、社会出身、经济条件的歧视,取消一切损害平等的区别、排斥、限制或特惠,使每一个人的受教育权都能得到公平的保障。再次,平等受教育权要求法律提供平等而有效的保护,未经法律允许不受包括国家在内的任何其他主体干涉"。[134]平等受教育权作为公民享有的一项基本教育权利,受到我国法律的主张和保护。我国现行《宪法》第四十六条规定:"中华人民共和国公民有受教育的权利和义务。"《中华人民共和国教育法》第九条规定:"中华人民共和国公民有受教育的权利和义务。公民不分民族、种族、性别、职业、财产状况、宗教信仰等,依法享受平等的受教育机会。"为了使公民的这一法定权利真正转化为公民的现实权利,国家有义务通过一系列体现平等、公平、正义价值的教育政策设计,维护每一个公民享受教育公共利益的正当性,防止某些特权阶层、组织和人员对教育公共利益的侵蚀。在一个正义的社会中,每一个公民的基本权利都拥有基于正义的不可侵犯性,即使以社会整体之名也不可以逾越其上。一种正义的教育政策的程序设计反映了国家消除公民受教育权利不平等的努力,体现了国家对每一个公民平等受教育权利的保护。

三是对和谐的社会秩序的建构和维护。和谐的社会秩序的根本标准在于社会成员之间利益均衡,拥有和谐的利益关系。利益均衡是指各个社会成员在利益追求和享有上的相对均衡,是社会成员能够相互认可彼此获取利益的方式以及彼此所获取的利益的种类、质量和数量。社会秩序的核心是社会规则及其机制,因此,要实现和谐的社会秩序,就必须注重社会规则及其机制的建设,使其能够充分体现公平、公正、公开的价值追求。程序正义是社会规则及其机制建设的核心。通过程序正义,可以实现社会成员合法利益的诉求和主张,实现社会利益的相对均衡配置。教育政策程序正义要求"所有政策相关者都可以参与其中,表达自己的意见与建议,并在民主的公共论坛中受公共慎思的检验"。⑱同时,经过程序所产生的决定由于是公共慎思的结果,因而对于社会成员具有普遍的约束力,进而有利于引导和规范人们的行为,有利于建构和维护健康的社会秩序。政府作为整个社会公共利益的代表,只有通过符合正义要求的教育政策程序设计,相对公平地配置教育公共利益,才能获得广大民众对教育政策的广泛认可,并努力消除不断出现的社会成员之间教育利益的竞争、矛盾和冲突,也才能有助于建构和维护一个和谐的社会秩序。

实现教育政策程序正义,必须从根本上保障教育政策利益相关者的合法权益,并在此基础上制定、完善科学公正的程序制度。

一是确保教育政策参与者的代表性和权威性。政策参与者具有广泛的代表性和公认的权威性是政策合法性的基础,也是政策主张正当性(指政策主张代表公共利益而非个人或集团利益)的基础。教育政策参与者必须使社会精英与大众并重、教育政策专家与普通民众兼顾,在人员组成上使政府行政人员、教育政策专家、其他相关行业专家、学校校长、教师、学生以及学生家长等作为社会成员的一分子平等地参与教育政策的确认、制定、评价乃至终止的决策过程,在程序化的对话规则指导下,通过广泛地讨论和协商,公开展示自我的观点,倾听他人的主张,以社会共同体的共同利益为指向,修正自我或说服他人,以达成共识。不可否认,在这个过程中,教育政策专家由于其研究领域的特殊性而具有较强的权威性,他们应该在成员配置上占有较大的比例,并在其中对其他参与者发挥价值引导的重要作用。但是,必须强调的一点是,政策程序规则的制定要保持价值中立,不能使教育政策专家凌驾于其他参与者之上,要谨防他们的话语霸权和对其他参与者利益主张的隐性控制和剥夺。

二是保证教育政策信息的公开性和透明度。作为调整全社会教育公共利益的教育政策,全体公民都对其拥有程序上的知情权。因此,教育政策的相关进程和政策预案应及时向全社会公开发布。通过电视台、电台、网络、报纸等现代媒体平台,定期将教育政策信息公布于公众,让全体公众共享信息,实现教育政策信息的对称性。

三是建立起从确认到终止的教育政策调节反馈机制。一项教育政策本身及从其确认到终止的每个环节都是社会多方利益者之间围绕教育公共利益进行自我主张、申辩的利益纷争、冲突与调和的辩证统一的过程。为了整合彼此之间的利益,最终达成一致的意见,实现教育政策的最优化,政府需要采取相应的措施,为社会多方利益主体搭建利益表达平台,建立教育政策的调节反馈机制,例如建立教育政策听证会制度、开展教育政策征询意见活动等,积极鼓励公众或社会团体以建议、听证、咨询、协商等方式直接或间接参与教育政策的讨论与决策。这里需要注意的一点是,对于公众意见的表达要留有比较充足的时间,因为公众对一项教育政策总会有一个理解、反思、建构的循环往复的过程。对于重大教育政策决策,应实行每年一度政协提案和人大议案论证制度,充分发挥政协代表和人大代表的"民意代表"作用,让他们就某一教育政策专门提交提案和议案,做到专事专案,集思广益,努力保证教育政策顺民意、得民心。

教育变革
教师当如何应对⑬

在新课程改革背景下,变革已成为基础教育的强音。《教育规划纲要》的颁布更是在很大程度上促动和改变着教师固有的观念和行为。自主、合作、探究等课堂型态日益成为中小学课堂教学改革创新所追求的目标。然而,在很多教师的常态教学实践中,假自主、假合作、假探究的现象频频出现。我们不禁要追问,教师在多大程度上真正理解了变革的意义,并依照变革的要求开展行动?实际上,教育变革能否让教师在行动上做出切实的改变,这取决于教师在变革中居于何种地位以及教师对于变革的理解、认同和胜任程度。

教育变革是一种改变现存教育生态的实践活动。一项教育变革从文本逻辑上至少包含了变革的理念、原因、内容、方式和条件等,谁来主张和执行变革是变革能否付诸实践的关键所在。

从某种意义上说,变革是一个复杂的"理论—操作"系统,其最终的执行者还是要直接或间接地归于教师之"手"。但是,作为实践变革者的教师,由于受自身身份和话语平台的限制,其对变革的意义、成效和反思的言说缺少公共话语权,他们的"声音"得不到有力的表达。他们不像专家那样拥有较广泛的影响力,可以在高端学术平台发表自己对于变革的看法,甚至提出意见和批评。例如,学界对新课改成败的讨论不绝于耳,其中有的持倡导肯定的态度,也有的持批评否定的观点。学者查有梁就从实际调查和逻辑分析的角度,提出了"十年新课改,是激进式的课改,是学习方式的'大跃进'"[⑱]的论断。而广大一线教师对学界的这些讨论并不知情,他们对于变革进程的了解很大程度上只限于上级教育行政部门略带强制性的要求,这就在某种程度上弱化了教师对于变革的自觉反思意识,强化了教师作为变革的忠实执行者的角色认知。

然而,教师是否能忠实地执行变革,实际上取决于变革由谁主张。从"是否教师主张变革"这个维度来对变革进行划分,可以把教育变革分为教师"自主式"变革和"他主式"变革两类。在"自主式"变革中,教师是变革的倡导者、设计者和执行者,例如,魏书生创立的六步教学法和邱学华的尝试教学理论就属此类;而"他主式"变革的倡导者、设计者非教师本体,就与教师时空距离的远近而言,这里的"他主"包括学校、各级地方政府、教育行政部门、国家和社会等,例如,洋思中学发起的"先学后教,当堂训练"课堂教学改革属于学校主张的变革,义务教育均衡发展的"铜陵模式"属于地方政府和教育行政部门主张的变革，我国 2001 年开始的新一轮课程改革属于国家主张的变革，"钱学森之问"属于社会主张(包括社会团体、知名人士和广大民众)的变革。

教师"自主式"变革和"他主式"变革相互联系，形成了一个变革同心圈。在变革同心圈层结构中，教师居于中心，学校、各级地方政府、教育行政部门、国家和社会依次向外圈层扩散；离教师圈越远的圈层，其变革诉求和涉及利益群体会愈加多元，变革复杂性加大，难度增强，变革需要的时间也往往越长，这也加剧了"变革最初的意义在理念转换到实践的过程中'流失'或'变化'"[18]的可能性。因此，对于"他主式"变革而言，理想的变革实现依托于变革主张能够转化为教师的意愿和可能推及行动的程度。由此，我认为，自上而下的变革模式若要取得良好成效，关键要看它在多大程度上体现了教师的"民意"，是否合理预期了教师行动的边界。据 21 世纪教育研究院对新课改的实施现状以及教师对新课程改革的评价进行的网络调查结果显示，"仅四分之一教师对新课程改革成效表示满意"。[19]教师对新课程改革的满意度如此之低，或许"新课程改革在多大程度上体现了教师的合理诉求、考量了教师专业素质水平能够达到的高度"是我们思考其中原因的一个重要路径。

一个完整的变革过程包括变革的规划、启动、实施过程和阶段性结束等几个阶段，整个变革过程需要一定的成本投入。教育变革的成本包括时间成本(变革需要持续的时间)、经济成本(变革需要投入的经济费用)、人力成本(变革需要的人力资本投入，特别是教师的参与)、博弈成本(变革涉及利益群体之间的利益交涉和权衡)、沟通成本(各相关利益群体对变革本质和意义的理解)、机会成本(变革所需资源的其他有价值用途)等。我们可以把前三者称为变革的显性成本(显性成本通常对变革实现发挥推动作用),把后三者称为变革的隐性成本(过度的隐性成本通常对变革实现造成阻碍甚至破坏作用)。

变革实现与变革成本有着紧密的关系,二者之间具有"阈限双向拉动效应",即变革若要取得成效,必须有一定的成本付出,一定变革成本的付出有助于推动变革,但当变革成本高出某一特定阈值时(例如,需要付出高昂的经济成本,持续时间太长,或者是过高的博弈成本等),就会阻碍甚至破坏变革实现,使变革结果与人们(教师)对变革的期待形成强烈反差,最终使变革黯然"退场"。

以下是学校变革实现与有效成本投入的一个成功个案。浙江省教育科学研究院附属实验学校的前身是由一所薄弱小学和一所薄弱初中组建的九年一贯制学校。"课堂教学单一、僵化,教师唱独角戏,学生被动学习,效率低下"[⑩]是这所学校普遍存在且较为突出的问题。怎样开展教学改革,如何调动教师参与教学改革的积极性以提高课堂教学的有效性,这是摆在学校面前的一个难题。学校经过多方寻求良策,最后选择与浙江省教育科学研究院合作,借力其智库支持,采用"科研机构+新校"的办学模式,把学校更名为浙江省教科院附属实验学校,充分运用科研杠杆,以课题研究的方式带动部分学科的骨干教师先行先试,在教师中大力倡导"先学后教"的教学理念,逐步疏导其他教师正确面对改革,转变排斥、懈怠的消极情绪和思想阻力,激发全体教师探索实践的主体性和积极性,不到3年时间就实现了薄弱校向优质校的华丽转身。该校在变革过程中,一方面,有效控制了隐性成本,例如,该校也曾经尝试过其他改革方案(机会成本),浙江省教育科学研究院专家与校长多次沟通才使校长认同了"先学后教"的教学理念,之后,校长完成了说服教师的任务(博弈成本和沟通成本);另一方面,合理投入了一定的显性成本,例如,学校与省教育科学研究院的合作(经济成本)、全体教师的积极参与(人力成本)、历经3年的改革历程(时间成本)。这一案例启发我们,学校的成功变革最终还是要依靠全体教师,只有全体教师形成对变革的正确理解、大家一致认同变革,在此基础上进而协同行动、共同努力,变革才可实现。

单就教师"自主式"变革而言,从根本上来说,选择变革是教师自觉自愿的行为,所以,相比较而言,教师"自主式"变革成本中的博弈成本、沟通成本和机会成本等隐性成本均较低,而时间成本、经济成本、人力成本等显性成本较高;从某种意义上说,由于隐性成本对变革实现的"反向拉力"(即隐性成本形成对变革实现的阻碍或破坏)往往并不强大,因而教师显性成本付出越多,越有助于变革实现。例如,小学数学特级教师吴正宪从16岁就开始了自己的从教生涯,她历经了30多年教学改革的艰辛探索,才逐渐形成了自己的教学艺术,创立了自己的教学风格。[14]同样,李吉林老师情境教育的探索之路也并不平坦。她1956年参加工作,1978年才萌生情境教学改革,通过自己的刻苦专研,同时也有幸得到了刘佛年、顾明远等教育专家的悉心指导和帮助,终在20世纪90年代后期才形成了情境教育的完整思想体系。[15]

变革通常是目的导向的,主张变革者期望通过变革来改进、完善现状,以实现一个更加"美好的未来"。因此,在变革文本中经常出现"促进""提高""调整""完善""增强""加快"等词汇,用以表示变革的诉求和目的。正如上文所言,变革实现或者说变革目的的达成最终还是要依靠教师,因此,教师必然是变革实现的手段或工具。但是,当我们期望教师去践行和实现变革的时候,教师本身也必然成为变革的目的,这是因为"有好的教师才会有好的未来",这是一个基本逻辑,任何教育变革的首要目的应是培养出好的教师。依此逻辑,在变革语境中,教师首先应是变革的目的,只有在此基础上,教师才能履行作为变革的手段或工具的职能。因此,教师集变革的目的性与工具性于一身。

反观现实的教育变革,我们似乎过于看重教师的工具属性,而忽视了目的属性。这里,不妨以《教育规划纲要》这一政策文本为例予以阐述。《教育规划纲要》分为总体战略、发展任务、体制改革、保障措施和实施五大部分,其中,教师队伍建设被列入了第四部分"保障措施"中,这里,我对"保障措施"的解读是:"为实现国家中长期教育改革和发展目标所提供的各种条件、资源和策略等。"可见,依据《教育规划纲要》的文本逻辑,我们更为看重的是教师作为教育改革和发展的条件和手段。我认为,作为国家层面的具有重要思想和实践指导价值的教育改革纲领性文件,《教育规划纲要》可在发展任务这一部分专列一章"教师教育"一章,就教师培养的目标、策略、体制、机制等内容予以阐述。

变革为什么不受教师欢迎? 其中一个重要的原因就在于,变革言语中充斥着较为浓重的教师工具价值取向,其内在反映了"防教师"(排斥和弱化教师的专业性,把教师作为防范和控制的对象)和"神化教师"(过分夸大教师专业性的功能)两种带有极端性质的不当心态,这些都令教师极为反感,甚至不满。现实中,教师培训往往容易忽视教师专业发展的内在需求,对教师的培训意愿关照不够,培训课程"过于学术化而与教师实际工作情境相去甚远,缺乏对教师实际工作的指导作用",⁴⁰进而使教师陷入"被培训"的尴尬境地。常被一些教育官员和教育专家提起的名句"没有教不好的学生,只有不会教的老师"像一条道德律令绑架了无数普通教师,威胁着他们作为一个合格教师的身份认同。

变革若要取得成效,"变革为了教师"应是我们坚守的核心理念。"变革为了教师"意在揭示变革必须尊重和维护教师的根本"利益",把教师"利益"放在核心位置。我认为,教师的尊严、待遇和教育教学自主权集中体现了教师的根本"利益",这是教师最为看重的。只有维护好教师的根本"利益",才能在最大程度上赢得教师对变革的支持,并激发教师全身心地投入变革、推进变革。在当前中小学校积极开展变革实践的现实语境下,当很多学校都热衷于把"学生中心""一切为了学生"作为变革理念的时候,李希贵却深谙学校发展动力的精髓而响亮地提出了"教师第一""学生第二"的观点,他说:"教育是塑造人的事业,以学生为本,塑造他们美好的人生,是我们不懈的追求。可是,要知道,这一切都只能通过教师来完成。……无论从哪一个角度讲,我们今天的学校管理者都应该善待我们的教师。"⁴⁴李希贵校长一语道破了教师在学校改革发展中的重要地位和作用。

变革在本质意义上是一个"理论—操作"系统,依此我们可往下追问两个基本问题,即"谁的理论"和"谁来操作"。如果我们把教师作为第一人称,并把操作方定为教师的话,对于上述两个问题的回答如下:"我的理论—我来操作""他人的理论—我来操作""我们的理论—我来操作"。我们事先避开理论的正确性和可行性的讨论,仅就"我来操作"可能产生的预期变革效果进行逻辑推理而言,"我的理论—我来操作"是典型的教师"自主式"变革,集中体现了"我"在实践变革中的自主性和创造性,变革实现的可能性较大;"他人的理论—我来操作"是典型的"他主式"变革,集中体现的是"我"在实践变革中的工具性和模仿性,"我"在实践变革中处于被支配的地位,变革实现的可能性较小;"我们的理论—我来操作"集中体现的是"我"在实践变革中的参与性与建构性,"我们的理论"是"我的理论"与"他人的理论"彼此协商、妥协、建构并达成共识的结果,是对"我的理论"的丰富和超越,继而对"我来操作"发挥更为务实的指导价值,变革实现具有较大的可能性。通过以上分析可知,影响变革实现或者说促使教师真正实践变革的一个核心要素在于,变革理论植入"我"内心的程度。就"他主式"变革而言,理论植入应该循着"他人的—我们的—'我的'(即对原初"我的理论"的重新建构)"路径,最终使变革理论成为教师自己的理论,以为变革实现奠定扎实的思想基础。

变革理论内化为教师自己的理论并不一定能够直接引发预期变革行为的发生,这是因为"当问及一个人在某种环境下会怎么做时,他给出的答案通常是他在那种环境中行为所信奉的理论。这个行为理论,即他的'信奉理论',是他的忠实回答,也是他在被询问的时候会传达给别人的。然而,真正支配他行为的理论是应用理论。这个理论与他的'信奉理论'可能一致,也可能不一致;此外,个体可能意识得到,也可能意识不到这两个理论的不一致"。[145]可见,真正控制教师行为的理论是教师的"应用理论",

该理论可能和教师的"信奉理论"有不一致之处。理想的变革实现依赖于变革理论、教师的"信奉理论"和"应用理论"三者彼此融合,以此指导教师的变革行为。

在我对教师进行的田野考察中,教师反映最为突出的一个问题是教育专家提出的理论难以应用到实践中并指导他们的工作。其中一个重要的原因是专家的变革理论还没有内化为教师的"信奉理论",自然难以引发预期的变革行为。又如,对于在教育研究中常被用到的问卷调查法和访谈法,研究者应该对应用该方法所得结论持审慎的态度,因为在教师填写问卷或接受访谈时,他们选择和言说的内容主要是他们"信奉理论"的反映,而这与实际支配他们行为的"应用理论"可能不一致。这正如当我们被问道:"如果你在路上看到跌倒的老年人,你愿意扶吗?"我们的回答很可能是"愿意扶"。但是,这个回答并不能确保当我们真实遇到此种情况时就一定做出"愿意扶"的行为。

教师能真正实践变革的旨要,取决于变革理论是否和教师的"应用理论"相一致。解决该难题的一个可行策略是让教师亲自参与变革理论的设计开发,以充分吸收教师"应用理论"的元素,并且变革理论不能仅仅用政策语言和学术语言来表达,必须"渗入"教师的日常语言。然而,在现实中我们要实践上述策略并非易事,正如有学者指出:"在学校变革过程中,利益主体之间缺乏深层次的合作与沟通,既存在着理论研究对政策制定者的依附,也存在着政策决策对理论研究及实践研究的忽视;既存在着理论研究的实践关怀缺失,也存在着实践者对理论研究的拒斥和忽视;既存在着政策制定者对实践的权力暴力,也存在着实践者在政策执行过程中的有意怠工和消极反抗。"⑭

变革实现主要依赖于教师的行动，教师付诸行动的理论是教师的"应用理论"，它体现了教师行为的实用主义取向，是教师权衡教育理想与教育现实的结果。在教师付诸变革行动的整个过程中，变革理论和教师的"应用理论"只有进行持续性地呼应、对接和融合，变革才有可能实现。为此，应从以下几个方面畅通变革与教师之间的理解通路，诚恳倾听教师的内心诉求，深层建构教师实践变革的话语理解机制。

首先，尊重教师参与和主张变革的合法性。在教育变革的话语体系中，往往以政策话语和理论话语为主，却忽视了教师的实践话语，这在一定程度上反映出没有充分尊重教师参与和主张变革的合法性。变革就是要突破陈规和惯习，它意味着利益需要重配，观念需要更新，行为需要跟进。教师是教育变革中利益群体的一方，自然应拥有参与变革的合法性。与此同时，由于变革实现从根本上依赖于教师的"应用理论"和变革实践，而且也依赖于变革范式由"他主式"向教师"自主式"的转换，因此，在保证教师参与变革合法性的基础上，我们应该强调教师主张变革的合法性，使变革在情感、态度和价值上体现教师的立场，反映教师的诉求，赢得教师的认可，进而唤醒教师在变革中的责任意识，并在行动过程中不断提升教师的胜任力。

其次，承认教师的专业性。这是实现教师专业化发展的逻辑起点。那种"推倒重建"和"另起炉灶"式的教师专业化发展路向显然忽视了教师专业性的作用。我们也看到存在无视教师专业性的行为，例如提出一种教学模式，并要求在整个地区全面推广。忽视教师的专业性带来的不良后果很可能是：变革成为教育官员赚取政绩的工具，成为学校扬名的手段和教师逢场作戏的道具。如果肯定了教师在变革中的主体地位,那么,就必须首先承认教师的专业性。因为从某种意义上说,是教师在引领变革。"当前,政府的一系列动议正在破坏作为受尊重的专业人员所应享有的信任与工作自主的合法性。在政府'再专业化'的幌子下,教师的课程与评价技艺正被他人设计的统一计划取代,他们正经历着'去专业化'的过程。"⑭

最后,建设协商学习的教师文化。对于教师而言,他们主张和实践变革的场域主要是学校。学校变革是教师协商学习的结果。协商学习意在养成教师在学校变革中作为主动建构者的身份意识。建设协商学习的教师文化,旨在让教师们形成一种能够体现自由和包容价值观的"对话—理解"机制,通过教师彼此之间敞开心扉、互相分享、创新思维、批判反思以及形成变革理论与教师"应用理论"之间的接洽协商氛围,进而建构合理而可行的变革"理论—操作"体系。

第四辑

洞幽察微——观教育行为

小班化
看上去很美

一个班级有 120 多个学生，上课时老师不惜体力地撕扯着嗓门，条件稍好一些的学校给老师配置了讲课专用的麦克风话筒和腰挂式扩音器，教室的空气里四处弥漫着"广播味"，夹着老师患有鼻炎的有节奏感的鼻息声。在一些经济欠发达地区，像这样一个班级从七八十人到一百多人不等的超大班额的中小学校还是比较普遍的，这些地方也正和其他地方的学校一起为 2020 年我国基本实现教育现代化而努力着。

看到此情此景，你会感到非常吃惊吗？如果你的孩子也在这样的学校上学，那么假设汪峰问了你这个问题——"你的梦想是什么？"我想我能猜出你会说什么。不过，这种大班额的情形在一个 17 世纪的捷克人看来是非常稀松平常的事情,也许他还会很高兴地为此点赞,这个人就是夸美纽斯,是他系统提出和论证了班级授课制,一种适应资本主义生产方式对人力(人才)需求的教学组织形式。

"资本主义的发展使生产的规模和速度远远超过了历史上任何一个时代,因而相应地要求扩大教育规模、增加教学内容、特别是有关自然、技术、艺术、职业等学科门类,加快教学进度。"[14]夸美纽斯认为,就像"烘面包师揉制了简单的面团,炉灶起了火,就可烘制大量的面包,制砖者同时窑烧了许多砖,印刷模子印出成千成百的书"[15],一个教师完全有可能同时教数百名儿童,只要教师把教学的时间、科目、方法等安排妥当即可。班级授课制这种教学组织形式,它比起家教和私塾式的个别教学方式,确实大大提高了教学效率,扩大了教学效果。工业革命后,它在欧美国家得以普遍推行。我国最早采用班级授课制的学校是 1862 年在北京设立的一所专门教授外国语的学校——京师同文馆,从 20 世纪初开始,该教学组织形式在我国学校得到普遍推广。

班级授课制在我国已经推行了有一百多年的历史了,它在教学上所达到的高成效是有目共睹的。可以说,近一百年来,只要是接受过正规学校教育的国人都是它的受益者。它把基本上都是同一个属相但星座可能有所不同的男孩和女孩聚在一起,通常以 45 分钟为一个时间单位,由一个老师面对全体学生,围绕一个学习目标开展活动。其背后的运行逻辑是,处于同一个年龄阶段的学生的智力发展和能力水平基本相当,只要给他们以适宜难度和容量的学习任务并配合有效的教学方法,他们都能实现基本相同的进步。

班级授课制最大限度地发挥了单个教师的作用。想象一下，一位数学教师要负责教会数十个甚至上百个学生学会课程所规定的数学知识，并达到一定的数学技能水平。这位教师为了完成这个工作任务，他（她）要和同伴共同研究教学内容，精心设计教学活动，引发学生的学习动机，给学生布置和批改作业，遇到有学生在课堂上调皮捣乱，他（她）要充当警察的角色，看到某个男生不管是在数学学习上遇到困难还是暗恋某个女生，他（她）都有责任和这个男生好好谈一谈。还有一点需要指出的是，他（她）还必须接受学校的业绩考核，只有被评为合格以上，才能继续从事这份工作。

看到这里，我们应该认识到的是，教师这个职业是很辛苦的，也是专业性很强的，不是随便一个人就能轻轻松松胜任的。

接着，让我们假设一下，一个班级有 50 个学生，一位数学老师一个月的工资是 5000 元，如果把这 5000 元平均分摊在 50 个学生的家庭中，那就意味着每个家庭每个月需要付给这位数学老师 100 元薪资，这 100 元也就相当于你自己一个人去一个像样点的饭店吃一顿饭的钱。如果你不让孩子上学，而是请一位家庭教师到你家专门教你的孩子数学，那一个月你要付给家庭教师的薪资是多少呢？或许此时你已经偷着乐了。而更让你高兴的是，在义务教育阶段，你连这 100 元也不用付，不管你有没有纳税能力，国家都非常慷慨地替你付了这笔钱。当然，这里面还没有算上国家为了培养这位数学老师而投入的钱。此时，你是否认为班级授课制是一个堪称完美的发明？是的，不管是对于我们个人还是国家而言，它绝对是一个低成本投入、高收益回报的绝佳发明。

　　毋庸置疑，班级授课制的长期存在是有它的合理性的。但是一个班动辄上百人的学生规模，这导致我们在极力降低教学经济成本的同时，却往往忽略了对人的教育。教育和教学二者是有很大区别的，教学从狭义上理解，它只专注于知识（这里暂不包括关于德性的知识）和技能的传授，不涉及对人的德性的教化。在学校教育的现实语境下，如果我们把教育二字拆开来看的化，它包括教学和育人两部分，教学是育人的途径和手段，教学固然很重要，但育人才是根本目所在。显然，在今天这样一个倡导个性化和多元化教育的时代，（超）大班额虽然能勉强完成我们狭义上理解的教学的任务（实际上，学生对教学需求的差异性也是非常大的，例如，有的学生觉得老师讲得太难，根本听不懂，而有的学生则认为太简单了，他坐在那里听课纯粹就是在浪费时间），但是，对于任何一个老师，想让他（她）履行教育学生的职责，都是一个不可能完成的任务。你若问其中的原因何在？老师会告诉你答案："人太多了，我一个人根本顾不过来！"

　　的确，"人太多"是一个非常现实和重要的原因，我们在基本实现教育现代化的评价指标体系里，不应该允许（超）大班额现象的继续存在。

　　那么一个班到底把学生控制到多少人才算是"可教"兼"可育"的呢？这与一个国家（地区）的受教育人口的多少、教育供给实力的强弱有着直接关系。目前，国家只是规定中小学校的班额应大致控制在 40-50 人之间，班额超过 50 人这个上限，就违反了规定，而低于 40 人，乃至低于 30 人的，便可以叫作小班化了。在（超）大班额难以完整实现教育功能，正常班额能够基本满足教育需要的现实背景下,小班化便成为了人们的新宠。

在一些情况下,小班化正成为一种趋势。例如,有的地区的学龄人口持续减少,导致班级规模的自然减员;有的学校因各种原因招收不到足够的生源而被迫进行小班化改革,并以此吸引人们的注意;在一些经济发展较为发达的地区,例如上海、北京、天津、杭州等地,政府为了提升当地的教育品质,满足人们享受优质教育的需求,积极倡导小班化;在一些私立贵族学校,小班化也是吸引公众眼球的一个靓丽符号。

小班化的典型特征是班级学生规模明显减少,但它与小班化教育仍然是有区别的。如果教师在一个只有 30 个学生的班级里,仍然采用的是(超)大班额的教育教学理念和方法,这无异于"穿新鞋走老路""新瓶装旧酒"。小班化只是为教师面向每一个学生,尊重学生之间的个别差异性,采取更为灵活的教学方法和实施个性化教育创造了更为便利的条件。我们只有适应小班化的需要,在教育理念、教学方法、课程设计、学生评价等方面进行了成功的改革,才可称得上是小班化教育。

20 世纪 90 年代,小班化教育在美国得到了空前的重视。人们围绕班级规模对教育成果的影响进行了很多研究,在美国的田纳西州、北卡罗莱纳州、威斯康星州、加利福尼亚州都投入数亿美元用以进行小班化教育实验,这些研究成果大都支持了小班相对于大班具有明显的优势,更有利于学生发展的假设。1999年美国联邦政府正式启动全国范围内庞大的"缩小班级规模计划",计划"总计拨款 124 亿美元,主要用于增聘合格教师、增加校舍和设备,改进教材。改革目标是将中小学各年级学生人数从原来的平均每班 23 人减至 18 人"。[⑩]

美国政府在小班化教育改革中投入了大量人力、物力、财力，改革也取得了较为显著的成效。但是，仍有一些批评者对此项改革提出了反对意见。他们的主要理由是实施小班化教育需要大量能够胜任的合格教师，而且代价太高，"若全国平均每班减少十名学生，估计将要支付给教师的费用就要 85 亿美元，这完全不符合成本效益原则"。[131] 此外，他们发现"教师从大班转换到小班教学，其教学方法却并未产生根本性的相应改变。教师教学从大班到小班的转换，可以说只是如同厨师从餐馆熟饪到为家庭做饭的转换，只有微小的变化而已"。[132] 可见，小班化教育虽然得到了政府的大力支持，但是，小班化教育的推行却受到财力、师资等多种条件因素的制约，而且小班化教育本身仍存在很多需要解决的问题。

小班化教育，看上去很美。有人认为，一个班只有 20~30 个学生，这将极大地减少教师耗费在学生和课堂管理上的时间。这种想法可能太过简单。虽然人数减少了，人与人之间的有效人际互动增多了，但这并不必然使学生的人际关系变得简单明了，反而可能会更加复杂，教师会面临情况更为复杂的学生管理挑战。这正如一个优秀的将军在军队里能够统帅千军万马，但当他回到家后，可能连他的孩子们因为闹别扭而产生的"纠纷"都搞不定。有人认为，小班化教育有利于教师针对每一个学生的个性化特点进行因材施教，这对学生来说是一个莫大的福利。这种想法是有一定道理的，但也可能太高估了大部分教师的专业能力。不可否认的是，当前，我们整个教师群体的专业性还没有达到像医生拿着听诊器、看着 X 光片就能在诊断书上写上你得了什么病这样一个较高的程度。你若不信，你可以去问你孩子的老师如下问题："我的孩子的个性特点是什么？""我的孩子在语文学习上属于哪种学习风格？""我的孩子将来适合从事什么样的职业？""怎样才能让我的孩子的数学成绩考上班级前几名？""我想培养我的孩子具有领袖气质,该怎么做？"

看完这些问题之后,你还对老师的回答有很强烈的预期吗？是的,你大可不必因为老师没能给出一个能让你感到很满意的答案而耿耿于怀。我们人类的确具有丰富的差异性、可塑性、可教性,但我们对自身特点的研究成果还非常有限,我们对"人的教育"的了解程度还远没有达到像修理一辆出了问题的赛车那样游刃有余。例如,我们对大脑工作机理的认知仍处于隐喻和幻想之中,对于教师怎样教、学生怎样学这些看似平常的问题仍存在各种流派和学说,它们之间还存在着很大的争论,甚至不乏出现争吵的声音。

显然,小班化教育还远不是教育的黄金彼岸。不过,如果你是一位教师,我建议你还是应该大力支持小班化教育。因为,实施小班化教育需要政府投入大笔的教育经费,需要聘任大量合格的教师(你可以暂时不必考虑失业问题),而且,也是对你的专业发展有重要影响的是,你也减轻了一些繁杂的工作,例如,每天再也不用批改四五十份作业了,你可以把精力集中在与学生的相处上面,花更多的时间琢磨怎样才能教得更好,留心观察学生如何才能学得更好,努力丰富自己的专业素养,提升专业能力,以备能较为从容地回答家长提出的上述几个问题。

学习
为什么学生不喜欢它

　　随着科技的进步,在未来的某一天,我们能在大脑里植入一种可以帮助我们学习的微型智能芯片作为"辅脑",我们可以通过语言交流,即时与之进行智能对话。它可以告诉我们需要知道的任何信息(例如,爱因斯坦的相对论到底是什么意思),为我们提供解决问题的多种方法(例如,根据你的想法量身定制从天津去西藏自助游的不同线路),帮助我们预测一个决策的结果和风险(例如,在本周股市中,投资科技板块的回报率有多大),等等。如果在我们的身上配备了这样一个智能学习芯片,那么,像江苏卫视《一站到底》这种纯粹考察知识多寡的节目还有什么存在的价值? 我们也必将要对学习进行重新定义了。

我们一贯都是从拥有知识的程度、解决问题的能力、行为改变的效果等方面来界定学习的，而当我们身体里配置了这种智能学习芯片的时候，为我们生活所用的所有知识都是即时可取的，我们对学习定义的基本界定，将由掌握知识转变为提取、使用和创造知识。人与人之间在知识的占有量上将不再有任何区别，差异更多来自于人们的精神、思想、观念和态度。虽然我们很难想象那时的学校是一个什么景象，但是有一点可以肯定的是，老师再也不用在课堂上时刻提醒学生"记住了没"?也许，"记忆""遗忘"这两个词因没有任何实际意义而终将消失。我们希望这种智能学习芯片能够早日问世，这样，我们就能从现今繁重的学习任务中得以解脱，不必再担心会遗忘哪些知识，而且还可以随时与智能学习机器聊天，甚至和它一起探讨人生存在的意义，在它的陪伴下，我们能抽出更多的时间去做我们喜欢的事情，尽情享受我们的美好人生。

我们人类天生就对知识有着敏锐的洞察力，并且具备强大的学习能力。研究显示:"三到四个月大的婴儿，就开始拥有有用的知识了……他们知道物体要有支撑，才不会掉落;静物和移动的物体接触的时候，静物会被移位;而没有生命的物体，需要有推力才能动。"[⑨]婴儿对数字和语言也具有很强的敏感性，他们能对加法和减法的效果有正确的反应，当人们说话的时候，他们会注意到嘴唇的动作，主动去了解他们周围的语言意义。例如，一位妈妈对着孩子说"拿你的鞋子"的同时，指着地上唯一没收好的物品(一只鞋)，孩子就会开始了解到"拿"和"鞋子"的意义。正是凭借着先天所具有的学习能力，我们在进入学校之前，就在拥有足够耐心的父母的引导和鼓励下自觉、主动地学到了很多东西，与此同时，我们的学习范畴在不断拓展，学习能力也在不断增强，而且，我们也相信，只要有努力和意志的支撑，我们可以学习任何事物。

虽然我们每一个人的天赋和生长的社会环境有所不同，但是我们都发自本能地对这个陌生而又多彩的世界充满了好奇。为了能够知道得更多，我们不惜耗费心智能量，不畏惧因可能遇到的挫折和失败带来的在人格和情绪上的消极影响，勇敢而自信地破解着一个又一个难题。我们擅长于使用以"为什么"三个字开头的句式，或许也曾让父母为之情绪急躁、抓狂不已。伴随着每一个个体生命的绽放，我们各自开启了探索未知世界的航程，好奇心指引着我们的航向，日益强大的学习能力让我们乘风破浪，驶向远方。就这样，我们常常专注于探索未知世界的情境之中而不能自拔，我们经常能体验到学习带来的真正快乐和喜悦，这种美妙的感觉可不是那种因表现突出得到两颗糖的奖励所能企及的。总之，我们喜欢上了学习，我们也习惯于用自己特有的方式去学习，例如，有的人喜欢自己一个人静静地读书，有的人喜欢与别人讨论，有的人只有在身体活动的配合下，大脑才开始高效运作。

在"学习"这个问题上，我们每一个人都不会怀疑自己是否有学习能力，或者自己学习能力的强弱，关键的问题是，是否愿意学习和能否以我喜欢的方式学习，换句话说，如果我们有学习的浓厚兴趣和强烈动机，认为要学习的内容具有美好的意义和价值，而且，我们可以自由决定学习的方式和进程，那么，学习将变成一次美好的旅程。换句话说，在学习的航程中，我们是否航行在自己的航道上，这非常重要。显然，我们这里所说的学习体现出了强烈的个性化色彩,它具有自在的、不受约束的、休闲的特征。例如,在小时候,我们绝不会因为在三天之内仍未学会用手指以正确的姿势使用筷子吃饭而受到父母的责备;在成年之后,我们大都乐于在工作之余培养一些兴趣爱好以丰富自己的生活,自然,我们也要投入大量的精力去探究一个全新的领域,学习一些新的知识。在学习过程中,我们体验到的更多的是学习所带来的惬意,而不只是单纯地追求一个学习结果,我们也总不至于荒唐到为了检验一下自己的兴趣爱好能得多少分数而进行一次正规的年度纸笔考试吧!

学习的个性化色彩衍生出学习具有自主性和主体性两个重要特征。自主性,指的是学习应是学习者自觉自愿的行为,受他人强迫的学习不但会给学习者带来痛苦,而且也很难达成理想的学习效果。主体性,指的是学习必须由学习者本人亲力亲为,才能实现,其他人无法替代。总之,学习是一件我们自己情愿做的事。我们敢于冒险,愿意付出时间、意志和努力去学习,这是因为我们认为学习终究能给我们带来快乐的体验,消除我们对无知的恐惧,提升我们的能力,让我们的生活更加充实,让我们从更广阔的视角思考人生的意义。

儿童个性化的学习方式在迈入学校门槛时得以终结,取而代之的是统一化和标准化,这表现为:一个班级里几十个年龄基本相同的学生,他们在同一个时间,接受同一个教师的教导,完成同一个学习任务,接受同一份试卷的检验。教师为了在有限和规定的时间内完成教育教学任务,不可能完全顾及每一个学生的学习需求,也无法有针对性地挖掘他们的学习潜能。教师的使命是对(平均分数意义上的)全体学生负责,而不必对每一个学生负责。在教师的统一教授和指导下，有的学生取得的进步大一些，有的学生进步小一些，还有一些学生停滞不前。只要全体学生的平均分数在统计学意义上实现了显著增长，教师的任务就基本完成。

从世界范围来看，近代学校是随着人类进入工业革命对社会个体素质提出了更高的标准，以满足经济和社会发展需要而建立起来的。工业革命使机器生产取代了手工作坊，新兴工厂的建立，一系列新机器、新发明的广泛运用，大大提高了工厂的生产效率，改变了世界的面貌。学校是为社会发展培养人才的专门机构，近代学校的建立源于工业社会发展的需要，它也秉持了工业生产所崇尚的效率原则，它在运作上所体现出的工厂模式非常突出，在学校中，"知识包括已知的一系列事实、概念和原则，这些必须传授给学生，人们获取知识的动力来自于对真实的追寻。我们的祖父母、父母，甚至我们自己的学校经验都是基于教学和学习的工厂模式。这种模式认为教学任务可以被标准化，教师可以将知识以真理的形式传授给他们的学生。课程包含了对每一个学习者都有用的一系列技能，教师通过特定的行为，就可以将这些知识传授给学生，这种模式还认为通过学生在标准化测验中的表现，可以有效地测量他们所掌握的课程知识"。[15]在学校的工厂模式下，学生以教师控制的统一步调进行学习，学生的学习成效接受学校的"官方"检验，学生的学习表现也由教师依据分数作出评价。

当婴儿出生之后，他（她）因为先天拥有知识的洞察力和学习能力而成为一个初级学习者，也是学习潜能的自我开发者。受家庭教育和环境的影响，儿童在步入学校之前，他们在学习的兴趣倾向性上出现了很大的差异性,例如,有的孩子表现出具有明显的舞蹈潜能,有的孩子表现出对色彩和画面有着丰富的想象力,有的孩子对音乐有着敏锐的感知力,有的孩子常常陶醉于阅读文字的情境之中,而且,他们的学习基本是以兴趣为导向的,即除非受外力(例如父母的督促和要求)的强迫不得不学习,他们只愿意学习令自己感兴趣的东西。如果正在学习的东西已经无法带来快乐的体验,甚至有所厌倦,因而他们不愿意再继续学习了,这在他们看来,是再正常不过的事情了。他们不会因为自己的这个"贸然"决定而有丝毫的犹豫和后悔,也不会受到父母过多的苛责。相反,父母会以培养孩子多方面的兴趣为理由,挖空心思接着帮助孩子开发下一个学习的兴趣点。在孩子们的生活中,兴趣点的不停转移变成了一种常态,孩子们乐于从一个兴趣点跳跃到另一个兴趣点,他们为了兴趣而学习,也以"不感兴趣"为理由随时终止学习。

儿童在学校里不得不学习一些令他们不感兴趣的知识,例如抽象的数学学习是很多孩子的噩梦,他们也不得不每天面对个别令他们生厌甚至唯恐避之不及的老师。为了完成老师布置的作业,他们常常得在夜里"工作"到很晚才能睡觉,最让他们感到不满意的是,当他们正以充沛的兴致进行游戏的时候,上课铃声响了起来。每个孩子都被他们的家长告知:"在学校就要听老师的话。"家长讲给孩子的这句话,不仅是一个道德训诫,其更为深层次的涵义在于:"我的孩子,在你进入学校之前,我陪你一起度过了美好的时光,见证了你在学习中的成长和收获的快乐。虽然,在学习上我们也会给你提出一些建议,但总归还是由你自己作出决定的,你可以依着你的兴趣自己决定要学习什么和不学习什么，这种自在的学习体验恐怕再难拥有了。因为在学校里，你必须听从老师的安排，关于学习的内容、学习的时间、学习的成效，这些都由你的老师决定，老师也有权判定你是一个好学生还是差学生。所以听老师的话，让你的学习跟上老师的节奏，当老师让你阅读课文的时候，你最好不要想着你的那些变形金刚，同样，当老师让你和别的同学一起合作来研究问题的时候，你要习惯于自觉接受老师的安排，并表现出极大的乐于合作的意愿，积极参与其中，这对你来说绝对是一个明智的选择！"

　　在很多像爱因斯坦这样的社会成功人士的传记里都给出了大致相同的学习法宝，这就是"兴趣是最好的老师"。学校和教师也奉此为圣典。我们看到，在各个学校花样繁多的教学模式中，在教师们每一节课的教学设计中，基本上都要设计同一个环节，即调动学生的注意力，激发学生的学习兴趣。所有的教师都不会否认，这一环节是课堂教学真正的起点，也是衡量教师是否具备良好教学技能的一个重要指标。对于教师而言，他们上的每一节课都存在着不小的挑战，因为他们清楚地知道，他们在课堂上并不能成功地激发起每一个学生的学习兴趣，并促使他们进入真正的学习状态，因此，多一个学生的学习兴趣被激发，教师就多了一份成就感。

　　教师专注于在每一节课上如何有效激发所有学生的学习兴趣，并使其顺利完成本节课的学习内容，这的确有很大的难度，但是，它对于提升教师的教学技能大有裨益。有些教师在这方面颇有心得，他们擅长在课堂中通过创设情境，在所教内容和学生学习兴趣之间实现有效的联结。但是，让我们担心的是，教师为了完成教学内容而对激发学生兴趣的过分强调，即教师只是把激发兴趣作为课堂教学的一个手段来看待，是否会让学生产生"这只是老师吸引我学习的雕虫小技而已"的想法。因为，对于一个学生来说，任何一个教师都无法做到让他(她)对每一节课的学习内容都感兴趣，在很多情况下，教师的教学与学生的兴趣实际上只是发生了短暂的交集。例如，有的学生在语文学习方面，现代文的学习成绩就明显好于文言文，原因也在于对文言文的学习缺乏兴趣。因此，就激发学生的学习兴趣而言，教师需要从教学内容的狭隘视角中解放出来，而应从学科文化的视角引领学生养成更为持久和稳定的学习兴趣。

每一个学科都是从不同的视角，用本学科的语言，向我们展示和诉说一个完整的关于这个世界的"故事"，故事中包含有特定的情境、主人公、发生的事件和对应的时间、地点等诸要素。我们在学习某一个学科的过程，也正是我们以该学科特定的语言了解世界并与这个世界展开对话的过程。

学科与学科之间并不是彼此孤立，毫无关联，它们是相互联系，实为一体的。我举一个例子说明这个观点。"1858年，法国巴黎科学协会举办了一次数学论文比赛，来自德国的数学家奥古斯特·莫比乌斯(August Ferdinand Möbius)论述他发现了一种奇异的曲面：将纸带一段扭转180度后，与另一端粘在一起，这就是以后以他的名字命名的'莫比乌斯带'。它是怪圈最早的几何模型，并在后来成为拓扑这个全新数学分支的萌芽。1979年，一本名叫《GEB：一条永恒的金带》的书轰动美国，并获得普利策大奖。该书从数学、逻辑学、生命遗传、大脑思维、人工智能，甚至音乐、绘画等许多不同领域对莫比乌斯带进行了探讨，使人们发现怪圈有着丰富的内蕴，它与自然、人类、科学、艺术等都有深刻的联系。"⑱

上面这个例子带给我们的启示是，在学校中，教师需要努力做到的，不只是让学生对某一个学习内容感兴趣，更为重要的是，要让学生对"透过'学科之眼'看世界"产生浓厚的兴趣，要引导学生主动去探究这个令他们惊奇的世界。对于学生而言，多学一个学科就是多了一双看世界的眼睛，就能够使学生从一个更为完整和立体的多元视角来审视诸种现象和问题。只有这样，学生的学习才具有更为切实的意义和价值，他们才能够更为充分地看到这个世界的丰富性、多元性和可能性。

在教学中，教师和所教的学科是作为一个完整的情境而呈现在学生面前的，教师更像是一个带领学生发现和探寻学科奥秘并透过"学科之眼"游览世界的导游。假如某一个学生说："我对学习语文不感兴趣。"上述言语更为准确的涵义是："我对某某老师教的语文不感兴趣。"于是，有的学生苦于赶不上教师安排的学习进度而被迫转学或者选择在校外补课，也有的教师因无法做一名对学生有充分吸引力的"导游"而不得不转岗。从这个意义上说，教师必须为学生的学习担负起应有的责任。

李吉林老师是情境教育的创始人，更为准确地说，她是语文学科情境教育的创始人。这首先是因为她是一位小学语义教师，其次，她的情境教学理论与实践都是紧密围绕语文教育教学而展开的。所以，当我们谈到李老师的情境教育的时候，我们首先想到的是李老师怎样在语文教育中体现她的情境教育思想，而不会把她和她的情境教育与数学或者体育联系起来，虽然情境教育思想对数学或体育教育也有着积极的借鉴意义。

所谓"术业有专攻"，教师们是按照学科方向被培养的，在他们心里都有着强烈的学科本位意识。所以,当李老师的同事,几个年轻的数学老师想拜她为师,请她传授情境教育,李老师的第一反应是:"我不懂数学,怎能'好为人师'呢?数学的研究全靠你们啦!"⑧如果说一位教师树立了要成为一名优秀教师的志向,那么,他(她)其实指的是要成为一名优秀的语文教师或者是数学教师之类的,及此,教师和他(她)所教的学科就紧密地联系在了一起,教师的职责就是引导学生通过"学科之窗"进而看到一个更为丰满的世界。

依据教师的职责所在,教师在教学过程中应该扮演学生学习的促进者的角色。新西兰奥克兰大学"可见的学习实验室"对超过 800 项元分析进行了长达 15 年的一项涉及数百万学生的大数据综合研究发现,教师角色观念在各种教学方法的应用中所产生的对学生学业成就的影响有非常显著的差别。

该研究比较了教师在教学过程中扮演的两种角色——学习的促进者和帮助者——对学生学习的影响。研究表明,在交互式教学、反馈、出声思维、元认知策略、直接教学、掌握学习、目标挑战的学习、频繁测试、行为组织者等教学活动中,教师作为学习促进者的平均作用为 $d=0.60$(d 值越大,该因素的影响作用越大;d 值越小,该因素的影响作用越小。其中,$d=0.40$ 是临界值。如果 $d>0.40$,表明该因素能明显促进学生学习;如果 $0.00 \leq d < 0.40$,表明该因素对学生学习的影响作用不大,但并不是没有作用;如果 $d<0.00$,表明该因素能抑制学生学习),说明教师在以上教学活动中能够积极、明显地促进学生的学习。在这里,教师是关键性因素。而教师作为学生学习的帮助者,其在模仿和游戏、探究式教学、小班化教学、个别化教学、基于问题的学习、性

别差异教学、网络学习、整体语言—阅读等教学活动中，教师对学生学习影响的平均作用为 d=0.17，在上述各项教学活动中，d值均小于 0.40，说明教师在以上所有教学活动中对学生学习的作用不大。[15]

评价教学有效性的根本尺度是学生学业成就表现情况，理想的教学一定是学生学业成就表现卓越的教学，教师角色和教学方法是影响学生学业成就表现的两个重要因素。在教师们的惯常观念中，他们通常都会把学生学业表现不佳的原因归之于教学方法使用失当。且不论教师们在教育教学能力方面存在的差异性，不管是交互式教学、直接教学还是小班化教学、探究式教学，教学方法本身对学生的学业成就的影响作用具有一定的局限性，即这些方法并不必然对学生的学业成就表现产生决定性作用。其实，在教学方法对学生学业成就影响的背后，起关键作用的是运用教学方法的主体，即教师所秉持的角色观念。

这一结论对教师的教学具有很好的启发意义。教师们不能一味执迷于对所谓"先进"或看似多么"高级"的教学方法的崇拜和模仿，而应把主要精力放在教学观、学生观和在教学中教师角色认知的自我修炼上。在很多情况下，教学难以达成理想目标，不是因为教学方法不适合学生，也不是因为教师不能驾驭某种教学方法，而是因为教师在使用教学方法中将自己置于错误的立场和角色，视自己为操控学生的主人，将学生置于被动接受的地位，没有真正激发起学生自主学习的动机，不能给予学生有效的引导。

由于智能学习芯片（"辅脑"）还没有被发明出来，所以在很长的一段时间内，我们的大脑仍需要耗费很多能量来做一些较为初级的工作,例如记忆和"储存"一些重要的信息,这也是学习的一项重要任务,即要记住一些东西。美国著名心理学家、教育家布鲁姆在他的《教育目标分类法:认知领域》一书中提出,将认知领域的教育目标分成知识、理解、应用、分析、综合、评价六个层级,之后,有研究者对此进行了修订和完善,其中,就把最低层级的知识更名为记忆,它是"保证过去经验被记住的认知过程,包括获得新信息和记住信息的两个过程。记忆建立在学习基础之上,而学习依赖记忆才能形成"。⑱研究显示,在学校中,"大量的且依然存在于课堂上的教学只是在学习的最低的水平上,即记忆和理解的水平上进行。"⑲而且有些东西的记忆带有强迫性和标志性,即如果你不能正确地再认和回忆它,这将意味着别人会认为你并没有进行真正的学习,或者我们用一句通俗的话来说就是:"学得不扎实。"

每个人大脑中承担记忆功能的神经网络虽然数量庞大,但也终归有限,即大脑的记忆容量是存在边界的,没有人能够记住所有的知识,而且,由于记忆受我们对自身所处情境的感知、本人的情绪特征和记忆的能力倾向(例如,有的人拥有超常的视觉记忆力,在很短的时间内看一遍稿子就能据此拼出整页不认识的语言)等多方面的影响,这就造成了个体间在记忆能力上的明显差异。

记忆仍是学习的一个重要表征,所以个体之间在记忆效果上的差异性,造成了个体之间学习效果的差异性。更为形象的说法是,有些人在学习"航道"上留下的"航行体验"并不清晰,而对于另外一些人而言,这种"航行体验"则是印象深刻的。在学校中,"好学生"和"差学生"的区别之一,就是"差学生"很快就把学习过的东西忘记了,而"好学生"则能小心翼翼地把学到的东西保留到考试之后再慢慢忘记。因此,区别"好学生"与"差学生"的一个标准就是他们的脑子是善于长时间"储存"知识的"好"脑子,还是很快就把知识遗忘的"坏"脑子。可见,有一个能较长时间保持记忆的"好"脑子对于学生至关重要。如果你还是不太相信我说的话,你可以回忆一下(如果你的记忆力够好,还能够回忆起来)你的那些学习成绩好的同学,想想在你的班级里他们的记忆力是不是都是比较突出的,有没有记忆力很差但学习成绩非常好的同学。你也可以想想在你的考试经历中,记忆发挥了多么大的作用。

在学校里,学生们都普遍存在这样一个观念,即学习是为了考试,而考试内容大多是教师在课堂上教授的知识和解题技巧。为了记住课堂上的知识,记笔记(这里,记指的是学生记录教师的讲解内容和记忆笔记的内容)便成了学生的必备技能。学生们在课上集中精力记笔记,在课下忙于互相抄笔记、记笔记。通常,老师给学生布置和检查作业的目的也是督促他们记住在课堂上学到的知识。学校在实质上对学生所倡导的过于强调知识的准确复述的学习机制,在客观上更加强化了记忆的重要性,而往往忽视了对学生进行分析、评价和创造等高阶思维能力的培养。

在学校中,知识是以分科的形式呈现给学生的,各学科间价值的衡量也是以记忆为标准的,其中,对学生有较高记忆要求的学科其价值就更为突显,例如英语,与此同时,对学生记忆要求较低的学科的价值就显得不那么重要,当然也就有可能难以进入"正式"考试程序,例如音乐。

学校要求每一个学生在每一门学科的学习表现上都能达到优秀的水准，这实际上并不现实，但却在很大程度上增加了学生的记忆负担。显然，学生的记忆力在先天上就普遍存在着明显的差异性，先天记忆力强的学生在学习中自然占据了优势，先天记忆力稍差的学生不得不付出更多的时间和精力才能赶上学习进度，而那些记忆力明显较差的学生在考试中不能正确复述标准答案，无法取得一个高分数，因而他们更多体会到的是焦虑、恐惧、挫败和无奈。教师对某些学习表现优秀学生的偏爱，在某种程度上造成了对那些学习表现不尽如人意的学生的不平等待遇，使他们体会到学校生活中充满了偏见、虚假的鼓励，勉强的笑声和言不由衷的赞美，这些都对他们的价值观留下了难以抹灭的烙印。即使是对于那些记忆力表现卓越的学生，他们也不见得会多么喜欢记忆，或许，他们会错误地认为在学校学习知识的主要目的是应付考试和升学，除此之外没有太多的价值。

随着学生们年龄的增长、心智的成熟，他们会慢慢发现在学校中学习的知识很多都无法应用在他们的生活里，是一种只在教室和课堂里才能体现其功用的知识，而且，有的知识可能还存在某些错误，这会进一步在学生中滋生一种对学校所传授知识的不信任感。学生渴望和追求新知的需要与学校提供陈旧乃至错误知识二者之间产生了矛盾。

学校传授的知识基本上遵循的是科学范式，即它更加强调确定性，凡是问题都要有标准的答案，暂时还没有标准答案的知识不能作为学习的重点。学校在知识传授上面临着一个悖论，即学校一方面要教育学生具备创新精神和实践能力，另一方面却用陈旧的知识灌输学生的头脑，把学生长时间关在校园里,束缚了他们的手脚,遮蔽了他们的视野,让他们无法接触真实的社会,如此一来,学生创新精神和实践能力的培养就很难落到实处。

学校在知识传授上本身缺乏创新的品质,其保守的特性更为突显。学校聘用教师为其服务,教师也必须遵循学校在知识传授上的价值观。我们不禁要思考的一个问题是:谁把新知带到了学校?谁最具有创新的潜质?这两个问题的答案是同一的,即学生。可以说,每一个学生都是一个创新的火种,这充分体现在学生的主体性、多元性和差异性等特点上。首先,学生是学习的主体,强烈的好奇心和探究的热情是与生俱来的品质,在此驱动下,他们乐于探索这个对他们来说新鲜和未知的世界。其次,学生的发展具有多元性。受先天因素和后天环境的影响,个体间对事物的关注点、兴趣点不同,这自然造成了每个人的生长点也是不相同的,例如,生长在书香世家和穷乡僻壤的孩子们,他们的人生起点就截然不同。最后,学生之间的差异性是非常明显的。由于学生们之间的个体经验背景不同,即使是对同一个事物的认知,他们在角度、层次、深浅上都具有鲜明的差异性。

我们也可以用"个性化"一词来综合上述学生的三个特点。显然,一个基本的常识是,尊重每一个个性化的学生,使其实现个性化、自由的发展,这是创新的前提。想象一下,学生们来到一所学校,聚在一个班级里,他们每一个人都是"持不同意见者",他们希望生活在一个民主的氛围之中,能够自由表达主张,自由选择学习的东西而不是强迫,并且得到宽容的对待。学校应该是一个鼓励多元化发展的地方,而现实中的学校却过于强调统一的价值观,诸如统一的铃声、统一的坐姿、统一的课程、统一的步调、统一的看法、统一的试卷,等等。这种"统一"的价值观,是对学生个性的束缚,也是对创新的束缚。

　　学生不喜欢学习,或者更为准确的说法是学生不喜欢在学校学习,这对于学校是一个致命的打击。在一个积极倡导多元化的时代里,学校应该面向未来,检讨自身的职责和功能,这不是危言耸听。也许,在未来的某一天,吸引学生回到学校中学习,将成为学校的一个难题。

因材施教
何以可能

众所周知，因材施教是由我国古代伟大的教育家孔子第一个提出并倡导的一种教学方法和教学原则。孔子为什么要提因材施教呢？这得从他的学生的情况说起。在当时，孔子在民间开办私学，提倡有教无类的办学方针，即不分贵贱、贫富和种族，只要主动奉送10条干肉作为师生见面礼，就可以成为他的弟子。因此，前来拜孔子为师的人络绎不绝，且极为复杂，他们不仅年龄差距大，例如有的是青年人，有的是成年人，而且他们的社会成分也各不相同，例如有的是贫民、有的是商人、有的是贵族，他们中有的是向孔子请教完问题就离开了，有的是长期追随孔子，他们来自不同的诸侯国和地区，在地域和文化背景上存在很大差别。当然，还有一个重要的特点是他们的道德修养、知识层次、性格特征有明显差别。

孔子常常用一两个字就能准确概括他的学生的特点。这里，我们举几个例子，看孔子是怎么点评他的学生的。在《论语》中，孔子多次对他的学生的个性特点、才能做出过评价。例如，鲁国的权臣季康子向孔子请教，问他的三个学生仲由、子贡和子有，谁可以从政？孔子对他说"由也果""赐也达""求也艺"，意思是仲由办事果断，子贡精通人情事理，子有多才多艺，认为他们三人都可以从政。对于学生的缺点、不足，孔子的评价也是一针见血，例如他说："柴也愚，参也鲁，师也辟，由也喭。"意思是，高柴愚笨，曾参迟钝，子张偏激，仲由莽撞。又如，他的学生子贡问他，子张和子夏哪一个好一些？孔子回答说："师也过，商也不及。"意思是，子张办事过头了，子夏又赶不上。子贡接着问道："既然这样，那么是子张好一些了？"孔子说："过犹不及。"意思是，过头了和赶不上同样不好。

孔子了解学生的途径和方法是什么呢？孔子说："视其所以，观其所由，察其所安。人焉廋哉？人焉廋哉？"意思是："要了解一个人，可以看他为什么要做这件事，观察他是怎样去做的，还要看他做这件事时是怎样的心情。那么，这个人怎么隐藏得住呢？这个人怎么隐藏得住呢？"可见，孔子主要是通过观察做事的行为、言语和态度来了解他的学生的。

除了观察以外，孔子也很注重在与学生的直接交谈中了解学生的个性特点。在《论语》中详细记载了一段孔子与他的四个学生闲聊对话的场面。孔子提出了一个问题：如果有人认可了你们的能力，愿意任用你们，你们能做什么呢？ 四个学生对这个问题的回答各不相同。我们从这四个学生的言谈以及孔子与他们的对话中，可以看出他们分外鲜明的个性特点。

原文如下：

> 子路、曾皙、冉有、公西华侍坐。
>
> 子曰："以吾一日长乎尔，毋吾以也。居则曰：'不吾知也！'如或知尔，则何以哉？"
>
> 子路率尔而对曰："千乘之国，摄乎大国之间，加之以师旅，因之以饥馑；由也为之，比及三年，可使有勇，且知方也。"夫子哂之。
>
> "求，尔何如？"
>
> 对曰："方六七十，如五六十，求也为之，比及三年，可使足民。如其礼乐，以俟君子。"
>
> "赤，尔何如？"
>
> 对曰："非曰能之，愿学焉。宗庙之事，如会同，端章甫，愿为小相焉。"
>
> "点，尔何如？"
>
> 鼓瑟希，铿尔，舍瑟而作，对曰："异乎三子者之撰。"
>
> 子曰："何伤乎？亦各言其志也。"
>
> 曰："莫春者，春服既成，冠者五六人，童子六七人，浴乎沂，风乎舞雩，咏而归。"
>
> 夫子喟然叹曰："吾与点也。"

全文意思如下：

子路、曾皙、冉有、公西华陪孔子坐着。

孔子说:"不要因为我年纪比你们大一点,就不敢讲了。你们平时常说:'没有人了解我呀!'假如有人了解你们,那么你们打算怎么做呢?"

子路急忙答道:"一个拥有许多兵马的国家,夹在几个大国之间,外面有军队侵犯它,国内又连年遇上饥荒。如果让我治理这个国家,等到三年工夫,就可以使那里的人们个个勇敢善战,而且还懂得做人的道理。"

孔子听了,微微一笑。孔子又问:"冉求,你怎么样?"

冉求回答说:"方圆六七十里或五六十里的小国,如果让我去治理,等到三年,就可以使百姓衣食充足。至于礼乐教化,那就只有等待贤人君子来推行了。"

孔子又问:"公西赤,你怎么样?"

公西赤回答说:"我不敢说自己已经很有本事了,只是愿意学习。宗庙祭祀的工作,或者是诸侯会盟,朝见天子,我愿意穿着玄端礼服,戴着章甫礼帽,做一个小司仪。"

孔子又问:"曾皙,你怎么样?"

曾皙弹瑟正近尾声,此刻铿的一声将瑟放下,直起身来,回答说:"我的志向跟他们三位的不同。"

孔子说:"那有什么关系呢?不过是各自谈谈自己的志向罢了!"

曾皙便说道:"暮春时节,春天的衣服已经穿着了,约上五六个成人、六七个小孩,到沂河里洗澡,在舞雩台上吹吹风,然后一路唱着歌走回家。"

孔子长叹一声说:"我赞成曾点的想法呀!"

在了解学生的基础上,孔子会根据每一个人的个性特点、知识理解的层次水平,对学生进行有针对性的教导。例如,子路和冉有问孔子关于知与行的问题,孔子根据他们每个人的特点给予了不同的回答。原文为:

子路问:"闻斯行诸?"子曰:"有父兄在,如之何其闻斯行之?"

冉有问:"闻斯行诸?"子曰:"闻斯行之。"

公西华曰:"由也问闻斯行诸,子曰:'有父兄在';求也问闻斯行诸,子曰:闻斯行之。赤也惑,敢问。"子曰:"求也退,故进之;由也兼人,故退之。"

这段话的意思是:

子路问:"听到一个很好的主张,要立即就去做吗?"孔子说:"家里有父兄,怎能自作主张就去做呢?"冉求问:"听到一个很好的主张,要立即就去做吗?"孔子答:"当然应该立即去做。"学生公西华对此很不理解。孔子说:"冉求遇事畏缩不前,所以要鼓励他去做。子路遇事轻率,所以我要压压他,使他审慎一些。"

孔子实施因材施教取得了很好的教学效果,培养了一批才华出众的人才,据《论语》记载尤其杰出的有十人,他们分别在德行、言语、政事、文学四个方面表现突出,其中德行好的,有颜渊、闵子骞、冉伯牛、仲弓;擅长辞令的,有宰我、子贡;善于处理政事的,有冉有、季路;熟悉诗书礼乐等知识的,有子游、子夏。宋代大儒朱熹注:"弟子因孔子之言,记此十人,而并目其所长,分为四科。孔子教人,各因其材,于此可见。"其中的意思是,孔子并非针对每个人的特点而分别设了四个专业来实施专门化的教育,这十个人在四个方面的才能完全是因材施教的结果。

在孔子看来,教学要根据学生的禀赋和资质的差异而定,同样的内容,面对不同性格、不同认知水平、不同志趣和不同学习能力的个体而言,教师所施教的方法应有所不同,以达到让每一个人都学有所得、学有所悟的效果。

因材施教中的"材"指的是一个人的禀赋和资质,在现代班级授课制的教育学语境中,"材"主要指的不是学生的先天禀赋和性格特点,而是学生的资质,即认知水平和学习能力。在班级授课制的教学组织形式下,一个教师在课堂上要同时面对数十个学生,教师要保证在单位时间内完成预定的教学任务,他(她)的关注点必然要放在学生在课堂中的认知行为表现上,有哪个教师敢说自己对学生的性格特点了如指掌,至于每一个学生的禀赋如何,恐怕不只是教师不清楚,就连孩子的父母也不甚了了、知之甚少吧。因此,在实施因材施教上,现代教师和春秋时代私学盛行时的孔子有着很大的差别,二者各有侧重。也就是说,孔子实施因材施教主要根据的是学生的个性特点,而现代教师实施因材施教主要根据的是学生的认知能力。

认知能力在实质上指的是特定的感知和思考能力,它是个体把自己和他人及其环境作为一种信息在头脑中加工、储存、提取、分析、计算的一种脑力活动,正是人的这种能力,把个体与这个世界连接了起来,并使个体融入这个世界之中。能力高低反映了我们所知道的多少和能做的级别,例如,为了评价一个人演奏钢琴的能力,我们把演奏钢琴的级别细分为 1—10 级,在此基础上,还有演奏级。又如,如果我说小明数学能力很强,我指的是他学习新的数学概念很快,或者是他解决数学问题的速度很快,而且准确率很高。

我们每一个人的认知能力，也就是我们通常所说的智能，各有高低，也各有侧重。那么，我们在数量上到底有多少种智能，而每种智能的特点及其在我们每个人身上的表现又是什么呢？美国的一位心理学家尝试着给出了这个问题的答案。

20世纪80年代，美国哈佛大学发展心理学家和教育学家霍华德·加德纳教授提出了一种多元的智能观，即多元智能理论。该理论认为，智能从根本上说是一种计算能力——即处理特定信息的能力，或者说是一种解决问题或创造产品的能力。加德纳先是在1983年提出了七种智能，分别是语言智能、数理逻辑智能、视觉空间智能、身体运动智能、音乐智能、人际交往智能、自我认知智能，12年后，他又补充了一种智能，称为自然智能。

加德纳认为，人类智慧中解决问题的能力是多方面的，远远超过传统智能观所界定的语言和数理逻辑智能。每个人都拥有多个方面的智能，而且，每一种智能都可以独立存在，且都具有同等的价值。例如，一个自闭症儿童虽然无法与他人进行正常沟通，但是，这并不妨碍他（她）成为一个优秀的音乐指挥。对于一个人来说，在他（她）身上所体现出的某种智能，离不开先天和后天的影响。首先，某种智能的形成都有其生物学上的或先天的渊源。例如，一个人在小提琴演奏技术上能够取得飞速的进步，这个人必定在基因遗传方面具有超过常人的音乐潜能。其次，若想使某种智能在其现实性能够以某种方式表现出来，这就需要个人潜能的先天因素与后天环境发生联系，换句话说，生物的本能必须与这个领域的文化教育相结合。例如，"语言是人类共同拥有的技能,但在一种文化背景下可能以写作的方式出现,在另一种文化中可能以演讲的形式出现,在第三种文化背景下说不定就是颠倒字母的文字游戏"。[60]

不同的人具有不同的智能特点,形成了各自不同的智能强项和弱项,这就造成了人与人之间在看待问题、解决问题或创造产品等能力方面的差异性。一个需要澄清的事实是,当我们在解决问题时,我们通常不会仅仅使用某种单一的智能,而是将多种智能以组合的方式运作。

表:在学校里对不同智能强项的个体行为特征的描述[61]

智能类型	智能强项与个体行为倾向
语言智能	写故事和短文;讲笑话、故事、双关语;运用比较多的词汇;玩文字游戏;运用文字创作意象
数理逻辑智能	与数字打交道,计算,分析情况;明白事情怎样操作;解决问题时讲究精确性;在有确切答案的情境中工作
音乐智能	听音乐、玩乐器;将情绪与音乐和旋律相匹配;唱歌、哼唱;创作或复制曲调
身体运动智能	参加运动、在运动方面表现活跃;用他们的身体参与探险活动;跳舞、表演和模仿;参加手工操作和机械操作
视觉空间智能	涂鸦、彩绘或画图;创作三维图像;观看或创作地图或图示;拆卸、重装物品等
自然智能	把时间花在户外;收集植物、石头、动物等;倾听户外的声音;注意自然界的各种关系;对动植物进行分类
人际交往智能	喜欢许多朋友;在朋友中具有感召力,能够分享,善于调解纷争;达成一致意见;帮助别人解决问题;做一名让人难忘的团队成员
自我认知智能	反思;控制自我的感情和情绪;追求个人的兴趣、设定自我的人生目标;通过观察和倾听学习;运用元认知技能

　　加德纳认为存在两种典型的智能模式,这就是"激光"式智能模式和"探照灯"式智能模式。拥有"激光"式智能模式的人,他们严重地偏向于一种或两种智能,例如,莫扎特(Wolfgang Amadeus Mozart)拥有专注于音乐智能的激光模式,爱因斯坦拥有聚焦于数理逻辑智能和空间智能的激光模式。"激光"式智能模式主要表现在艺术家、科学家和发明家身上;拥有"探照灯"式智能模式的人的特征是具有三个或更多的而且强度基本相等的智能,这在政治家和商人身上的表现更为普遍。

　　根据多元智能理论,我们每个人在智能方面应有各自不同的特点,但,在我们的现实生活中,我们却发现除了少数人具有"激光"式智能模式或"探照灯"式智能模式之外,我们中的很多人都在智能方面表现平平(或者说很多人的优势智能尚未被开发出来),他们在所有这些智能领域都没有突出的智能优势,换句话说,他们就是一个个普普通通的人而已。

　　让我们再回到学校,回到班级授课制。一个班上有几十个学生,也许,在教师们看来,学生中间具有典型的"激光"式智能模式或"探照灯"式智能模式的人数可能只占到全班人数的5%~10%,他们就是我们通常所谓的优等生、特长生、偏科生,而剩下90%~95%的学生可能就属于在智能上并未有异常表现的"普通"人了。换一个角度来说,教师们相信,在他们所教的班级里,只有5%~10%的学生存在较为明显的差异性,而90%~95%的学生都是"一样的",他们有着相同的知识背景、相同的学习需求和相同的认知能力。

　　这样的事实与我们平常所听到的截然不同。教师们在入职以前的师范院校里学到的知识告诉他(她)们,每个学生都是不同的,学生之间存在着明显的差异性,教师要因材施教,依据每一个学生的认知特点而开展教学,同样的,学校也面临着极具挑战性的任务,要创造适合每一个学生发展的教育。可现实却是,当教师真正进入学校,走进班级的时候,他(她)会发现,曾经学到的理论根本无法在班级——这个特殊的环境里得以真正实施。

要真正了解班里的每一个学生,这对于教师而言几乎是一个不可能完成的任务。这是因为,首先,从空间上看,教师与学生直接接触的地方基本上仅限于课堂之上,至于学生在课下是一个怎样的表现,他们心里在想些什么,教师就无从知晓了。其次,从时间上看,教师与学生取得直接接触的时间,可能只是在课堂上教师提问学生的最多几分钟的时间,在这几分钟时间里,学生是说出了自己的真心话,还是为了搪塞教师说了言不由衷的话,教师也不得而知。再次,从方式上看,教师对学生的了解主要是通过学生的课堂表现和作业完成情况。在教师间曾经非常流行的对学生"家访"的传统,现在也逐渐式微,取而代之的是"家叫"制度,即教师邀约家长来到学校商谈孩子的教育问题。最后,从精力上看,一个教师通常至少要同时教两个班的学生,对于一个明智的教师来说,他(她)必须清楚地认识到必须把自己有限的精力主要放在如何完成教学任务上,而不是放在了解每一个学生的认知能力和个性特点上。

针对学生,教师也有自己的一套理论,一方面,教师承认学生之间在认知能力方面是有差异的。这是因为,在学校教育中,教师们亲眼看到一些学生在某些学科领域的确表现得比其他学生更优秀。在另一方面,教师也会面对现实,认为尖子生总是少数,如果全班有 90% 的学生都是尖子生,那么尖子生也就失去了其应有的意义。当教师面对全班学生的时候,他必须有一个清晰的认识,即他的教学是为 5%~10% 的少数尖子生服务,还是为占到 90%~95% 人数的"普罗大众"服务。教师做出怎样的选择,这主要取决于教师秉承什么样的教学观,即教师的教学是面向"大众"的教学,还是针对少数"精英"的教学。显然,对于绝大多数教师来说,他们会选择前者。支持他们选择前者的理论是,在一个班级里,学生个体之间,特别是在比例占到全班 90%~95% 的大多数学生中间,他们的"同质性"要远远大于差异性,而这恰好是班级授课制能够实际运作的一个基本且重要的假设。

由上所述,我们清楚地知道,支撑班级授课制的理论基础并不是学生之间的差异性,而是学生的"同质性",而且,这种"同质性"成为教师们的一种集体想象。教师要想在班级授课的形式下完成教学任务,就必须为自己的行为找到一个充足的理由,而相信学生之间的确存在"同质性"的特点,就成为教师的唯一选择,因为教师是在班级授课的固有机制下进行教育教学工作的。换句话说,在班级授课制的教学组织形式下,教师要真正进行因材施教,或者说实施差异教学,这只是一种乌托邦式的空想。这是因为,支撑因材施教的理论基础是,学生个体之间客观上存在着普遍意义上的差异性。对于教师来说,虽然他们非常认同这一事实,但是,如果他们依据这一事实来实施教学,必将大量增加教学成本,例如,教师必须付出很多的精力、时间,尝试采取各种办法,以了解每一个学生的家庭背景、成长环境、学习习惯、认知特点、人格发展,乃至知道如何激发每一个学生的学习动机等,这对于教师而言,简直是一个无法完成的艰难工作。可见,即使教师们都很清楚"同质性"根本就不存在,它只是一种假象,但如果这种假象支持了教师的实践行为,即为教师在规定时间内完成教学任务提供了理论依据,那么,教师们也会认为这种假象起码是好的,而且,他们甚至会对这种假象深信不疑。

显然,教师们思考问题的出发点是实践取向的,他们真正在乎的是哪一种理论可以为实践服务,而并不在乎实践背后的理论是否正确,此时,一个正确的理论所能发挥的作用就显得微乎其微了。当"同质性"这种假象成为教师们的一种集体想象时,假象也就有了其存在的合理性,而且,它还会以假乱真,并企图和真相争夺一个应有的"名分",即教师会认为"同质性"即使不正确,但,却是合理的,因为它真正做到了为实践"预言",为实践服务。

因材施教作为一种教学原则和方法,它产生于古代。我们可以想象,在那个时候,虽然教师也会采取聚众讲学的方式,但这与我们现在所讲的班级授课制有着截然的不同,它表现为:教师不必要求自己在一节课内完成既定的教学任务,也不必接受严格的教学评估,学生也不必被要求在一节课内必须学会指定的知识,也不必接受统一的考试测验。因材施教之所以在当时能够实现,一定是基于教师与学生长期相处的经验。教师与学生不仅在课堂上,他们更多的是在平时的生活中,通过广泛的对话、交流,在品行、学问、为人处世等多个方面进行持续的切磋、讨论、探究,以实现提升自己的目的。

因材施教对于教师的现实启发意义在于:教师要尽可能了解学生,在教师精力和能力所及的范围内,教师越是了解学生之间的差异性,就越有助于实现教学的成功。教师必须清醒地认识到,由于个体基因因素和环境条件之间存在持续的、累积性的相互作用,当学生进入学校开始学习的时候,在他们中间就表现出了明显的差异性。例如,同样是小学刚入学的一年级学生,有的学生的词汇量可能已经达到了小学三四年级的水平,而有的学生可能还没有做好学习认字的心理准备;又如,有的学生可能很早就暴露出自己在数学学习方面很不擅长,甚至已经被贴上了差生的标签,而有的学生在数学学习上如鱼得水,眼下学习的这点数学知识根本吃不饱。

每一个教师都应该认识到,在同一个班级里的学生,他们学习的课程相同,讲授课程的教师相同,但是,他们学到的东西并不相同,换句话说,所有学生都学到了同样的知识,这是一种假象。究其原因,学生们的背景知识各不相同,学习方式也各有差异,每个学生对同一个概念的理解也存在差异,而且他们对于知识和学习经历的记忆各有特点,有的学生能够把学到的知识牢牢地记住,有的学生很快便忘记了已经学过的东西。也许,有的教师会反驳道:"事实不是这样的,我在课堂上明明听到学生们齐声告诉我,他们已经听懂了我讲的东西呀?"的确,很多教师通常都会在讲完一个知识点后问一问学生:"大家听懂了没?"学生们也会随声附和地回答:"懂了!"对于教师而言,学生的一句"我懂了"到底意味着什么呢?事实上,即使学生说"懂了",也有理解的深浅之分,一个学生理解得很浅显,另一个学生则理解得很透彻;即使学生在课堂里"懂了",这个知识也未必能完全运用到课堂外的环境中。学生看到换汤不换药的问题时仍会感到迷惑,即使他们刚刚解出了同样的问题。

教师要完成一个成功的教学,其首要条件就是必须提前了解学生已经知道了什么,即对于将要学习的知识,学生具备了什么样的背景知识,这是教学的起点。学生拥有的背景知识在学习中具有重要作用。每一个学生都是带着自己已有的想法走进教室的,例如,很多孩子都很难放弃 1/8 大于 1/4 的想法,因为 8 明明比 4 大;又如,为了学习坐标,教师提出了一个在电影院找座位的问题, 这个看似平常的例子对于一个从来没有去过电影院的孩子来说,不仅不利于对坐标的理解,反而会增加学生的认知负荷,因为学生在理解教师提出问题的同时,还必须努力想象电影院到底是一个什么样的场景。

学生的背景知识会影响到将要学习的新知识, 学生会根据已经知道和相信的事物, 来建构新的知识和对世界的理解。打一个比方,在国外有一本经典的绘本叫作《鱼就是鱼》,里面描述了"一条非常想要知道陆地上到底发生了什么事的鱼,但是这条鱼无法探索陆地,因为它只能在水中呼吸。它和一只蝌蚪交了朋友,而它终究长成一只青蛙,并且去到陆地上。几个礼拜后,青蛙回到池塘,报告它在陆地上看到了什么。青蛙描述了各式各样的东西,像是鸟、母牛和人。这本书的插图,画出了鱼心中对这些描述的想法:每个图像都保留鱼的样子,只是根据青蛙的描述做了一番修正——人类被想成用尾鳍走路的鱼,鸟就是有翅膀的鱼,而母牛就是有乳房的鱼等等"。[⑳]这个例子有趣而生动地让教师们明白了一个道理,即一个新习得的概念往往会刻画上学习者已有想法的痕迹。

在班级授课制的统一体制内, 教师要想基于学生之间的差异性,针对学生学习的不同特点、类型,给出符合各种特点、类型的最适宜的教学方法,真正做到因材施教,难度可想而知。正如上文所言，支撑班级授课的理论基础是作为一种假象而存在的"同质性"，而如果仔细推敲"同质性"的内涵，我们会发现，"同质性"里面也会包含一些正确的要素，我们可称其为"共同性"，即学生之间可能存在着共同的兴趣点、共同的学习动机、共同的知识背景、共同的生活经验，等等。教师既然无法完全根据学生的差异性开展教学，那么，可退而求其次，教师应努力挖掘和澄清学生之间的"共同性"，并以此为依据开展教学。

合作
学习的正途

没有人会认为，一辈子关在一间屋子是在享受悠闲自在的生活。就算是监狱里的罪犯也被三三两两地关在一起，除非是刑罚非常重，即将处以死刑的罪犯才被施以单间的"待遇"，以等待最后的处决。我们每个人都需要打开自家大门，走出自己的心门，与他人交往，倾听他人的心声，帮助他人排忧解难，和他人一起合作共事。

合作是我们人类的本能。在远古时期，人们都以部落为单位生活在一起，部落有大有小，小的不到一百人，大的也不过几百人。一个部落里的人们均以狩猎和采集为生。我们可以想象，当时人们小到围堵一只野兔，大到挖一个陷阱引一只长毛象上钩，这都离不开部落内成员之间的合作。就连狗这种动物也被人们驯化成为忠实的合作伙伴,当有野兽入侵部落的时候,狗会及时发出警报,让人们做好战斗准备。部落还会伴随着季节的更替而迁移,以找到能够维持部落生存的足够食物。他们可能要走过茂密的森林,爬过皑皑的雪山,蹚过奔腾的河流,幸免于电闪雷鸣的惊吓和野兽的突然袭击。当他们长途跋涉,来到一个新栖息地的时候,整个部落的成员人数可能会有所减少,但是,如果他们在路途中不能紧密合作、共渡难关,那么就只有两种结果,一种结果是整个部落散伙,人们各奔东西,另一种结果是这个部落的人们相继死亡,部落从此消失。也许,前一种结果是可能发生的,而导致这一结果的原因是较为复杂的,他们不是不知道合作的重要性,可能是出于部落首领不得人心的缘故,也可能是因为在迁移的路途上食物极为匮乏,人们不得不四处逃难。而对于后一种结果,如果不是因为让人毫无提防的自然灾害而造成了灾难性的灭亡的话,我们宁愿相信它是不可能发生的。这是因为,部落成员一定知道合作对生存的重要性,他们一定会在部落首领的带领下顺利抵达目的地。

一个部落的生存需要部落内成员之间的合作,同样,部落之间也需要合作,才能共同生存下去。一个部落的石矛做得非常坚韧,另一个部落的陷阱技术较为先进,这两个部落只有相互合作,才能更容易的擒下十头野猪,之后两个部落各分得五头野猪,甚至大家还为庆祝此次成功合作举行了一次狂欢。

部落之间因宗教信仰的分歧、争夺食物等原因发生争斗,甚至发动武装冲突的事情也是不可避免的。由于当时武力装备在各个部落之间不会有较大悬殊,因此,谁将赢得胜利,这在很大程度上就成为部落之间合作意识和能力强弱的较量。失败的一方,或四处逃散或灭亡,胜利的一方,就把合作——一种优质的文化基因保存了下来,并使其代代相传下去。狩猎、采集、迁移、争斗,这样的生存方式,人类大约经历了长达 250 万年,在这个漫长的时间里,合作——因为它的不朽功绩而成为人类基因库的"功勋成员"。

大约在一万年以前发生的农业革命让人类改变了长期奔波流落的生活方式,大家聚居在固定的村落里,与庄稼建立起了紧密的"鱼水之情",人们享受着"你耕田来我织布"的恬静生活。居住在一个村庄的农民,他们互相合作,从事着耕田、浇水、施肥、收割等各种农活,在这里繁衍生息。这样的劳作方式一直延续至今。在我刚刚写下这个段落的时候,我给远在农村的母亲打电话,母亲说这几天正在和周围的邻居们一起收割庄稼,再过两天他们就该帮着收割我们自己家的庄稼了。

随着城市的兴起、国家的建立,社会分工更加精细。适应于人们生活的需要,出现了专门的职业和各种行业组织,你生病了就需要去看医生,你把孩子送到学校让教师教他们识字,家里的菜刀豁口了,你可以去找铁匠为你修理或者打一把新刀,听说别的国家要入侵你国,你也不必过于担心,因为早已有训练有素的战士前去御敌……总之,我们已生活在一个以分工与合作为基本特征的社会之中,大家各司其职、相互服务。合作不正体现了"我为人人""人人为我"的价值理念吗?时至今日,原子弹的爆炸、阿姆斯特朗(Neil Alden Armstrong)在月球上迈出的第一步、人类对各种疾病的攻克、青蒿素的发现,等等,虽然其中都包含着某个个体的重大作用,但是,总的来说,这都应该归属于人们合作结出的硕果。可以说，正是合作这种行为在不断刷新着人类的视野，开拓着人类的疆域，从而为人类创造出一个又一个崭新的世界。

为什么人类需要合作才能生存下去？这从根本上说，是源于我们被对自己无知和无力的认知和恐惧所迫。我们的祖先对日出日落、白天黑夜、潮涨潮落、月盈月缺、风雨雷电、霜露云虹、地震海啸、生老病死等自然现象的发生原理知之甚少，人们不知道下一次暴风雨来袭是在什么时候，也不确定第二天的太阳能否照常升起，而只能将美好生活寄托于神明的保佑，甚至不惜牺牲自己的生命向神明祈福。人们恐惧于自己的无力和对自然的无知，在这个时候，对神明的信仰就成为人类精神寄托的救命稻草。人类对大自然的恐惧必须借助对神明的信仰才能得以消解。但是无论人们怎样取悦于神明，也无法得到一顿免费的午餐，当面对在献出生命都于事无补的现实之下，人类在大自然面前的渺小已暴露无遗。祈求神明的保佑是人们所需要的，但人们也急于满足当下的需要，比如晚餐吃什么。人们心里很清楚的一件事是，晚餐的食物光靠神明的保佑是得不来的，人们只有互相合作，共同勇敢地面对大自然，才有继续活下去的希望。

合作是维系社会发展的基本价值观。国与国之间通过加强合作来增进友谊和对彼此的信任，邻里之间通过互相帮助、彼此照应来建立友好的感情，人与人之间通过合作以消解误会和隔阂，彼此敞开心扉，接纳对方。中国人自古以来就讲究"合"文化，"合"寓意着美好、和睦，例如，我们夸奖一对新人为天作之合，我们祝福一个家庭幸福，我们赞叹一栋建筑的风格为中西合璧，我们描述中美、中日关系为"合则两利，斗则俱伤"。由此可见，合作在人们的价值观体系中占据重要位置，恐怕谁都不会低估合作为社会创造的巨大价值。

合作构成了人与人之间的基本关系结构。像"手拉手""握手""奥运五环"这样的符号，它们会让人们联想到合作所带来的美好感受。一个欣赏的眼神、一句赞扬的言语、一次真诚的拥抱，都会给人带来精神上的惬意和愉悦，这些都成为人与人之间愉快合作的讯号。

一个理想化的社会就是一张以合作联结而成的意义之网，人与人之间在合作中生成意义，并实现个体的发展。如果你去问一个农民为什么要不辞辛苦地在田地里劳作，他的不同回答（例如：为了填饱自己的肚子，为了家里正在做饭的妻子，为了多挣点钱帮助邻居尽快治愈患病的孩子，我们每一个人都应该干好自己应干的事，这就是为国家发展做出自己的一点贡献）就是他与人合作的意义之网的层次化展开。

我们愿意相信合作是人类的一种本能，所以，从理论上讲，每一个人都可以与其他任何一个人或团体进行合作。在心理层面上，合作源于我们对探求未知的冲动和对自我有限能力的认知；在现实层面上，合作源于我们对利益的诉求；在信仰层面上，合作源于我们对理想人格的塑造。

合作总是涉及两个或更多的人向着同一个目标，彼此之间各有分工、尽职尽责、关照互助。合作需要人们之间达成共同的目标，并对各自在目标达成过程中及目标实现之后的利益（包括物质方面和精神方面）取舍形成默契。在一个社群或团体之中，人们要想达成一个共同的目标，合作就成为实现目标的一个必经之路。

我们在生活和工作中需要人与人之间的合作,同样,学生在学校学习也需要合作。可以肯定的是,合作可以让每一个学生学到更多,学得更好。也许你会说:"这也不见得吧!我的孩子就喜欢独立学习,而且还学得很好呀!"你还会举出反例,例如物理学家爱因斯坦在少年时代就自学了欧几里得几何和微积分,并喜欢阅读德国哲学家康德(Immanuel Kant)的作品,他因发现了光电效应而获得诺贝尔物理学奖,以及他提出的广义相对论,这些旷世成就的取得,很难说是爱因斯坦与他人合作的结果。当然,你还可以举出当今享有国际盛誉的科学家霍金(Stephen William Hawking)的例子,他患有肌肉萎缩性侧索硬化症,全身瘫痪,不能发音,唯一能动的地方只有两只眼睛和三根手指,他一个人坐在为他特制的轮椅上是无法与人合作的,但是这并未能阻挡他去自由探索神秘的宇宙。这些伟大的科学家超出了我们常人的能力所及,也许,科学发现在有些时候的确源自于某个人的伟大洞见,但这只是为数不多的个案而已,我们相信,爱因斯坦和霍金他们二人也不会否认科学家相互合作在科学进步中的重要性。所以如果你的孩子非常喜欢独立学习,而且还学得出类拔萃,那就恭喜你了,你可能拥有了一个天才。但是即使是天才的学生,他就一定非常排斥合作学习吗?这也不一定,也许他不主动和别人进行合作学习的原因是还没有找到能与他合作的伙伴,或者是别的同学觉得他太过出众而不敢与他亲近。总之,我们还不能得出天才学生缺乏合作精神,也不喜欢合作学习的结论。

如果从学校的角度做一个检讨的话,学校中处处存在的强调个体化学习的环境氛围,比如单个摆放的课桌、教师对个别优秀学生的过度夸赞、学生们合作训练的缺乏,这些因素都容易造成对合作学习的阻隔。

合作学习是一种切实可行、非常有效的学习方式。美国明尼苏达大学的教育专家对合作学习开展了专门研究, 研究结果支持了如下假设:

1.在合作的环境中相比在个体的、竞争的学习环境中可以产生更强烈动机的合力。富有凝聚力的整体比同等数量的个体工作效率更高, 因为团体内相互依存的情感能够使人具有更大的活力。

2.相比于单独学习而言,合作团体中的成员之间更易于相互学习,更富有帮助他人的精神。

3.合作团体中人际之间的相互作用会促进学生进行与独立学习相比更为复杂的认知和社会学习,提供更多的、利于学习成绩提高的智力活动。

4.合作增强了彼此之间的积极情感,降低了人际之间的疏远和孤独感,建立了人际关系,并且产生了对别人的肯定态度。

5.合作可以增强人的自尊。这不仅是由于在合作的情境中学习成绩得到了提高, 而且是由于得到了别人的尊重和关注。

6.通过提高合作学习的能力,学生能够对合作学习的任务要求进行更为有效的反应。换句话说,学生进行合作学习的机会越多,他们越能提高合作技能,从中获益越大。

7.包括小学儿童在内的学生都能通过训练提高合作学

习能力。⑯³

学生学习离不开合作。学校应专注于发展合作的学校文化，营造教师之间合作的氛围，培养学生合作的素养，训练学生提高合作的效率。我们要把合作学习作为学校实施的基本的学习方式，这是因为，合作学习可能是我们人类最自然的一种学习方式，正如有人所说："人们不懂得怎样教孩子们进行合作学习是令人困惑不解的……如果任何事情都是出于本能驱动的话，那么合作学习就是一种社会本能。如果人们不进行相互合作，甚至就不清楚自己是谁。"⑯⁴合作的确重要，有人会说了，难道竞争就不重要了吗？学校就不应该培养学生的竞争意识吗？当然不是，合作与竞争就像一枚硬币的两面，对于社会的发展，二者不可或缺。我们希望看到的是，学校里也充满着竞争，在学生之间、合作小组之间、教师之间、学科教师团队之间都处处充满着竞争，他们要比一比谁更会合作，谁为团队做出了更大的贡献，哪一个团队创造了更大的合作价值。

有效学习
看行为主义怎么说[165]

有效学习既指学习的过程，也指学习的结果。追求有效学习，是学习者、教师和学习研究者的共同目标。探求有效学习的原理、条件和在教学中如何促进学习者进行有效学习，必须以科学的学习理论为基础。各种学习理论都是旨在解释学习现象，揭示学习规律的原理体系。从行为主义学习理论视角对有效学习的解读具有重要意义，这不仅缘于行为主义学习理论在诸多学习理论中居于基础性地位，更缘于"行为主义的方法至今仍被广泛地应用于改善学生的学习"。[166]而且，不论我们如何定义学习，学习都与行为及行为的改变有着不可分割的联系。

行为主义关注学习者的行为习得及其改变，认为刺激与反应之间的联结是学习的基础,联结的强度越高,即预期行为出现的可能性越大,学习就越有效,反之,联结的强度越低,即预期行为出现的可能性越小,学习的效果就越差。行为主义者注重安排环境中的刺激,以利于学习者做出恰当的反应并对其进行强化。通过对反应的强化或塑造,促进学习者有效学习。

在行为主义阵营里虽然存在着不同的理论观点,但是,他们研究的重点都可以归结为:采取什么样的刺激,能够有效引起学习者的反应。在行为主义者看来,有效学习的基本原理就是刺激与反应之间的有效联结造成行为的预期发生。

美国心理学家桑代克(Edward Lee Thorndike)提出学习的效果律认为,当刺激与反应之间建立的可改变的联结发生,并伴随或紧跟着一个满意的事情时,该联结的强度就会提高,即奖励能够增强联结;当伴随或紧跟着一个厌恶的事情时,该联结的强度会随着替代性联结的增强而减弱,即惩罚会抑制相关的反应,然而这些反应并没有被忘掉。例如,一些初学算术减法的学习者因为没有掌握正确的减法规则,他们在做减法题时往往用每一位数较大的数字减去较小的数字(如 5284−2765=3521)。根据效果律,我们告诉学习者这样做不对,再给他们做一些正确的解题方法的训练,并给予矫正性的反馈,他们能学会正确的计算方法。但是,他们不会忘记以前用过的那种错误的方法。

有人对桑代克的效果律提出了质疑,他认为满意和厌恶是学习者反应的效果,因此不可能对以前的联结产生影响,而只能影响以后的联结。奖励可以防止遗忘,因为通过奖励可以不让新的反应和刺激线索形成联结,同样,一旦惩罚使学习者学习别的东西,惩罚就导致遗忘。例如,让一位学习者看数字乘法"5×

5=？"的卡片，他会作出"25"的反应，他得到了奖励(老师说："很好")。下一次，当给他呈现同一张卡片时，他就会回答"25"，因为奖励阻止了与那张卡片建立其他新的联结。同样，如果我们在学习者反应之后，给以否定性的反馈，继而让学习者完成一项更为困难的任务以示惩罚，学习者之前形成的联结就会出现遗忘的现象。

斯金纳(Burrhus Frederic Skinner)提出了操作条件反射的行为主义理论，他认为学习是学习者在复杂情境中各种反应的重新组合，反应受行为结果控制，不受先前刺激的控制。如果某种操作性行为的出现紧跟着一个强化刺激，那么该行为的强度就会提高，如果在该反应之后没有强化刺激伴随，那么该行为的强度就会降低。强化刺激增强了使反应更有可能发生的概率，而如果对行为不给予强化，那么行为本身就会出现消退。但是消退不等于遗忘，消退的反应以后还可能出现，不过仍然需要强化。例如，在课上举手却从来没被老师叫起来发言的学习者可能就不再举手了。要想让这些学习者养成举手回答问题的习惯，教师必须对他们予以强化，即让他们发言，并给予表扬。斯金纳认为，对行为实施惩罚只是压制了反应的发生，但无法使反应消除。当惩罚取消了，被惩罚的行为还可能恢复。因为，惩罚并没有教会学习者如何更富有成效地去行动，即让学习者明白正确的行为是什么。惩罚可能进一步妨碍了学习。例如，如果对于回答问题不正确的学习者，教师有时批评，有时又不批评，学习者永远不知道什么时候会挨批评，这种变化不定的行为可能带来学习者不良的情绪如害怕、恼火、哭泣等，这些情绪继而会干扰学习者的学习。

由于行为主义理论认为学习就是行为的相对持久的变化，主张用学习者在环境中发生的可观察的行为及该行为出现时的环境事件来解释学习过程，而不是以心理过程来说明学习者学习行为的获得和保持，因此，从这个意义上说，对于有效学习，行为主义理论更加强调学习者的外部条件(环境、刺激等)所起的作用，而不是内部条件(心理认知和动机等)。正如斯金纳的黑箱隐喻所指出的，学习者是一只黑箱，里边发生了什么我们一无所知。知道黑箱里面是什么，这对决定行为如何受其环境的先行刺激与后果的控制并不是必要的。

诊断学习者的已有行为是促使学习者有效习得新行为的基本前提。诊断的基本内容包括学习者已有行为发生的频率、接受的(强化)刺激物、维持行为的要求等。诊断的基本方法是观察法，既包括对与学习者行为直接相关的环境、(强化)刺激物和行为本身的观察，也包括对与学习者已有行为相关的其他行为的观察。例如，一位数学教师发现一个以往上课专心的学生近来经常在上立体几何课时注意力不集中。为了帮助这位学生矫正"注意力不集中"这一行为，教师对其进行仔细观察后发现了问题所在：这位学生在其他课上并没有表现出明显的注意力不集中，只是在上数学课时才表现得更为突出；这位学生本来对学习数学是有兴趣的，但是当他学习立体几何时却产生了恐惧心理；这位学生在每上完一节立体几何课的时候，心情总是郁闷，与同学之间的交往也表现得较为消沉。通过教师的诊断，教师发现了导致这位学生产生"注意力不集中"问题的原因，在此基础上，教师才能有的放矢地对学生予以行为矫正，以改善学生的学习。

设置预期的行为目标。在明确了学习者要改变的行为的基础上,就可以为学习者设置新的行为目标。行为目标的设定主要包括预期行为发生的频率及其条件,它的主要特征是可测量性。行为目标是对已有行为在正向或负向方面的修整。例如,让一位学生在一节课上回答问题的次数由 3 次增加到 5 次的目标设定,就是对已有行为在正向上的增强;让一个人每天吸烟的数目由 20 支减少到 5 支的目标设定,就是对吸烟这种行为在负向上的削弱。

选择有效的强化物。"强化物是指'使反应概率增加,或维持某种反应水平的任何刺激'。"[66] "强化物是根据具体的情境来说的,它只适合于某个时间某种情况下的个体。"[68] 一方面,强化物具有相对性,即对某些学习者来说现在是强化物的东西,稍后可能就不是强化物了。对某个学习者是强化物,可能对另一个学习者就不是强化物。另一方面,强化物也具有一定的可测性,这种可测性是建立在被强化对象之间相似性的基础之上。强化物的类型包括初级强化物和条件强化物。初级强化物指的是在生物学意义上起强化作用的刺激,如食物和睡眠等生理基本需要的东西;条件强化物指的是通过与初级强化物相联系而获得强化价值的刺激,如财富、权力等。另外,强化物也可分为社会强化物(如表扬)、实物强化物(如糖果)、符号强化物(如名声)和活动强化物(如看电视)。

针对某个学习者来说,选择有效强化物的基本原理是普雷马克原理,该原理指提供价值较高的活动的机会能强化从事价值较低的活动。这里的价值是根据学习者在没有被强化的情况下作出反应的数量或花在活动上的时间定义的。假设我们要为一位学习者选择强化物,我们可以让该学习者在看动画片、和好朋友一起玩、上网玩游戏和写家庭作业之间做出选择。如果让该学习者选择 10 次，他选择看动画片有 7 次，上网玩游戏 2 次，和好朋友一起玩 1 次，写家庭作业 0 次，那么对他来讲，"看电视"的价值最高，可以把它作为"写家庭作业"的有效强化物。普雷马克原理为选择有效强化物提供了指导，即观察人们在有机会做选择时究竟选择了什么东西，然后按选择的可能性把这些行为排出顺序。

设计行为改变的程序并实施监控。行为改变包括削弱或增强某一行为和学会某一新的行为等，它以行为发生率(一种行为相对于强化刺激而出现的频率)为基本参照点。例如，一个成人要减少每日抽烟的数量，他起初平均每天能抽 30 支烟，在经过一定的强化刺激之后，他平均每天抽烟的数量减少到了 5 支，并且这种行为保持了长达数月，这时，我们就会认为这个人已经改掉了过量吸烟的行为。行为改变总会包含几个小的步骤，每一个小的步骤又具体体现为不同的行为方式，而每一种行为方式可以说都是特定强化刺激的函数，即特定的强化刺激就会引起特定的行为。因此，设置行为改变的程序，就是要为目标行为安排各种相应的强化物、强化方式及其程序。在此之后，观察学习者行为改变的发生率，据此修改和优化行为改变的程序是必不可少的环节，以此保证行为能够发生预期的改变并实现相对持久的保持。

依据行为主义学习理论，在教学中，教师的主要工作是根据学习者的学习起点，制定分步骤的细化的教学目标及其相应的教学内容和学习者的学习成效评价标准。学习者的主要任务是根据教师的教学设计要求，自主选择学习目标、学习内容，自主开展学习并实施评价。行为主义学习理论特别强调教学要适应学习者个别化特征的需要，在学习者明确学习要求和内容的基础上，注重发挥每一个学习者的学习自主性，力求让所有的学习者都能掌握所学的知识和技能。

从行为主义学习理论的观点来看，只有实施个别化教学才能促进学习者有效学习。然而，在以班级授课制为主要教学组织形式的课堂教学中，若要真正实施个别化教学，其对教学时间、教学资源、教师工作量的要求是近乎苛刻的。对此，斯金纳给出了一个较为合理的建议以弥补班级授课对个别化教学造成的不利影响，他认为教师在教学中如果能够做到下列几点，就会取得比较好的教学效果，能够进一步促进学习者有效学习，即："①教师用小步骤的方式呈现教学内容；②让学习者积极回答，而不是被动地听讲；③学习者做出回答后教师要马上给予反馈；④让学习者按照自己的速度学完教材。"[⑩] 斯金纳提出的著名的程序教学（即一种按照行为主义学习原理编写教材及制定教学程序，让学生用小步骤系统学习教材的教学程式）依据的就是上述原则。程序教学的过程就是引导学习者理解并逐步完成一系列教学目标的过程。其中，设置教学目标（也就是学习者的行为目标，即在教学完成后学习者应该表现出的行为）是实施程序教学的基础性工作，对它的设定必须是清晰的、学习者易于理解的、可观察的行为。例如，"给出直角三角形两边的大小，学生能正确求出第三边的大小"。然而，教学目标促进学习或成绩的效果并不是绝对的，它"有赖于学生以前有过有关这些目标的经验及他们把知识看得有多重要。用目标进行训练或熟悉目标为本的教学会获得好于无这种训练或不熟悉目标为本的教学的学习效果"。[20]

在教学中合理运用强化能够促进学习者的有效学习。这需要注意以下两个方面的问题：

一是强化的安排，即确定什么时候给予强化。一般来讲，在学习者习得某一新行为的过程中，每当做出一个正确的反应，尽快地给予强化常会收到理想的效果，即可以有效促进新行为的习得。例如，对于一个还不习惯于举手回答问题的小学生来讲，在这个学生每次做出举手回答问题的行为之后，教师及时表扬可能会比延迟一段时间或等这个学生做出几次上述行为后再给予表扬的效果更好。不过，强化也可安排在学习者做出几次正确的反应之后进行，这在教学过程中是普遍存在的，因为教师很难做到对每一个学生的每一个正确的反应都能及时地给予强化。

然而，就如何保持学习者已经习得的某种新行为而言，间歇强化（即根据反应的时间或数量予以强化）往往比连续强化（即对每一个正确的反应都予以强化）效果更好；比例的强化（即根据正确反应的数量和频率予以强化）往往比时间间隔的强化（即每隔一段时间对第一个正确的反应予以强化）效果更好；可变比例（间隔）强化往往比固定比例（间隔）强化效果更好。例如，教师随时、随机现场检查作业，可以较好地保持学生家庭作业的完成率。

二是强化的方式，即给予何种强化。有效的强化总是导致行为的增强，强化的方式具体包括正强化和负强化两种。其中，正强化指在学习者表现出某个反应之后，给予其一个有效的强化刺激进而导致了该反应的增强，例如，学习者因考试得了高分数而得到了教师的表扬;负强化指在学习者表现出某个反应之后,取消与该反应相联系的厌恶刺激进而导致了该反应的增强,例如,小学生因每天能够按时完成家庭作业而避免了令他厌烦的父母的唠叨。

课堂教学的效果很大程度上取决于课堂管理。在教学中,教师通过开展良好的课堂管理,以尽量减少学生不当行为的发生,促进全体学生的有效学习。学生的不当行为不仅破坏了课堂秩序,影响了教师教学的预期实施,是对教师课堂管理的一种"挑战",更为严重的是,学生通过此种方式既宣泄了对教师的不满,也向教师表明自己决定放弃当下的学习。作为教师需要反思的是:"一般来说,发生不当行为是因为学生发现做出不当行为比听一节枯燥乏味的课更有趣,或比犯其他的错误有更多好处。当学生不能投入学习活动、不能理解任务,或在需要帮助的时候不能得到帮助,他们就会做出不当行为。"[①]因此,教师必须学会怎样预防学生不当行为的发生,以及该行为发生后如何处置。例如,教师可以经常扫视全班,重点关注、提醒经常发生不当行为的个别学生;教师要平静而迅速地对学生的不当行为做出反应,甚至给予一定的有教育性质的惩罚,并让学生明白惩罚是由自己的不当行为造成的。

教师在运用惩罚时需要认识到,虽然惩罚具有阻止反应的效应,但这种效应是短暂的,而且,更严重的会引起学习者的不良情绪反应。很多教师都有这样的体会,课堂上总有个别学生交头接耳开小差,虽然教师采用了诸如当面训斥等惩罚手段,但这些学生的不良行为没有得到彻底改变,甚至表现得更为隐蔽。例如,在学校表现不好的孩子,如果他们受到了严厉的惩罚,他们对学校产生了恐惧心理，进而会通过旷课或离家出走的方式来逃避惩罚。可见，惩罚不是改变行为的有效途径，因为惩罚没有教给学习者正确的行为，而仅仅让他们知道不要做什么。但是这并不是说我们不能运用惩罚，当我们需要迅速阻止学生的某一不良行为时，惩罚可能是一个最好的选择，不过，当我们在运用惩罚时，最好伴以说理，向学生解释不能做出某些行为的原因，如果需要，还可以对其进行适当的警告。

骨干
教师职业成长的航标

骨干,指事物的主要部分、主要支柱或最实质性的成分或部分,我们通常用骨干比喻在总体中起主要作用的人或事物。在一个组织、一个团队中,骨干是赋予个体或集体的一种荣誉、一种积极的肯定。在你所在的工作单位里,如果你是一名骨干,这就意味着你不仅具备了丰富的工作经验,更为重要的是,你能够把你的工作经验自觉转化为工作能力,并由此显著提升了工作业绩。按照教师的专业发展的递进层次,我们可以把教师分为一般教师、骨干教师和专家型教师三个层次,或者说三种类型。如果我们站在一个学校的空间视角,来给骨干教师下一个简单定义的话,它指的是,在把教育教学经验提升转化为教育教学能力方面表现突出的教师。依据这个定义的标准，一般教师，指的是入职年限相对较短、教学经验仍显不足的新手教师，当然，也不排除一些入职时间较长，教育教学经验(这里主要指的是一些无效或者低效的经验)也较为丰富，但在教育教学能力方面表现平平的教师。专家型教师，指的是入职年限相对较长，拥有丰富的教育教学经验，而且教育教学能力突出、成果显著，在教师群体中能够发挥较为显著的示范和带动作用的优秀教师。当然，在学校中，不管是一般教师、骨干教师，还是专家型教师，他们必须具备作为一个教师应有的道德水准。

在不同的学校，三种类型教师在数量上所形成的比例结构会有所区别，大致会有如下三种情况：第一种是金字塔型，即一所学校中的一般教师、骨干教师和专家型教师的人数依次减少；第二种是陀螺型，即一所学校中的一般教师和专家型教师人数偏少，骨干教师人数较多；第三种是倒金字塔型，即一所学校中的专家型教师、骨干教师和一般教师的人数依次减少，当然，这种人数上的多或者少，是呈结构性的。

依据三类教师人数的比例结构所形成的不同类型，我们也可以把学校相应分成三种类型：与金字塔型对应的是传统型学校，与陀螺型对应的是发展型学校，与倒金字塔型对应的是成熟型学校。

骨干教师是一般教师发展为专家型教师的过渡阶段，骨干教师群体的不断发展壮大，也是一所学校由传统型发展为成熟型的中间环节。不论对于何种类型的学校，培养和发展骨干教师都是当务之急，这是学校教师队伍建设的核心工作。

骨干教师从哪里来呢?常识告诉我们，骨干教师都是从一般教师发展而来的,但是,并不是每一个所谓的"一般教师"都可以发展成为骨干。如果你是一位教师,你是否非常清楚地知道,在学校中你属于哪类教师。

骨干教师,不仅是教师自我实现的一个标志,也是迈向专家型教师的阶梯。我们每个人都有希望得到他人认可的心理需要,如果你听到别人对你作如下的评价,即"他(她)是我们学校的骨干",这种自己的努力被他人认可的感觉一定是美好的,说不定你心里都乐开了花。根据美国著名心理学家马斯洛的需要层次理论,每一个人都有五个层次的需要,即生理需要、安全需要、爱与归属的需要、尊重的需要和自我实现的需要。虽然我们不能排除存在因各种原因而不思进取、无所事事的个别教师,我们还是相信,在学校中的绝大多数教师都有着程度不同的自我实现的需要。

教师有成为骨干的意愿是一回事,能把意愿转变为行动乃至实现自己的意愿就是另外一回事了。由此,我们能否从"一般教师"群体中甄别出有"潜质"发展成为"骨干"的教师就显得尤为重要。这里说的"潜质"包含两个方面的意思。

一是教师有乐于学习理论知识的潜质。骨干教师与经验型教师是有区别的,所谓的经验型教师,他们虽具备较为丰富的教育教学经验,但是在对经验的总结提炼方面缺乏自觉意识和能力,而这从根本上来说,是因为他们从内心就排斥理论对实践的指导作用,或者是他们不善于从理论的层面上对自己的经验进行分析和总结,这也是一些教龄较长的教师无法提升教学能力的根本原因所在。

真正的骨干教师或者专家型教师,他们必须建构起自己独特的教育教学思想和方法体系,而如果脱离了理论的引导,这必定是无法实现的。我们学习理论知识的目的,并不是完全要记忆相关的知识,而是要学会从某一个视角(即运用某一种理论或多个理论)来审视教育问题,摆脱传统上是非对错的二元对立思维,寻找教育现象背后所隐藏的错综复杂的因素,学会把经验性的事件、现象提升到理论的层面进行分析和认知。

我们这里所讲的理论知识主要包括教育哲学、教育理论和学习理论三个方面的知识。教育哲学主要涉及教育的本质、人性的思考、知识的价值等方面的知识,它也集中探讨了为什么教、教给谁、教什么、怎么教、怎么评价等关于教育教学的核心问题,教育哲学对于指导教师从思想、文化的高度来看待教育问题、从事职业生活具有重要作用;教育理论主要涉及课程、教育教学方法、教育教学内容、教育者和受教育者身心发展和认知特点等方面的知识,教育理论是教师需要掌握的基础性知识,它对于指导教师怎么教、教什么具有直接的影响作用;学习理论主要涉及学习的各种理论流派,例如行为主义学习理论、社会学习理论、信息加工学习理论、建构主义学习理论、人本主义学习理论等,学习理论对于指导教师构建教学思想、完善教与学方式具有积极作用。

科学理论的特征总结:

1. 一个理论综合了许多的观察。

2. 一个好的理论是启发式的,也就是它能产生新的研究。

3. 一个理论必须产生能够被经验证实的假设。如果这些假设能被证明,那么该理论的实力就增强;如果不能,则该理论的力量就被削弱,而且必须被修正或放弃。

4. 一个理论就是一个工具,本身并无对错之分;它可以是有用的,也可以是无用的。

5. 根据吝啬原则来选择理论:在两个等效的理论中,必须选择更简单的那个理论。

6. 理论包含抽象概念,例如数字或语词,它们构成了一个理论的形式方面。

7. 一个理论的形式方面必须与可观察的事件相关,这些可观察的事件就构成了理论的经验方面。

8. 所有理论都试图解释经验事件,因此理论必须开始于并结束于经验观察。⑫

二是教师具备善于育人的潜质。这是一个看似无聊实则重要的标准。这里所说的育人,主要指的是教师对学生进行思想、道德方面的教育。虽说教书育人是教师的本分,可并不是每一位教师都能在育人这方面做到得心应手、胸有成竹。所谓"身教胜于言教""学高为师、身正为范",育人的前提是教师要有良好的自我修养和师德素养,即教师要先学会做人。苏霍姆林斯基说没有爱就没有教育,教师对学生的爱是发自内心的,这在某种意义上来说,是一种情感的自然表露,而绝不是一种有效的教育策略或技能。已有的研究表明,好教师都有一个共同的特质,即对学生倾注了无私而真诚的爱。爱学生,这是教师职业生活最为根本的动力,也是教师职业生涯最有魅力的地方。有的教师善教不善育,课虽教得出色,但就是学生们不喜欢他(她),个人修养欠缺,缺乏人格魅力;也有的教师缺乏对学生平等的尊重和关爱,学生们无法真切地感受到教师对他们的爱。例如,如果学生有一个字拼写错了,教师不是去指导学生分析拼写错误的原因,而是惩罚这个学生重复抄写 50 遍,我们对教师的这种做法的正当性是持怀疑态度的。像这样的教师纵使有超长之"教"的技术,但离"骨干"的标准还是有些差距的。假如一位教师做错了一件事,校长也要采取类似的惩罚方法,这位教师会怎么想?

总之,有乐于学习理论知识和育人的潜质,这是成为骨干教师的必备条件,二者缺一不可,二者之中,具备育人的潜质,显然更为重要。如果说,不乐于学习理论知识是一个观念认识不到位的问题,对待这样的教师,我们仍可以通过一系列的策略、方法使其观念发生转变,但是,如果一个教师一旦在德性、品行上出现了问题,则失去了育人的正当性。这是因为,通常来说,教师对学生具有榜样引领的作用,我们可以想象,就一种道德规范而言,如果教师本身都不具备,他怎么能要求学生做到呢? 而对于学生而言,他们自然会认为,这种道德规范不是强制要求和必须具备的,因为教师自己也没有做到。更为严重的情形是,教师在无形中成了一个"不道德"的典型。

说到这里,我觉得有必要讲一件我自己亲身经历的事情。在我上初中的时候,我的班主任是一位年轻的教语文的男老师。老师的课讲得很好。有一天,老师找到我,并让我告知我的父亲来见他。我的父亲如约而至,并被告知老师家里要盖房,想让我父亲给他拉两拖拉机的砖(这两车砖是不需要老师付费的)。结果,父亲没有满足他提出的要求。父亲把这件事告诉了我,还振振有词地说:"难道不给他拉砖,他还不让你听课了吗?"当时,我也觉得老师的做法有些失当,并提醒自己在语文课上要多几分"小心"。在一次语文课上,老师讲完课后布置了作业,并要求在当堂课内完成。我不敢懈怠,很快就把作业写完了。老师开始检查作业了,对于没有做完作业的同学,老师毫不手软地实施了体罚(学生通常要挨两巴掌),我看见坐在我前面的一些同学因为没有完成作业而遭到了体罚,心里还暗自庆幸!当老师检查到我的时候,他问我说:"你的作业是在我检查前面学生的时候做完的吧?"我说:"不是。"我的话音未落,脸上就结结实实地挨了老师给的两巴掌。我想,这两巴掌应给是打给我父亲看的。在我已经过了而立之年,我仍会梦见我的这位老师,有时是哭着醒来的。老师当时正值壮年,教学能力也排在教师前列,在很多人看来,他理应是"骨干"的不二人选。不知何故,在我上初二的时候,他就转行到一家企业工作了(据说这家企业的负责人是我的一个同学的家长)。我想,这对于学生们来说,应该是个不坏的消息。

一个教师如果无法在情感上走进学生的内心,学生也无法真正体会到教师的真爱,这对于教育来说,就是一种灾难。因为,育人的本质就是一种通过师生间的情感交流以实现情感共鸣的艺术。育人,作为一种艺术,它就不是一个单纯的技术问题,教师一味采取强行和灌输的方式是不能起到好的作用的。育人更多地是依赖于教师对"爱生"的感悟和情感的完全投入,而且,教师还必须具备一种艺术的感召力,成为学生的成长导师。我相信,艺术才能是一种天赋。如果我们肯定育人在很大程度上是一种艺术的话,那么,对于一个在"爱生"上缺乏情感的教师来说,我们很难通过训练和教导使其实现彻底的改变,即使能够有所改观,在其身上所耗费的时间和资源成本也会相当可观,其中的难度类似于让一个五音不全的人从事歌唱事业。

接下来的问题是,我们怎样对这些甄别出来的、有一定资质的"一般教师"进行有效培养,引导其发展成为骨干教师。

与职前教育相比较,入职后,教师的职业成长具有如下三个基本特点:一是教师的职业成长扎根在鲜活的学校场域之中。教师不论是外访考察交流,还是在本校学习研讨,不论是理论学习,还是教育实践,他们都有一个确切的关照体,即"我所在的学校"。"我的学校"——是教师思考问题的基本出发点,也是教师检验所学知识的实用价值的"实验场"。如果你是一位教师,你是否常常在考察其他学校的特色和经验时发出这样的感叹:"这种做法在我们学校行不通、不合适!"这是教师已经形成了能够自觉基于本校立场学习和思考问题的表现。

二是教师的职业成长基于亲身体验的教育实践。教师的职后学习是基于实践导向的,坚持"在实践中学习""为了实践而学习"。教师学习的目标,不仅在于怎样想,更在于怎样做。教师参加学习培训都存在一个共同的需要,即学习成果应能转化为自己的教育教学行为。教师们都乐于接受能与实践紧密结合的学习(方式),而厌恶那种空洞的说教式的、脱离教师实践领域的学习(方式)。

三是教师的职业成长基于其个体知识的理论化建构能力。对于新入职、教龄较短的教师来说,他们先前学习的专业知识按照应用程度不同可分为三种类型,即"沉睡的"的知识、待激活的知识和活跃的知识。"沉睡的"知识,指的是在教师看来没有多少实用价值的知识,例如墨子的教育思想、美国保守主义教育的传统等;待激活的知识,指的是教师虽然意识到了知识的实用性,但这些知识还需要教师自己去体验实践才能较好地发挥功效,例如,怎样做一个优秀的班主任、怎样提升课堂教学的艺术性;活跃的知识,指的是教师在教育教学实践中已经普遍应用的知识,例如,怎样应用电子白板、怎样进行教学设计。

总的来说,新入职教师所具备的上述三种类型的知识还没有在真正意义上接受他们自我教育实践的检验,也没有自成体系,而大多是孤立的、碎片化的。这些未经检验和未成系统的知识,为开启教师的职业生涯创造了基本条件,也为教师的继续学习奠定了基础。

对于任何一个教师而言,知识的学习与更新永远没有止境,这就要求教师不仅具备终身学习的理念,而且,也是更为重要的是,要具备较强的知识学习能力,或者更为确切的说法是,知识的理论化建构能力。庄子说:"吾生也有涯,而知也无涯,以有涯随无涯,殆已!"面对浩如烟海的知识,教师如果只是作为一个灌装知识的容器,不能把所学知识进行梳理内化并形成体系,那么,教师就沦落为了知识的"仆人",必将为"学知识"所累!学习知识也就失去了应有的意义。教师只有具备知识的理论化建构能力,即具有良好的知识组织能力和融会贯通的知识应用能力,才能随着对丰富知识的不断掌握而实现职业成长。

综合我们对职后教师职业成长特点的分析,教师培养要奠基在一定的基础之上,即基于学校的文化土壤、尊重教师的实用(实践)品性、注重发展教师的理论化建构知识的能力。反观当下的职后教师培养,有诸多令人不满意的地方,例如,那些先进学校的先进经验与教师所在学校存在严重的"水土不服"现象,抽象空洞的说教无法有效指导教师的实践,授课专家"高端"知识的单向灌输塞满了教师的脑袋,而忽视了对教师进行理论化建构知识的指导。

读书
一个合格公民的基本素养

　　宋朝开国皇帝赵匡胤为了削弱武将大权，防止武将篡位，特实施了"文臣知州事"的官制，重用文臣，委任二品以上的文职官员充任一州的长官，以便于皇帝的直接控制。由于宋承五代(后梁、后唐、后晋、后汉、后周)长期的战乱，"读书无用论"成为社会的主流价值取向，所以，民间的读书氛围式微，喜欢读书的人锐减，书读得好的就更少。朝廷一时要普遍起用大量文臣，就必须一方面广开读书人登仕的途径，一方面在社会上竭力提倡读书的风气。宋朝的第三位皇帝宋真宗赵恒御笔亲作《励学篇》传布天下，勉励人们立志奋发读书，以出人头地、施展才华，报效朝廷。

《励学篇》
富家不用买良田，书中自有千钟粟。
安居不用架高楼，书中自有黄金屋。
娶妻莫恨无良媒，书中自有颜如玉。
出门莫恨无人随，书中车马多如簇。
男儿欲遂平生志，五经勤向窗前读。

这首诗将读书人读书的目的和追求渲染得极具美学上的诱惑力，它让人们意识到读书是有价值的，作为读书人是有价值的，而且，人们只有通过读书考取功名，才能实现自己的人生价值，才能得到社会的认可和尊重。这首诗创造了人们对"发奋读书—金榜题名—飞黄腾达"的一种集体想象，也为读书人设计了一个美好的愿景。一个读书人，若家中摆有专门的书架，藏有几本有分量的书籍，那么，这个人的志趣和身份就显露无疑了。我们可以想象，在当时的社会中，无论是官员与百姓、长辈与晚辈，还是师长与学生，在他们的思想观念中，读书一定成为了人们的一种集体认同，在他们之间的交谈中，读书也一定成为了一个最为时尚的话语，读书作为一种行为方式，也一定在人们中间逐渐传播和流行起来。我们也不难想象，在宋朝时期，"万般皆下品，惟有读书高"这句在民间就广为流传的诗句激励了多少读书人燃起了读书的热情。无独有偶，在宋朝先后出现了众多手握重权、直言极谏的文臣，其中，最为知名的十大文臣是赵普、寇准、韩琦、范仲淹、包拯、王安石、司马光、李纲、富弼、文天祥。

读书，成为社会阶层分化的利器，出身平民的普通人要想改变命运，创造奇迹，可以通过科举，充任政府吏职，实现自身从社会底层向官吏阶层的流动。但是,能够考取功名,化想象为现实的普通人毕竟是少数,对于大多数读书人而言,拥有"汽车""洋房""美女",纵享荣华富贵的生活都终将是一个泡影,"十年寒窗"的艰辛终将无法兑现为"金榜题名"的荣耀。那些无法实现阶层向上流动的大多数读书人,他们的生活是否就没有任何改观呢?显然不是。在他们身上储备了大量的儒家经典知识,这些知识虽然不能为考试所用,但却可以成为他们安身立命和为人处事的资本。

我国古代是一个宗法社会,以血缘关系结成的宗族群体,成为了一个特殊的权力运作体系。这些落榜的读书人虽然没有获得朝廷赋予的功名,但在本家族中因拥有"法定"的系统化知识而享有一定的地位,这种地位会随着他们年龄的增长、阅历的丰富而逐渐提高。他们中有的可以荣升为本家族的族长,可谓德高望重、"位高权重"。他们负责掌管本族的财产,撰写家谱,在祠堂主持祭祀先祖的仪式,遇到族民之间发生纠纷,他们负责解释族规,并对本族成员有教导和惩罚的特权,族民们的婚丧嫁娶、购房置地更离不开他们为其主持和公证。

在我国漫长的封建社会中,族权虽然产生于民间,却成为了仅次于政权的权力体系,它一方面是政权的一个补充,另一方面,又能起到政权无法起到的特殊的社会作用。可见,对于那时的读书人而言,"知识改变命运"不仅是一句响亮的口号,更是一个普通人实实在在的入世之道。

回到当下,今日乡村的宗法制度已荡然无存,村子里的学校也荒废了,校园内杂草丛生,一片凋敝,孩子们不得不去乡镇的中心小学或者县城的小学上学。这些学校大都采取寄宿制管理,孩子们只能等到周末回家与父母团聚一次。考上大学的孩子们都在外地自谋出路,只有在春节的时候才回村里住上几天。没有考上大学的孩子们,也努力挣钱,忙于生计,纷纷为离开农村做着准备——这真是一片逃离乡村的景象!

下面这段文字是我暑假回农村老家时有感而发写下的。

记得在小时候,父亲带我去城里买了一头牛,打那儿以后,在我儿时的暑假里,放牛就成了我的活儿。那头牛脾气不太好,我不敢骑,只能牵着。看见比我小一点的孩子们骑着他们的座驾,马儿、驴子居多,在回家的路上狂奔,真是美慕不已。家里有一只虎皮猫,非常好看,在我给牛钉好桩后,我就去抓蚂蚱,放在一个袋子里,回去喂猫吃,直到有一天猫儿不见了,听说是吃了中毒的老鼠。现在,村里难得再看见牛了,耕田、收割都已经机械化了,很多人也不种地了,他们把地租给了别人,自己出去打工。

对于每一户来说,光靠种地都已经无法维持这一年的基本温饱,所以每户人家都得另谋出路,但是土地仍是他们的重要财富。村里的新房子正在无限接近庄稼,有的新房子前后都是庄稼,不知道这是对耕地的依赖还是消解?专门司职庄稼的,是上了岁数的老人们,他们仍传承着面朝黄土背朝天锄地耕作的习惯。年轻人、中年人,他们每天骑着摩托,开着汽车,在外面打拼,从事着手工业、商业、制造业,奔波在致富的道路上。女人们是村落里最悠闲自在的,虽然有的人家的女人也是出去打工的,但这总是少数,她们中的大部分除了操持家务、哄孩子、做饭,终日以闲聊、串门、打麻将为"业"，甚是自在。

由于青壮年已经"去农耕"而步入了城镇化的潮流，成长起来的孩子们也基本上没有待在村里的，所以村里的宗法文化早已土崩瓦解，伦常名教也不复存在。老年人已经习惯了农耕的生活方式，他们对于城镇的生活方式也是包容的，但是你若问他们是否愿意上楼过"楼上"的生活，他们多半是拒绝的。

如今，村里人的物质生活和精神生活都有了很大的提高，村里人比城里人吃得要更绿色，更干净。家家户户宽敞的院落更是城里人所没有的。村里有专门集会的舞台，广场舞的盛行为村里人增添了不少乐趣。但村里就是村里，这种慢节奏的生活让人觉得时间过得也慢了下来。一排排老旧的房子，即使让早已去世多年的老人们也能熟悉地找到自己在世时的家。

我们再回到读书的话题。由于我国历史上是一个崇尚文治教化的国家，人们对读书向来是秉持着敬重的态度。"中国清代四大藏书楼之一的天一阁足以说明国人对读书的态度。天一阁为宁波范氏所有，他的传统是不向外人开放藏书楼，这一规矩直至1673年才对黄宗羲破例。而此后的数百多年间，获准登上天一阁藏书楼的也仅有十余名大学者。"⑨据说，香港著名影星周星驰回宁波寻根，也没能获准上得了藏书楼。

读书自古以来就存在着明显的实用倾向，孔子讲"学而时习之，不亦说乎"，意思是一个君子有成己达人的胸怀和治国平天下的学问，就要在恰当的时机去实践，这难道不是一件快乐的事情吗？孔子又说"学而优则仕"，可见，在孔子的人生哲学里，读书、做学问终究是离不开要出仕为官的。不可否认，读书、做学问虽然也有修养身心、陶冶性情的作用，但是，对于当时绝大多数的读书人而言，这绝不是一个能够居于首位的读书动机。

"身份昭示着权限的范围，身份确立了人在社会中的位置，我们需要通过身份去对人进行辨认，以便从千千万万的人群中找出自己，证明自己的存在"。[174]由古至今，不管读书人的读书动机如何，读书人本身已经成为了一种独特的身份象征，他们是知书达理的典范，以君子为人生的楷模。"为了让别人对自己的'有文化'有个直观的认识，一些粗识几个字的乡村干部乃至受过初中教育的年轻人都喜欢在上衣的口袋里别支钢笔，这几乎成为'文革'前中国农村一道独特的风景。"[175]如果一个人通过读书获得了人生事业的成功，受到了社会的尊重和肯定，这就使得读书的价值更为突显。特别是在大学毕业包分配的时期，在我们的生活里经常会发现，一个普通家庭中的几个孩子，如果老大考上了大学，那么就很容易产生一种"羊群效应"，弟弟妹妹们也会努力读书，把老大作为自己的榜样去效仿。此时，你若去访谈这个家庭，他们一定会高度肯定读书的意义和价值。一个成功的读书人，特别是那种出身低贫的成功人士，他的成功，不仅使读书这种高贵的身份标识在自己身上转化为现实，这样既满足了他的心理需求，又满足了他渴望的相对丰裕的物质生活享受，而且，也是更为重要的影响作用是，他在人们中间传播了具有普遍和鲜活意义的具有正能量的价值观，即一个读书人要想成功，就必须立定志向、奋斗不懈、坚韧不拔，才能成功，一言以蔽之——"有志者事竟成"。

今天的人们对于读书又是一个怎样的观点呢？受我国科举考试传统文化观念的影响，大多数人对于读书的功用仍然是较为确信的。这是因为，在一个讲求公平竞争的社会里，对于普通老百姓而言，通过读书、考试获得事业和人生成长仍是一个相对公平和较有保障的发展通路。读书优异的孩子会赢得更为丰富的发展资源，得到社会更大程度的肯定，会有更多的人生选择，也更有可能向上端社会阶层流动。当然，当下人们读书的目的绝不仅是为了做官，因为，社会的发展已经呈现出更为多样化的态势，这就为人们思考"读书为了什么"提供了更为多元的选择。此外，包括我们读什么样的书、读书读到什么程度，这些都成为了我们根据自身情况可以自主决定的事情。不过，对于大多数人来说，但凡是为了实现自己的人生理想，读书就是一条必经的通道。读书能让我们走出去、开眼界。不论是农村的孩子还是城市的孩子，他们通过读书可以走出山沟、乡村、城市和国度，去看看外面的世界有多精彩。

在我们对读书的价值仍然确信不移的同时，又遇到了另外两个令人棘手的问题，这就是"读不起"和"读不懂"，也正是因为这两个问题的产生，于是，在很多人的思想观念中又形成了新"读书无用论"。"读不起"指的是读书的经济成本太高，要想读书就必须承受巨大的经济负担，这尤其对社会底层的人们（例如农民阶层和城市低收入阶层）的读书价值观念造成了重人打击，持这种观念的人们很可能不得不放弃读书。"读不懂"指的是一些人读书的成效甚微，例如学业成绩很差，升学考试无望，他们自认为通过读书实现美好未来的前景极为黯淡。持上述两种观念的人们大多处于社会底层，当他们在为子女读书付出了更高的经济成本、时间成本和机会成本之后，一旦得到子女表现不佳的结果时，自然也就更轻易地倾向于"读书无用"的话语表达和行为选择。

对于大多数读书人（这里指的是接受大、中、小学教育的学生）而言，读书仍是一个处在体制内的"规范性"活动。例如，一个人必须到符合国家规定的正规学校读书，学习国家规定的各种课程，接受国家组织的升学考试，拿到国家颁发的文凭。这里，读书体现出了某种强制化色彩，这也正是出现"读不懂"现象的根本原因。

读书，还是不读书，对于一些人来说就成为了一个问题。在读书与不读书之间如何做一个决断，这取决于我们所秉持的读书观，即我们仅仅是着眼当下，为实用而读书，还是通盘考虑，为人的终身发展而读书。如果我们只是为实用而读书，我们就要在读书的成本投入能力和可能的收益之间做出一个权衡。我宁愿相信那些坚持"读书无用论"而放弃读书的人们，他们不是不想读书，而是迫于无奈不能读书。可以想象，对于大多数人而言，做出放弃读书的决定一定是很痛苦的。如果我们坚持为人的成长而读书的价值观，就必须超越读书的实用主义哲学，把读书看作是完善人格、提升人生质量和生活品位的过程，持这种观念的人们，他们热爱读书，以读书为乐，领略到了读书的真正意义所在。

一个喜欢读书的民族一定是一个蕴藏深厚文化底蕴和巨大发展潜能的民族，一个积极倡导读书的社会一定是一个文明安康、和谐优雅的社会，一个倾情于读书的人一定是一个精神富有、境界高远的人。在当代世界，阅读成为了一种被广为倡导和流行的生活方式。正如有人所言，"一个现代社会需要的不仅是现代化，更是人的现代性——成为有独立思考能力和人格的公民，而阅读往往会带来真正意义上的启蒙"。[⑩]读书是一种精神享受，是一个门槛最低的高贵行为。读书是一种文化符号，据此可以看出一个人的品位、一个国家内发性的生机和动力。韩国国民人均阅读量为每年 11 本，法国约为 8.4 本，日本在 8.4-8.5 之间。据《环球时报》做的一个综合报道显示，"在日本，图书馆人满为患；在加拿大，全家人一起逛书店；法国人喜欢办读书沙龙；俄罗斯人不爱读经济管理类实用书，而喜欢读哲学和文学经典"。[⑩]全世界每年阅读书籍数量排名第一的是犹太人，平均每人一年读书 64 本。在以色列，全国有图书馆 1000 所，平均4500 人就有一个图书馆，仅 450 万人口的以色列就有 100 万人办有借书证。在人均拥有图书、出版及读书量上，以色列居世界第一。在德国的大街上，腋下夹着一本书，目光祥和，举止优雅，慢悠悠行走的，既有白发老者，又有高挑美女，还有身着蓝色工装的技工。

反观我国国民的阅读情况又是怎样呢？据"第十二次全国国民阅读调查"结果显示，"2014 年我国 18 到 70 周岁人均纸质图书阅读量为 4.56 本，比 2013 年减少了 0.21 本，超四成的成年国民认为自己的阅读数量较少"。[⑩]而且，国民的书籍阅读存在显著的阶层差异。据一项研究中间阶层与非中间阶层阅读差异的研究显示，在文学、艺术类书籍，经济、管理、理财类书籍和其他人文、社会科学类书籍的阅读上面，中间阶层经常或偶尔阅读的比例要显著高于非中间阶层。同样，在报刊的阅读上，中间阶层与非中间阶层也存着明显的群体差异。例如，在对刊物尤其是专业性、知识性刊物的阅读上，中间阶层与非中间阶层之间存在群体差异，中间阶层选择阅读此方面刊物的比例明显高于非中间阶层，而在经济、管理类刊物的阅读上，这方面的差异表现得更为明显。[19]

不同阶层、不同职业、不同爱好的人们，他们的阅读兴趣和阅读内容存在着明显差异。但不可否认的是，随着网络信息技术的普及，当今，我们已经进入了全民数字阅读的时代。每一天，不管是在城市工作的白领，还是在乡间劳作的农民，他们都会通过手机、电脑等电子终端设备与其他人进行交流和沟通，通过网络登录互联网站，搜索信息以阅读和了解他们感兴趣的内容。让我们不得不感叹的是，从来没有像现在这样，信息变得如此迅捷和畅通，知识变得如此廉价，乃至于一个农民和一个教授他们二人在同一天获得的信息内容有很大部分都是相同的。

数字化阅读在给人们带来便捷的同时，也备受诟病。很多人认为，以手机、pad、电脑为主要载体的"碎片化"阅读或者称之为浅阅读方式，会对我们的思维方式和思维习惯造成负面影响，例如，如果我们沉溺于浅阅读，我们的理性思考能力、逻辑思维能力、判断能力能够得到提升吗？甚至是否会受到负面影响？这种担忧也确有道理，毕竟这种浅阅读方式无法达到与深阅读同样的效果。

但是在另一方面，我们也应该相信人作为认识主体所具有的理性自觉意识和思维判断能力。碎片化阅读并不必然导致一个人所学的知识也是碎片化的。对于一个知识丰富、有多方面学习兴趣的读书人来说，他（她）在大脑中所储存的知识，绝不像散落在地上、杂乱无章、碎片化的书页，而是成概念化、系统化陈列在一排又一排整齐有序、归类明晰、检索便捷的书架上的书本。

这样一来,看似碎片化的阅读,实则是一种最为灵活和机动式的知识补养方式。

数字化浅阅读是一种新生事物,人们对它的认识要经历一个逐渐适应和发展的过程。我们也相信,随着人们对数字化阅读的了解不断深入,我们在阅读方式上会由最初的数字化浅阅读发展为数字化深阅读,再由数字化深阅读回归到纸质深阅读。

数字化阅读虽已成为一种潮流,但是有关数字化阅读对学习影响的研究仍不多见,而人们对纸质阅读效果的研究结果显示,纸质阅读对学习的影响作用是非常明显的。有研究显示,阅读报纸对高中生的学习成绩有一定影响。在高考中,阅读报纸的高中生比不看报的高中生每个科目的分数高出 6 至 8 分。此外,即使在书籍阅读量相同的情况下,订阅报纸的学生与不订阅报纸的学生相比,语文、数理、外语科目的分数都要高。韩国职业能力开发院的一项调查结果显示,高中时期订阅报纸的学生找到好工作的比例比非订阅家庭的学生高出 5.7 个百分点;两者在月工资方面的差距达到 10 万韩元(约人民币 550 元)。研究人员认为,青少年时期阅读报纸及书籍的习惯有助于提高学习成绩,帮助学生未来找到好工作,这点对于学生及其家长意义非凡。⑱

我们已经进入一个终身学习的时代,每一个人都要努力开发自身的资源、潜能和价值,时时处处都需要汲取新的知识,获得新的提升,这些事情离开了读书都是无法实现的。如果我们承认一个合格的公民应该具备基本的知识,对态度和价值观有基本的认知,并且能够不断丰富和完善自己的生存境遇,那么他(她)就必须通过读书以丰盈自己的精神世界,改善自己的物质生活。在世界著名大学的通识教育课程里,都注重培养公民的基本素养,例如哈佛大学的宗旨是培养"有社会责任感的公民",牛津大学的宗旨是培养"有教养的公民",不管是培养有教养的公民,还是培养有社会责任感的公民,读书都应是一个合格公民的基本素质要求。我期望有一天能看到在乡村的田间地头,几位农夫在劳作之余围坐在一起读书的场景,《论语》《道德经》《红楼梦》《平凡的世界》《战争与和平》《唐吉坷德》,等等,这些书都成了他们聊天的主题。那将是一副多么美妙的画面!

数学
有多少学生喜欢你[18]

数学被誉为"科学的皇后",它在系统训练人的逻辑思维能力上的作用是其他学科所不能替代的。对于相当数量的儿童来说,他们在学校中所学到的一个重要部分是:自己在数学方面很糟糕。不及格的数学成绩往往会成为他们厌恶学校学习的一个重要因素。由于小学生正处于逻辑思维能力的形成期,这就造成他们花在学习数学上的时间会比较多,如果不能掌握有效的学习方式,那么,他们不仅在数学学习上费时费力,而且,久而久之,还可能产生厌学心理。

我对小学生数学学习方式进行了一次问卷调查研究。为了保证样本具有较好的代表性,综合考虑了学段(分低、中、高三个学段,分别是一—二年级、三—四年级和五—六年级)和学生性别两个因素,利用分层随机抽样的方法,选取天津市小学生1260名,共回收有效问卷1222份。

在被调查的1222名学生中,男生有494人,女生有728人,分别占总人数的40.4%和59.6%。按被调查者所在年级划分,一—二年级学生有245人,三—四年级学生有509人,五—六年级学生有468人,分别占总人数的20%、41.7%和38.3%。

学校是学生聚集并以合作为主要特征而开展学习的地方。在以学校为主要背景下的学习方式,必然包括三个基本要素,即学习者、学习情境和他人互动。研究围绕三个维度进行设计,分别是个体维度、情境维度和互动维度。个体维度包括学习者的兴趣、情感、动机、自信心、策略方法、学业认知;情境维度包括课堂情境氛围、教师类型特点、课堂类型、作业形式、学习任务难易程度;互动维度包括父母指导支持、父母的满意度、同伴认同、同伴互助、课堂互动。

一、在学习方式的个体维度上

第一,兴趣。有32.6%的学生选择最喜欢数学,选择其他学科的百分比按由高到低排序如下:语文(19.7%)、体育(19.5%)、美术(11.7%)、英语(8.9%)、音乐(7.6%)。男女生存在显著差异,男生最喜欢的学科是体育(32.8%),女生最喜欢的学科是数学(33.4%)。年级之间也存在显著差异,各学段选择最喜欢数学的百分比由低年级到高年级呈现出明显的递增趋势,一—二年级是20.4%,三—四年级是27.9%,五—六年级是44%。

第二,情感。有88.6%的学生在数学课上经常有积极的情感体验,他们喜欢上数学课,感到很轻松、很愉快,有11.4%的学生在不同程度上有消极的情感体验,表现为在数学课上感到紧张、枯燥、提不起精神。

第三,动机。有一半以上的学生认为学好数学是为了"解决实际生活和其他学科学习中的问题",选择"为了考试获得好成绩"和"喜欢数学"的学生基本上都占到了20%,而选择"获得同学、老师和家长的赞赏"的仅为2.9%。在低中高三个学段中,选择"解决实际生活和其他学科学习中的问题"的学生所占百分比逐渐增加,选择"在考试中得到高分,获得好成绩"的学生所占百分比随着学段的升高而逐渐减少。

第四,自信心。有80%的学生认为通过自己的努力就一定能学好数学,11.7%的学生对自己持怀疑态度,认为"不一定",有11.1%的学生认为"不能"或"不知道"。在低中高三个学段中,选择"一定能"的学生所占百分比逐渐增加。

第五,策略方法。对于什么是学好数学最关键的环节,有33.5%的学生认为要最重要的是"掌握适合自己的学习方法",有31%的学生认为要"养成好的学习习惯",有26.9%的学生认为要"多练习、多做题",还有8.6%的学生认为要"把定义和公示记牢"。各学段存在显著差异,这表现为:一一二年级学生中,选择"多练习、多做题"的人数最多(30.7%),三—四年级学生中,选择"养成好的学习习惯"的人数最多(35.2%),五—六年级学生中,选择"掌握适合自己的学习方法"的人数最多(43.2%)。上述情况可以形象地描述为:低段学生"多练习",中段学生"养习惯",高段学生"找方法"。

有63.9%的学生能够"经常预习"教材,30.4%的学生"偶尔预习"教材,5.6%的学生"不预习"教材。男女生存在显著差异,女生中选择"经常预习"的百分比是 68.4%，男生是 57.3%。

有 22.7%的学生在校外参加过数学课外辅导班。学段间存在显著差异，选择参加过数学校外辅导班的学生所占的比例，一—二年级是 15.1%，三—四年级是 22%，五—六年级是 27.6%。

第六，学业认知。在小学生对数学学业成绩的归因方面，有 75.7%的学生认为成绩好的原因是"学习很努力"。学段间存在显著差异，例如，在把学好数学归因为"学习努力"方面，一—二年级学生中有 60.8%的学生选择此项，三—四年级学生中有 80.2%的学生选择此项，五—六年级学生中有 78.6%的学生选择此项；在把学好数学归因为"聪明"方面，一—二年级学生中选择此项的百分比是 23.3%，三—四年级是 12.4%，五—六年级是 13.0%。

对于"在一次数学考试中没考好"的认识上，有 79.1%的学生会"认真分析一下做错的题目，找到做错的原因"，有 13.7%的学生认为是自己"没发挥好，下次努力"，有 6.0%的学生对此会"难过很长时间"，仅有 1.3%的学生会无动于衷，"等着老师给讲解"。

在小学生对数学学业成绩的自我认可度方面，61.5%的学生选择"基本满意"，27.6%的学生选择"非常满意"，9.4%的学生选择"不满意"，仅有 1.5%的学生选择"非常不满意"。各学段学生存在显著差异，例如，在选择"非常满意"这一选项上，一—二年级学生中选择此项的百分比是 44.5%，三—四年级是 28.1%，五—六年级是 18.2%。

在小学生学习数学的自我效能感方面，71.7%的学生选择擅长学习数学，感到"得心应手"，11.3%的学生"经常为学习数学感到苦恼，不知道怎样才能学好它"，17%的学生对自己是否擅长学习数学的认识较为模糊，选择"不清楚"。

二、在学习方式的情境维度上

第一,小学生对课堂情境氛围的偏好。56.7%的学生选择"老师和学生之间互相交流,共同解决问题的课堂",即师生互动的课堂,29%的学生选择"同学之间互相启发、帮助、合作的课堂",即合作的课堂,14.3%的学生选择"充满竞争氛围的课堂",即竞争的课堂。男女生存在显著差异。例如,男生和女生都最喜欢"老师和学生之间互相交流,共同解决问题的课堂",男生和女生中选择此项的百分比分别是 49.8%、61.4%,女生比男生高 11.6 个百分点。各学段存在显著差异,例如,在选择"同学之间互相启发、帮助、合作的课堂"选项上,五—六年级选择此项的百分比是 22.9%,一—二年级是 36.3%,三—四年级是 31%,五—六年级比一—二年级、三—四年级分别低 13.4 和 8.1 个百分点。

第二,小学生对教师类型特点的偏好。34.4%的学生选择最喜欢"幽默风趣,讲课生动易懂的老师",即幽默风趣型的老师,32.8%的学生选择最喜欢"和蔼亲切,平等待人的老师",即和蔼亲切型的老师,29.1%的学生选择最喜欢"严肃认真,赏罚分明的老师",即严肃认真型的老师,3.7%的学生选择最喜欢"长得漂亮,打扮时尚的老师",即漂亮时尚型的老师。各学段存在显著差异,而且单就某一类型老师而言,不同学段学生也有显著差异。例如,在选择最喜欢幽默风趣型老师的学生中,五—六年级所占百分比最高(57.1%),其次是二—四年级学生(31.7%),再次是一—二年级学生(11.2%)。

第三,小学生对课堂类型的偏好。42.1%的学生选择最喜欢"同学们之间能互相合作、研究的数学课",即探究型的课,26%的学生选择最喜欢"老师在讲台上讲,我们坐在下面听的数学课",即讲授型的课,19.4%的学生选择最喜欢"老师把我们分成几个小组进行讨论的数学课",即小组合作型的课,12.5%的学生选择最喜欢"老师让我们动手操作的数学课",即动手实践型的课。男女生存在显著差异。例如,在选择"同学们之间能互相合作、研究的数学课"上,男生中选择此项的百分比是34.6%,女生中选择此项的百分比是47.4%,女生比男生高12.8个百分点。各学段存在显著差异,例如,在选择喜欢"讲授型的课"的百分比上,一一二年级是38.4%,三一四年级是29.3%,五一六年级是16%。

第四,小学生对数学作业的偏好。87.9%的学生指出数学老师经常为他们布置的作业是"书面习题和阅读教科书",8.3%的学生选择的是"读课外书",只有1.2%和2.6%的学生选择的是"社会调查"和"写数学日记"。72.3%的学生每天用于写数学作业的时间是"10—30分钟",21.3%的学生需用"30—60分钟",3.8%的学生需用"60—90分钟",2.5%的学生需用"差不多2个小时"。

第五,小学生对数学学习难易程度的感知。70.8%的学生感觉数学课上老师讲得不难,"都能听得懂",28.3%的学生觉得有点难,"有时候听不懂",只有0.9%的学生觉得很难,"经常听不懂"。

三、在学习方式的互动维度上

第一,父母的指导支持。68.2%的学生在数学学习上能够得到父母的关心、鼓励和指导,20.4%的学生虽能得到父母的关心,但是在数学学习上无法得到父母的指导,7.9%的学生的父母基本不过问数学学习方面的事情,还有3.4%的学生在数学学习上经常受到父母的指责。男女生存在显著差异,例如,在选择"父母经常主动和你谈心,鼓励你,并能指导你学习数学"的百分比上,男生是 63.4%,女生是 71.6%,女生比男生高 8.2 个百分点。各学段存在显著差异,例如:在选择"父母经常主动和你谈心、鼓励你,并能指导你学习数学"这一选项上,一一二年级学生选择此项的百分比是 64.9%,三一四年级是 73.9%,五一六年级是 63.9%。

第二,父母对数学学习成绩的满意度。28.1%的学生认为父母对他们的数学成绩"非常满意",64.5%的学生选择"基本满意",6.5%的学生选择"不满意",1.0%的学生选择"非常不满意"。各学段存在显著差异,例如:在选择"非常满意"这一选项上,一一二年级选择此项的百分比是 38.4%,三一四年级是 29.7%,五一六年级是 20.9%。

第三,学生对数学成绩优秀同学的认同。41.7%的学生选择"很羡慕",33.7%的学生选择"一般",24.6%的学生选择"不羡慕"。各学段存在显著差异,例如:在选择"很羡慕"这一选项上,一一二年级学生选择此项的百分比是 59.2%,三一四年级是 40.3%,五一六年级是 34.0%。

第四,同伴互助。在主动帮助同学学习数学的行为倾向上,问卷设计了如下题目:"如果同学问你一个你会做的数学问题,你当时会怎么想?"78.3%的学生选择"会很认真地告诉怎么做",12.1%的学生选择"虽不情愿,但还是告诉怎么做",5.8%的学生选择"让去问老师或者别的同学",3.8%的学生选择"假装不会做,不告诉怎么做"。

第五,课堂互动。问卷设计了如下题目"在数学课上,你发言吗?"52.4%的学生选择"经常发言",36.3%的学生选择"偶尔发言",8.8%的学生选择"老师叫我发言我就说,不叫就不说",仅有 2.6%的学生"基本不发言"。各学段存在显著差异,例如:在"老师叫我发言我就说，不叫就不说"这个选项上，一——二年级学生选择此项的百分比是 14.3%，三—四年级是 8.1%，五—六年级是 6.6%。

根据问卷调查的数据统计分析，得出了如下研究结论。

四、在学习方式的个体维度上

第一，数学成为小学生最喜欢的学科。有接近三分之一的小学生把数学作为自己最喜欢的学科；在对数学学科的喜爱程度上，女生超过了男生，高年级学生超过了低年级学生。

第二，绝大多数小学生的数学课堂情感体验是积极的。约有九成小学生在数学课上经常有正向、积极的情感体验；女生积极的情感体验比男生更为普遍。

第三，小学生的数学学习动机多以外部动机为主，内在动机不足。只有五分之一的学生具备内在的数学学习动机，即"喜欢数学"；在外部学习动机方面，随着学段的升高，学生们更加注重数学的"功用性"特征，即学习数学能够"解决实际生活和其他学科学习中的问题"，而对数学的"名利性"特征，即高分和成绩的关注度逐渐降低。

第四，小学生数学学习的自信心普遍较好。在小学生们看来，"自己的努力"和"学好数学"之间存在显著的因果关系，八成学生都认为通过自己的努力就一定能学好数学，随着年级的升高，具备这种信念的学生更加普遍，但总体来看，也有两成学生对自己能够学好数学在不同程度上表现得缺乏自信。

第五，小学生数学学习的策略与方法表现出如下特点：(1)小学生普遍具有较强的独立思考数学问题的意识。随着学段的升高，小学生在数学学习上与同学和老师之间的合作、互动表现得更加突出。(2)小学生对学习数学的方法和策略重要性的认知有明显的学段特点。对于怎样才能学好数学,低段学生没有明显的关于学习方法的认知,他们对此问题的回答以"多练习"居多,中段学生比低段学生有了较为清晰的认识,更加重视"养成好的学习习惯",高段学生对学习方法的认知最为突出,他们认识到了"掌握适合自己的学习方法"对于学好数学的重要性。(3)小学生获得数学知识的主要途径仍以书本学习为主。(4)60%的小学生基本养成了经常预习的学习习惯,女生比男生表现得更好一些。(5)小学生参加数学校外辅导的需求仍是较为明显的。参加数学校外辅导班的现象从小学低年级就开始出现,小学高年级学生中约有四分之一的学生参加过数学校外辅导班。

第六,小学生对数学学业的认知表现出如下特点:(1)小学生对学好数学的归因以内部努力归因为主。已有研究表明,学生通常将学业的成功或失败归于能力、努力、任务难度、运气,而考试通常引发努力归因。小学生对努力和能力在数学学习中的作用有着较为清晰的认知,而且他们大多数人会把努力这一稳定可控的因素作为数学学习成功或失败的主要因素。(2)小学生对数学学业成绩的自我认可度较为理想。调查中,有六成小学生"基本满意"自己的数学成绩,约有三成学生"非常满意"自己的数学成绩。随着年级的升高,小学生对自己的数学成绩的要求也在逐步提高,这导致他们对数学学业成绩的自我认可度在逐渐下降。(3)小学生学习数学的自我效能感水平处于较高水平。

五、在学习方式的情境维度上

第一,小学生对课堂情境的偏好程度具有明显特点:(1)小学生最喜欢的是师生互动情境的课堂,其次是强调合作的课堂,最后是强调竞争的课堂;(2)女生比男生更喜欢师生互动的课堂,男生比女生更喜欢有竞争氛围的课堂;(3)高年级学生比中低年级学生更喜欢师生互动的课堂;(4)低年级的学生比中高年级的学生更喜欢以合作为特征的课堂。

第二,小学生对数学老师类型特点的偏好程度具有明显特点:(1)小学生最喜欢的数学老师的三种类型分别是幽默风趣型、和蔼亲切型和严肃认真型;(2)低年级学生最喜欢和蔼亲切型的数学老师,中年级学生最喜欢严肃认真型的数学老师,高年级学生最喜欢幽默风趣型的数学老师。

第三,小学生对数学课堂类型的偏好程度具有明显特点:(1)小学生最喜欢探究型的数学课,其次是讲授型的数学课,再次是小组合作型的数学课,最后是动手实践型的数学课;(2)女生比男生更喜欢探究型的数学课,男生比女生更喜欢讲授型和小组合作型的数学课;(3)低年级学生最喜欢讲授型的数学课,中高年级学生最喜欢探究型的数学课。

第四,小学生对数学作业的偏好程度与实际情况存在偏差。教师布置的数学作业仍以书面习题和阅读教科书为主,社会调查、读课外书和写数学日记等作业形式仍比较少见。然而,喜欢书面习题和阅读教科书这种作业形式的小学生只占60%,有25%的小学生喜欢阅读课外书这种作业形式。此外,调查发现,小学生的数学作业量较为合理,93%的小学生每天用于写数学作业的时间能够控制在1个小时以内。

第五,小学生普遍感受到数学学习的难易程度是适合的。只有不到1%的小学生认为学习数学很难。

六、在学习方式的互动维度上

第一,小学生数学学习的家长指导支持程度处于较高水平。

女生比男生更能够得到父母的指导，中年级学生比低年级和高年级学生更能得到父母的指导。

第二，家长对学生数学学习的满意程度处于较高水平。相比而言，低年级学生家长的满意度要比中高年级学生家长的高一些。

第三，小学生对数学学习榜样的认同度不高。在对数学学习成绩优秀的同学的认同度上，低年级学生比中高年级学生表现出明显的高认同度，随着学段的升高，学生们对数学学习成绩优秀同学的认同度在降低。

第四，小学生在学习数学的同伴帮助意识和主动性上表现较好。在帮助其他同学学习数学的主动性方面，女生比男生显得更加积极主动，高年级学生比中低年级学生表现更为突出。

第五，小学生在数学课上参与课堂互动的自觉意识不强。这表现在只有一半以上的学生能够在数学课上经常发言，高年级学生要比中低年级的学生表现得稍好一些。

根据研究结论，主要向教师提出如下八条建议。

第一，培养学生的数学学习兴趣。在课堂教学中，教师通过向学生渗透数学文化、数学价值，培养学生对数学学科的兴趣，强化小学生数学学习的内在动机。对于低年级小学生，教师应强化数学教学的生活化、趣味性特征，以增强低年级小学生的数学学习兴趣。教师要重点关注班级内 20%左右的缺乏数学学习自信心的学生，帮助他们逐步树立学习数学的自信心。

第二，深入研究探究型课堂。探究不仅是一种学习方式，也是一种思维方式。调查发现，小学生最喜欢的课堂教学类型是探究型课堂，因此，教师应加强对探究型数学课堂教学的研究。此外,教师应重视讲授在教学中的合理应用,因为教学离不开适度的讲授。在课堂情境氛围的创设上,对于小学低年级,教师应多创设合作情境氛围的课堂形式,对于小学中高年级,教师应多创设师生互动情境氛围的课堂形式。

第三,加强个人魅力的自我形塑。对于小学生而言,教师个人魅力对他们具有一定的吸引力,这也会在一定程度上影响他们的数学学习。小学生对于教师个人魅力的感知具有多元化特征,幽默风趣型、和蔼亲切型和严肃认真型都是他们喜欢的教师人格特征。

第四,创新数学作业形式。教师应加强数学作业形式的创新设计,突破以书面习题为主要形式的单一的作业形式,多布置一些诸如观察、制作、实验、读课外书、写数学日记和社会调查等实践性作业。

第五,强化数学学习的榜样作用。看到他人在努力下取得成功和受到教师的表扬,就会激励观察者更加努力地学习。教师应强化数学学习榜样对于其他学生的示范激励作用,在教学中注重引导其他学生向榜样学习。

第六,加强小学生在数学课堂上互动意识的培养。互动是合作的前提,也是学生之间在学习上互相启发影响的前提。小学生在数学课堂上的互动意识不足,这在某种程度上反映了他们在学习上的被动性特征。教师应有意识地在课堂上培养学生的互动意识,例如,教师应鼓励学生上课大胆举手发言,勇于发表自己的意见,就某一问题与教师和同学展开争辩,等等。

第七,科学引导家长指导学生学习。部分家长素养不足是客观存在的事实,他们难以对孩子的数学学习形成正确的态度和有效的指导。教师应帮助和引导这部分家长在支持和指导孩子学习数学方面形成正确的态度和掌握正确的方法。

第八,给予男生更多的关注。男生在数学学科的兴趣培养、数学学习的积极情感体验、预习习惯的养成、数学学习的自觉性、家长的指导支持、同伴帮助等多个方面的表现都不如女生。因此,教师应从数学学习的认知、情感和行为习惯等方面给以男生更有针对性的引导。

教育家
看经亨颐成长的传奇故事⑱

经亨颐（1877—1938），字子渊，号石禅，晚号颐渊，浙江上虞人，我国近代著名教育家、书画家。经亨颐一生钟情教育，大力倡导教育改革，成就卓著。他所从事的教育工作涉及师范教育、中等教育和高等教育三大领域，特别是由他筹建创办的私立春晖中学，短短数年间就在当时全国教育界赢得了极高的盛誉，享有"北有南开，南有春晖"的美誉。经亨颐深处当时动荡变动的社会时代背景之下，一度东渡日本求学，回国后胸怀教育救国之抱负矢志不渝，以自信、勇敢和创新的姿态开启一轮教育之新风气，开辟一片教育之新天地，赢得了世人的尊崇和后人的敬仰。

国、家衰落之际远渡东瀛立从教志愿。经亨颐出生于鸦片战争后积弱积贫的晚清末年，国家腐败无能，百姓颠沛流离，幸好他出生的家庭还算殷实，经家几代从商，在当时的上虞声望甚高。其祖父经芳洲主要经营钱庄等业务，获利丰裕，且人品颇佳，乐善好施，热心公益事业，常出资募捐做收养救济难民的善事，并在家乡兴办私塾，发展教育。其伯父经元善继承经芳洲事业，更倾注精力于公益事业，四方赈灾，广结善缘，据此结识了郑观应、盛宣怀等名人富贾，并被李鸿章看中，委任其为上海电报分局总办，涉足洋务企业。经元善思想开明，深刻认识到发展教育对于国家命运的重大意义，积极倡导兴办学校，培养人才。他独立创办了经正书院，以培养经世致用洋务人才，后与梁启超、康有为、郑观应等维新人士一起发起创办了经正女学，开中国女学之先河，他讲道：“我中国欲图自强，莫亟于广兴学校，而学校中本原之本原，尤莫亟于创兴女学。”⑱

经亨颐小时在私塾上学，“攻习制艺，兼及诗文。颖悟异常，才气逾人”。⑱在经亨颐18岁的时候，他的父亲去世，这年正是1895年，中日甲午战争爆发的第二年。国家破碎，家境颓倾，经亨颐只身到上海投奔伯父经元善做文字秘书。之后，经亨颐不离经元善左右，耳濡目染，被经元善兴办教育的热情和执着所熏染，也见证了戊戌变法、六君子殉难的浩劫，并因与其伯父等五十余人联名电报反对慈禧“名为立嗣实则废立”的行径而被通缉。在友人的帮助下，经氏伯侄先在香港避难之后去了澳门，几经辗转，才于1902年返回上海。此时，经元善的家产已全部被抄，其人于1903年去世。

与当时胸怀报国之志，渴望学习西方先进思想和科学知识以寻求救国真理的优秀青年一样，经亨颐决定自费赴日留学。

经亨颐的妻子和母亲变卖了珠宝和家中田产为其筹集了所需费用。1903年,经亨颐携资费远赴东瀛入东京弘文学院学习,并于1906年就读东京高等师范学校,专攻数学物理科,其对日本先进的教育理念和教育体制(例如国民教育制度)感受颇深。经亨颐所学专业是数学物理科,但他对伦理学和西方教育理论抱有强烈的学习热情,翻阅了老师吉田静致的全部伦理学著作,研读了法国著名启蒙思想家、教育家卢梭的《爱弥儿》,初步奠定了他的教育思想基础。

杭州用人之时肩任一师校长树治校新风。1908年,作为专门为全省中小学培养合格师资的浙江官立两级师范学堂建成。首任校长王孚川到日本招聘教务长和部分教员。经亨颐被公举为教务长,不过在当时他并不是首位人选,这正如他讲道:"凡事有缘,我于杭州或者可以用一个'缘'字,因为两级师范开校那一年,我还在日本高等师范本科一年级并没有毕业,我的先辈许季茀、钱均夫、张蘩和是那年却好毕业,何以不回来呢,监督王孚川先生曾先去聘请他们,据说不愿就教务长。又和我来商量,我当然也不能答应他,他弄得没有办法。后来他向同乡会请求公举一人当教务长,同乡会专诚开了一次会,他们三位不到,我照例出席,结果竟公举了我回来承其乏。那时同乡会的精神很好,一经决议是不能不服从的,我呢,那时还是一个苦学生,已经自费六年把家里的田产卖了维持,又自己译书,经济非常拮据,正是难以维继的时候,加以同乡的劝勉,就贸然应命了。"⑥1908年年底,经亨颐再度赴日完成学习,享受官费名额。1910年,经亨颐完成学业回到杭州复任两级师范学堂教务长,该校于1912年1月更名为浙江两级师范学校,1913年7月再度更名为浙江省立第一师范学校。从 1912 年到 1920 年,经亨颐任该校校长长达 8 年时间,其间,他勇于创新,进行了一系列卓有成效的教育改革。

厘定校训,树立新风。校训是学校办学理念和治校精神的集中反映,它是学校精神的灵魂。正如经亨颐所说:"家有懿训则昌,国有懋训则强,惟校亦然。"⑱经亨颐为一师制定了"勤、慎、诚、恕"四字校训,认为此四字对于未来从事教师职业的师范生尤为重要,他还勉励学生"既入师范,不能不有永为教育者之决心,不能不有非为教育者不可之觉悟"。⑱在学生毕业式上,他勉励即将毕业的学生要养成高尚之品性和"屈就"之精神,为发展教育做出自己的贡献。他讲道:"'屈就'二字之意义,非敷衍也,非自悔也,亦非以生存竞争之紧张而自甘退让也,今日之社会,让人抱莫大之欲望不自知,谁非屈就? 余之所谓'屈就'者,以极限之条件、经济的方法,希其成功之意。即为办学校,必需洋房、必需完全设备、必需若干经费,否则又不愿接手,我国教育不普及之原因,此其一端。"⑱他的上述言论对于我们今日如何发展教育亦有一定的启发价值。

择优录取,严格招生。经亨颐认为师范教育与普通教育性质不同,师范教育培植国家需用之人才,普通教育培植国家所有之人才。"需用"的意思是师范教育不仅为国家培养人才,这些人才继而为国家培养所有的人才。经亨颐认为师范教育学生人数"宜有一定之计划,不宜少亦不宜多。少则不足用,多则不能用"。⑱因此,经亨颐严格把关对学生的选拔,宁可得罪权贵。他讲道:"自己办事首先要严,第一关键是入学试验,招进来的新生学生基本好不好,和学习成绩好不好大有关系,第一师范以后的学生,个个是我亲手招进来的,招生人数与学额差不多要一与二十之比,无论何人送来条子一概不要。"⑲

教育学生,严字当头。经亨颐对学生的学习和行为规范要求都极为严格。学生的作息时间有严格的规定。据曾在浙江一师就读的丰子恺说:"数百学生,每晚像羊群一般地被驱逐到楼上的寝室内,强迫他们同时睡觉;每晨又强迫他们同时起身,一齐驱逐到楼下的自修室中。严冬之晨,倘在被窝里多流连一会,就得牺牲早饭,或被锁闭在寝室总门内。"⑱对于家庭条件殷富的学生,经亨颐怕他们染上"少爷"的坏习气而训诫道:"少爷之名称,全然依赖父母,享现成非分之福,实为无用之代名词。所谓耐劳之气质,无从说起。其与学生之名称,决然反对,诸生亦当知之。"⑲针对学生学习中出现的不良学习态度和过错行为,经亨颐更是严加要求。例如,对于无辜旷课者,经亨颐要求对其进行学业和操行的双重处分。他讲道:"无故旷课,受双方之处分,此不过法则之制裁,余所耿耿者且在实际。查无故旷课之学科,多为数学或体操。夫数学为小学正教员所必需担任之学科,师范本科毕业生而尚不能胜正教员之任,将何以自处耶?体操为本校所注重,尤为时世之要求,不可或忽。"⑲

聘任教师,以能力为重。经亨颐认为教师要追求"高尚之品性",他反对那些"因循敷衍,全无理想,以教育为生计之方便,以学校为栖身之传舍"的庸碌之辈。他认为任免教师的标准,应看有无实际研究能力,"其资格,其经验,一概不计"。经亨颐在一师当校长期间,教师队伍中聚集了大量的优秀人才,如艺术家李叔同、文学家夏丏尊、语言学家陈望道、诗人刘大白、画家姜丹书等。大师云集的一师培养出了一大批优秀人才,这其中有作家曹聚仁、傅彬然、贾祖璋、范尧生、冯雪峰,诗人汪静之,漫画家丰子恺,音乐家吴梦非、刘质平,国画家潘天寿,语言学家朱文叔,教育家杨贤江,鱼类学家陈兼善,革命活动家俞秀松、宣中华、叶天底、柔石、施存统、庄文恭,等等。

与时俱进,倡导教育试验。"五四"新文化运动对经亨颐影响很大,他也是浙江"五四"新文化运动的先驱者。在"五四"运动结束后不久,经亨颐就在一师掀起了一系列的教育改革举措,包括四个方面:职员专任、学生自治、改革国文教授、试行学科制。经亨颐认为一个教员在好几所学校兼课,他们只关注自己所教的科目,而并不对学校负责,这也在一定程度上滋长了校长专权的横行,进而造成学校管理上面的很多弊端。为此,他聘请了夏丏尊等16人为专任教员,每星期开一次例会,如遇需研究的问题,还要连日开会讨论。更为有益的是,如果校长不在学校,遇到校内重要事情,专任教员可以共同决议实施。

为什么学生没有创造的精神?经亨颐认为这与学生在校期间缺乏自律不无关系。经亨颐遂在一师成立了学生自治会,取得了很好的成效,这表现为:学生相互监督,使全校学生禁烟成为现实;学生自治管理膳厅,之前学生因食物闹膳厅的现象不见了,使学生养成了"食物何必计较"的好观念,更使他们体验到了"生活的道理和勤劳的概念";学生自定请假条例,请假的反而比以前减少了,而且学生自我管理的能力也提高了。

经亨颐认为中国文字不改革,教育就不能普及。为此,他提出改革国文教授,由白话文代替文言文,规定一师和附小国文科的教授一律改用白话,同时也采用注音字母。

经亨颐认为学年制的弊病是轻视青年的光阴,束缚学生的能力,学生如有一门成绩不及格,就要留级一年,其余及格的学科,也要罚他重习一年,而且不到班仍要扣分。试行学科制,以学科为单位,每学科又分几个学分,修完既定学分即可毕业。当时,全体教师已经对学科制的具体实施进行了讨论,准备在下个学期实施,但因"一师风潮",经亨颐辞去一师校长而未能推行。

倍受信任连任五届省教育会会长谋教育大计。经过严格的投票选举,经亨颐1912年当选为浙江省教育会副会长,1913年当选教育会会长(其前任是章太炎),直到1920年,他连任五届会长,成为全省教育界的核心人物。他以浙江省教育会为平台,切实贯彻蔡元培制定的民国教育方针,为谋划浙江教育发展殚精竭虑、奔走呼号。

树教育会自主独立之新精神。作为一个独立的社会团体,浙江省教育会的宗旨是"协议全省教育事宜、促进教育行政"。经亨颐深知教育会要想拥有独立之思考就必须拥有独立之地位。他主持下的浙江教育会坚持自主独立精神,开展工作,表达观点不依附于政府行政,不受其左右。他讲道:"本会之性质。固与官厅直辖机关不同,即官立学校,亦与其他官厅直辖机关不同,何则?其他官厅直辖机关,纯然取政府统治之义。官立学校,则于政府统治之形式,寓有哲人统治之精神。至教育会,当纯然以哲人统治自待。故今日政府,既有摧残教育之态度,则所以补救之者,我哲人统治主义之教育会,实义无可辞。"[04]教育会在经费方面拮据难免,但经亨颐通过努力赢得了社会人士的大力资助,进而使教育会工作开展得有声有色。例如,教育会在1918年以募捐方式筹集经费新建起了教育会会所。

兴办刊物,宣传教育新思想。1913年,经亨颐在浙江省教育会创办了《教育周报》,以周刊形式出版,主要介绍西方教育的新思想,探讨我国教育改革的理论和方法。《教育周报》所设栏目主要有"言论、学术、纪闻、时评、法令、专件、附录、丛录、会报、谈丛、本会纪事、研究、学术、译丛、纪载、感言、法令文牍等。"[⑩]1919年"五四"前夕,他将《教育周报》改为《教育潮》,并改为月刊,补充篇幅,变更体例,使其成为新文化运动的舆论工具。

发起组建社团,凝聚教育新力量。为了能够更好地统筹协调本省各地教育发展,互通信息,于1912年成立了全浙教育会联合会,每年开常会一次,商讨浙江全省教育发展事宜。1915年全国教育会联合会经由经亨颐参与发起建立,由各省区教育会推派代表组成,每年开会一次,研究全国教育发展事宜。例如,在1917年的第三届全国教育会联合会中通过了《请促行义务教育案》,对政府发展义务教育提出了建议。1919年经亨颐创建了浙江省会青年团,自己任团长。经亨颐在日记中说:"青年团之目的,亦经公共决定:以辅导青年,增进知、德、体三育,适应国民生活为宗旨。"

开展教育考察,探索教育新思路。1918年经亨颐在浙江省教育会发起组织旅日教育视察团,经亨颐任团长,考察学习日本教育。视察团一行32人,成员以中小学教师为主,视察活动历时一月之久,途返顺带考察了釜山、汉城(今韩国首尔),经过伪奉天,之后回到杭州。客观而言,此次视察对经亨颐思想触动很大,经亨颐所到之处,看到了日本教育的先进发达、优良的国民素养以及日本教育对朝鲜和"南满"的成功渗透。经亨颐深感教育救国的急迫,正如他言"立国之要素在于教育"。1919年,为了筹备第五次全国教育会联合会,经亨颐特地去山西考察教育,并在《教育潮》发表了题为《山西究竟怎样》的长篇文章。

说荐实业富商筹创春晖中学推教育改革。春晖中学是一所私立中学,捐资人是曾捐资兴建浙江省教育会新会所的浙江上虞富商陈春澜。在经亨颐和同乡王佐数次向陈春澜提出兴办春晖中学的请求之下,一生热心公益事业的陈春澜被他们二人的真诚所打动,同意出资建春晖中学,并委托经亨颐完全负责此事。这年是 1919 年,陈春澜于年底去世。1920 年经亨颐被校董会公推为春晖中学校长,行使校长职权,筹建学校。春晖中学校址位于上虞驿亭东南的白马湖,于 1922 年落成开学。这所经亨颐付诸心血终而建成的私立性质的中学,地处山野之间,远离政治压力,而且办学经费得到较好保障,这为他实践未实现的教育理想提供了最好的条件。经亨颐在春晖中学的教育改革涉及方方面面,在此,仅从以下三个方面做重点介绍。

第一,校长拥有完全的学校管理自主权。在"春晖中学校董会规程"中规定:学校设董事会履行"维持本校经济、进退校长之职","关于本校内部事件,概由校长负责",对外由校董会负责,其对学校"有监督之责,但于办事上不加以干涉",这就从行政体制上确保了校长在学校内部管理上的领导地位。

第二,实行新学制。1912 至 1913 年实施的壬子癸丑学制在实践中暴露出不少问题。"如小学过长,中学过短,中等教育又太偏于普通教育,以升学为主要目标;过于强调整齐划一而灵活性不够,其模仿日本和德国的痕迹较深,没有从本国实际出发,课程、教法等方面也存在诸多问题,已不适应日益发展的社会政治经济生活和生产的需要。"[10]经亨颐在春晖中学倡导新学制,实行新课程纲要。将学科划分为必修和选修两种,学生完成必修课后,可根据自己的兴趣,任选其他课目学习。在课程内容的选择上,教师拥有较大的自主权,教师可以自己设计教学内容和选用教材,还可以自己编写教材。

第三,推行学科制和学分制。学校将中学三年所要习完的课程做出适当的规划,并按照难易程度分为 A、B、C 三个等级,新生入校后三年内一次学完三级课程,则圆满毕业。此种学科制最大的优点在于,学生可不必囿于年级的限制而必须习某级课程,学习能力强的学生如果提前掌握了某级某门课程的知识,在通过升级考试后即可进入该门课程更高一级的学习。学校详细规定每门课程的课时数、学分。学生只要在规定年限内修满学分即可毕业,提前修完学分也可提前毕业。[20]

经亨颐在春晖中学的办学实践里,以与时俱进、创新实践的勇气和胆魄,大力实施教育改革,倡导教育新风气,凭借其高尚的人格魅力,吸引和网罗众多名师来校任职或讲学,其中包括夏丏尊、朱自清、丰子恺、朱光潜、蔡元培、黄炎培、李叔同等。春晖中学开了浙江省男女同校之先河,在外语课程设置上开日语和英语两门,强调体育的重要性,重视美育,把音乐课作为必修课等,这些在当时那个年代都是引领教育发展的新式举措。春晖中学也在当时被认为是一所紧跟时代步伐实施新式教育的学校,在社会上赢得了"北南开,南春晖"的美誉。

办学二十余载人格教育一以贯之显独特思想。据史料记载,1930 年以后,经亨颐把大部分精力都投入了反军阀统治和国民党右派的斗争中,他的从教经历就此可以画上一个句号。经亨颐虽然也曾短时间在北京高等师范学校(今北京师范大学)任校总干事兼学生自治指导委员长,还在中山大学任代理校长,但是,在他二十余年的从教生涯中,他的办学经历主要集中于中等教育。他在浙江第一师范、上虞春晖中学和宁波浙江省立四中的办学过程中，始终极力提倡人格教育，形成了他独特的人格教育思想体系。

人格教育发端于 19 世纪末 20 世纪初德国等欧洲国家。经亨颐提出的人格教育针对的是旧中国束缚个性、摧残人格的封建旧教育，要求教育上的民主和自由，主张教育以养成人格为目的，注重感情陶冶和意志培养，实现德智体美全面发展。

1917 年经亨颐在浙江省教育会夏期讲演会上做了题为《最近教育思潮》的演讲报告，对人格教育做了系统的阐述。他讲道："人格者，多数人之人格，即为人之格式也"，"人格者，良心之模型，道德之容器也。盂圆水圆，盂方水方。""良心道德借人格之义以说明"，"人格者，一方面为自立的、个人的，他方面为协同的、社会的；相互实现，渐渐发展者也。为人格而有社会，为社会而有人格，犹非中肯之谈。惟人格实现，同时社会进于洽善。"经亨颐认为，人格是社会普适价值诸如良心道德在一个人身上的具体体现，因而人格往往是具体的、独特的。另外，人格不仅是"自立的、个人的"，继而也是"协同的、社会的"，"人格之实现为社会发达之本"，在个体人格得以实现的同时，社会也就"进入洽善"，成为一个和谐、有秩序、正义的社会。

经亨颐认为教育是一项以"开辟新生活新价值之创造力"为己任的事业，要尊重儿童的个性及其人格，以儿童为中心。在处理知与行的关系问题上，他主张"教育非造成知而不行之人，须随时连其情意，使有一定之信念与理想，而为强有实行意志之人"。在个人与社会的关系问题上，他提出"希造成人格尊重之高尚的社会，不可抹杀个性天才，徒为国家社会牺牲。与其为适合于国家社会之人,无宁为使国家社会多方发达之人"。他特别强调艺术教育的重要性,讲道:"教材不可偏重科学,须重艺术;而为情之修养,又当一变宗教教授,而改正意志锻炼之方法。"

关于人格教育的方法,经亨颐总结为如下四点:一是感情作用。即利用感动之方法,使师生在情感上实现共鸣。教育学生不采取直接与其论理的方法,而是采取艺术的方法去感染熏陶影响学生。二是综合的方法。不强调让学生明了精确地记住每一个知识,而是要求学生能够融会贯通,举一反三。三是直观的方法。不是普通意义上的直观,而是强调通过创设情境引起学生的注意,激发学生的内在动机。四是自动的方法。强调要激发学生的自主活动,而使其个性得到充分发展。

在经亨颐提倡人格教育的同时,江苏省教育会的黄炎培正倡导实施职业教育,有人把二者视为相互抗衡的对立之说。为纠正这一偏见,防止"依误传误","贻害教育前途",经亨颐对人格教育与职业教育的关系做出了解释。他说:"职业为成立社会之要素,人格为维持社会之要件","唱人格教育者,非谓人类无须职业,唱职业教育者,亦非谓人格不足重。"职业教育是"职业陶冶",而人格教育是"一般陶冶",一般陶冶可收职业陶冶之效。

纵观经亨颐从一个商界文员成长为教育家的历程,我们不难发现:经亨颐有着坎坷而丰富的人身阅历,从小耳濡目染养成了对教育事业的执着热爱,负有对国家、社会强烈的使命感,胸怀教育救国的宏大抱负,义无反顾献身教育,在办学实践中与时俱进,形成了完整鲜明的教育思想体系,这些都是他能够成为教育家的宝贵经验。

注 释

1.[德]马克斯·韦伯:社会科学方法论[M].韩水法、莫茜译,北京:商务印书馆,2013:69。

2.[英]米兰达·布鲁斯-米特福德、菲利普·威尔金森:符号与象征[M].周继岚译,北京:生活·读书·新知三联书店,2014:导言6。

3.梅琼林:符号消费构建消费文化——浅谈鲍德里亚的符号批判理论[J].《学术论坛》,2006(02):6、7。

4.刘东:中华文明读本[M].北京:译林出版社,2009:16。

5.蒋勋:写给大家的西方美术史[M].长沙:湖南美术出版社,2015:94。

6.陈创生:时尚符号与大众生活风格[J].《深圳大学学报》(人文社会科学版),2002(05):7。

7.梁漱溟:中国文化要义[M].上海:世纪出版集团,上海人民教育出版社,2011:52。

8.[美]齐亚乌丁·萨达尔:文化研究[M].苏静静译,北京:当代中国出版社,2014:3。

9.[英]米兰达·布鲁斯-米特福德、菲利普·威尔金森:符号与象征[M].周继岚译,北京:生活·读书·新知三联书店,2014:227。

10.孙培青:中国教育史[M].上海:华东师范大学出版社,2000:159、160。

11.孟宪承:中国古代教育文选[M].北京:人民教育出版社,1985:97。

12.国家中长期教育改革和发展规划纲要(2010—2020年)[M].北京:中国法制出版社,2010:1、2。

13.[美]霍华德·加德纳:多元智能新视野[M].沈致隆译,北京:中国人民大学出版社,2008:5、6。

14.转引自梁亦华:互补还是挑战:从教师角度看课外补习之成效及影响[J].《北京大学教育评论》,2015(03):71。

15.转引自马克·贝磊、刘钧燕:课外补习研究:问题与方法[J].《北京大学教育评论》,2015(03):10。

16.原题为"教师的专业身份认同",刊于《教育发展研究》,2007年第4A期。

17.转引自蒋欣欣:西方女性主义理论中的"身份/认同"[J].《文艺理论与批评》,2006(01):97。

18.王长纯:教师专业化发展:对教师的重新发现[J].《教育研究》,2001(11):45。

19.周淑卿:课程发展与教师专业[M].北京:九州出版社,2006:79。

20.周淑卿:课程发展与教师专业[M].北京:九州出版社,2006:85。

21.周淑卿:课程发展与教师专业[M].北京:九州出版社,2006:89。

22.原题为"学生的身份认同",刊于《中国教育学刊》,2012年第8期。

23.辞海编辑委员会:辞海[Z].上海:上海辞书出版社,2000:1360、1361。

24."西安一小学生给差生戴绿领巾,称为激励其上进"[EB/OL].http://

news.qq.com/a/20111018/000390.htm。

25.钟启全、吴国平:反思中国教育[M].上海:华东师范大学出版社,2007:251。

26.汪凌:"学生身份"的社会学思考[J].《全球教育展望》,2010(10):6。

27.钟启全、吴国平:反思中国教育[M].上海:华东师范大学出版社,2007:253。

28.杨国荣:论实践智慧[J].《中国社会科学》,2012(4):6。

29.郑庆杰:漂移之间:大学生村官的身份建构与认同[J].《青年研究》,2010(05):53。

30.汪凌:"学生身份"的社会学思考[J].《全球教育展望》,2010(10):8。

31.联合国教科文组织国际教育发展委员会:学会生存——教育世界的今天和明天[M].北京:教育科学出版社,1996:200、262。

32.原题为"教学的情境意蕴",刊于《中国教育学刊》,2010年第6期。

33.辞海编辑委员会:辞海[M].上海:上海辞书出版社,2000:1198。

34.[美]M.P.德里斯科尔:学习心理学——面向教学的取向[M].王小明等译,上海:华东师范大学出版社,2008:136。

35.[美]D.C.菲利普斯、乔纳斯·F.索尔蒂斯:学习的视界[M].尤秀译,北京:教育科学出版社,2006:78。

36.[瑞典]托克尔·克林贝里:超负荷的大脑——信息过载与工作记忆的极限[M].周建国、周东译,上海:上海科技教育出版社,2011:15。

37.[美]戴尔·H.申克:学习理论[M].韦小满等译,南京:江苏教育出版社,2003:121。

38.向晓峰、邹学军:注重课堂教学中隐性教学的作用[J].《新疆师范大学学报》(哲学社会科学版),2004(02):156。

39.[英]Stenve Herne,John Jessel,Jenny Griffiths:学会教学:教师专业发展导引[M].丰继平、徐爱英译,上海:华东师范大学出版社,2009:62。

40.[美]M.P.德里斯科尔:学习心理学——面向教学的取向[M].王小明等译,上海:华东师范大学出版社,2008:104。

41.[美]丹尼尔·T.威林厄姆:为什么学生不喜欢上学[M].赵萌译,南京:江苏教育出版社,2010:22。

　　42.张武升:学校文化创新与学生创造力开发研究[M].天津:天津人民出版社,2012:198。

　　43.[美]B. R. 赫根汉、马修·H. 奥尔森:学习理论导论[M].郭本禹等译,上海:上海教育出版社,2011:298。

　　44.[英]赫伯特·斯宾塞:教育论[M].胡毅、王承绪译,北京:人民教育出版社,1962:11。

　　45.[美]杜普伊斯、高尔顿:历史视野中的西方教育哲学[M].彭正梅、朱承译,北京:北京师范大学出版社,2006:13。

　　46.[美]雅克·巴尔赞:我们应有的文化[M].严忠志译,北京:中信出版社,2014:104。

　　47.[美]雅克·巴尔赞:我们应有的文化[M].严忠志译,北京:中信出版社,2014:143。

　　48.[美]扎克·林奇:第四次革命:看神经科技如何改变我们的未来[M].暴永宁、王惠译,北京:科学出版社,2011:10、11。

　　49.[美]扎克·林奇:第四次革命:看神经科技如何改变我们的未来[M].暴永宁、王惠译,北京:科学出版社,2011:12、13、14。

　　50.[以色列]尤瓦尔·赫拉利:人类简史:从动物到上帝[M].林俊宏译,北京:中信出版社,2014:251。

　　51.[英]阿伦·布洛克:西方人文主义传统[M].董乐山译,北京:生活·读书·新知三联书店,1997:272、279。

　　52.[英]阿伦·布洛克:西方人文主义传统[M].董乐山译,北京:生活·读书·新知三联书店,1997:279。

　　53.原题为"爱的教育:一种大德育观",刊于《中国德育》2007 年第11 期。

　　54.王海明:论爱[J].《南昌大学学报》(人社版),2001(07):12。

　　55.鲁洁:道德教育的当代论域[M].北京:人民出版社,2005:52。

　　56.刘惊铎:道德体验论[M].北京:人民教育出版社,2003:92。

　　57.[以色列]尤瓦尔·赫拉利:人类简史:从动物到上帝[M].林俊宏译,

北京:中信出版社,2014:241。

58.程红兵:教育不能有"饥饿基因"[J].《人民教育》,2015(02):69。

59.纪驭亚:浙江2017年高校选考科目昨公布物理成了高考"必杀技"[EB/OL].http://zjnews.zjol.com.cn/system/2015/03/01/020528644.shtml。

60.[美]韦恩·厄本、杰宁斯·瓦格纳:美国教育:一部历史档案[M].周晟、谢爱磊译,北京:中国人民大学出版社,2009:432。

61.[美]韦恩·厄本、杰宁斯·瓦格纳.美国教育:一部历史档案[M].周晟、谢爱磊译,北京:中国人民大学出版社,2009:453。

62.[英]乔伊·帕尔默:教育究竟是什么?100位思想家论教育[M].任钟印、诸惠芳译,北京:北京大学出版社,2008:430。

63.[美]戴尔·H.申克:学习理论[M].韦小满等译,南京:凤凰出版传媒集团 江苏教育出版社,2003:395。

64.[美]L.C.霍尔特、M.凯斯尔卡:教学样式:优化学生学习的策略[M].沈书生、刘强译,上海:华东师范大学出版社,2008:161、162。

65.[丹]克努兹·伊列雷斯:我们如何学习:全视角学习理论[M].孙玫璐译,北京:教育科学出版社,2010:24。

66.林玉体:西方教育思想史[M].北京:九州出版社,2006:418。

67.[美]L.C.霍尔特、M.凯斯尔卡:教学样式:优化学生学习的策略[M].沈书生、刘强译,上海:华东师范大学出版社,2008:105。

68.徐洁:民主、平等、对话:21世纪师生关系的理性构想[J].《教育理论与实践》,2000(12):16。

69.黄华:教师与学者对话录(一)——关于师生关系[J].《教育科学研究》,2007(01):59、60。

70.高慧斌:80%的学生认为老师处事公正[N].《中国教育报》,2015-11-9(05)。

71.[瑞士]裴斯泰洛齐:裴斯泰洛齐教育论著选[M].夏之莲等译,北京:人民教育出版社,2001:67。

72.[美]约翰·霍特:孩子为何失败[M].张惠卿译,北京:首都师范大学出版社,2010:192。

73.原题为"论颜回和子路的品格",刊于《太原大学教育学院学报》,2008 年第 3 期,内容稍有改动。

74.杨伯峻:论语译注[M].北京:中华书局,1980:53。

75.杨伯峻:论语译注[M].北京:中华书局,1980:182。

76.杨伯峻:论语译注[M].北京:中华书局,1980:47。

77.尹玉玲:透视与反思:北京市"名校办分校"政策的实施[J].《中国教育学刊》,2014(09):28。

78.教育部办公厅关于进一步做好重点大城市义务教育免试就近入学工作的通知[EB/OL].http://www.moe.edu.cn/publicfiles/business/htmlfiles/moe/s7966/201402/164088.html。

79.舒新城:中国近代教育史资料(上册)[M].北京:人民教育出版社,1961:202。

80.张力玮:英国"摇号"解决小升初择校问题[J].《世界教育信息》,2011(04):5。

81.张力玮:英国"摇号"解决小升初择校问题[J].《世界教育信息》,2011(04):5。

82.[美]斯蒂芬·M．R．柯维、丽贝卡·R．梅丽尔:信任的速度:一个可以改变一切的力量[M].王新鸿译,北京:中国青年出版社,2011:21。

83.国家统计局人口和社会科技统计司:中国人口统计年鉴·2001[M].北京:中国统计出版社,2001:225。

84.朱永新、汤敏、周洪宇、袁振国、谢维和:教育改革进行时[M].太原:山西出版传媒集团,山西教育出版社,2015:98。

85.万俊人:义利之间——现代经济伦理十一讲[M].北京:团结出版社,2003:47。

86.[法]让-雅克·卢梭:论人类不平等的起源和基础[M].李常山译,北京:商务印书馆,1962:70。

87.祝怀新、应起翔:今日英国公学的办学特色[J].《比较教育研究》,2002(12):46。

88.张金亮:试论英国公学的文化特征[J].《外国教育研究》,2005(05):19。

89.徐辉、祝怀新:独特的英国公学[J].《比较教育研究》,1993(02):40。

90.[美]L.迪安·韦布:美国教育史:一场伟大的美国实验[M].陈露茜、李朝阳译,合肥:时代出版传媒股份有限公司,安徽教育出版社,2010:89、90。

91.[美]E. Vance Randall:透析美国私立教育[J].《教育发展研究》,2005(12):19。

92.付艳萍:美国公立精英高中是如何炼成的?——访谈美国史岱文森高中校长张洁女士[J].《基础教育》,2015(03):71。

93.[美]L.迪安·韦布:美国教育史:一场伟大的美国实验[M].陈露茜、李朝阳译,合肥:时代出版传媒股份有限公司,安徽教育出版社,2010:401。

94.[美]L.迪安·韦布:美国教育史:一场伟大的美国实验[M].陈露茜、李朝阳译,合肥:时代出版传媒股份有限公司,安徽教育出版社,2010:447。

95.柯政、陈霜叶、任友群:重点学校与非重点学校的校长领导行为比较[J].北京大学教育评论,2013(01):77。

96.原题为"关于基础教育国际化的几个问题",刊于《上海教育科研》,2011年第1期。

97.[美]菲利普·阿特巴赫:全球化与国际化[J].《高等教育研究》,2010(02):13。

98.项贤明:当前国际教育改革主题与我国教育改革走向探析[J].《北京师范大学学报》(社会科学版),2005(04):9。

99.燕国材:我国教育改革不理想的症结[J].《探索与争鸣》,2006(03):7。

100.容中逵、刘要悟:民族化、本土化还是国际化、全球化——论当前我国基础教育课程改革的参照系问题[J].《比较教育研究》,2005(07):19、20.

101.陈如平、苏红:论我国基础教育的国际化[J].《当代教育科学》,2010(14):3。

102.吴定初:关于中国基础教育国际化与民族化的思考[J].《教育评论》,2003(01):8。

103.吴定初:关于中国基础教育国际化与民族化的思考[J].《教育评论》,2003(01):9。

104.孙鹤娟:教育国际化与教育的民族主义[J].《社会科学战线》,2006

（01）：238。

105.尹后庆：为青少年学生架起迈向未来社会的坚固桥梁——上海基础教育应对全球化浪潮的思考和举措[J].《上海教育科研》,2009(01)：9。

106.原题为"我国人口变动影响高等教育发展的几个问题",刊于《江苏高教》,2014年第5期,内容稍有改动。

107.罗旋：高考考生持续减少高校"生源争夺战"引担忧[EB/OL].http://www.chinanews.com/edu/2011/06-07/3092002.shtml。

108.邱瑞贤：温总理时常想着农村学生上大学比重下降问题[EB/OL].http://www.ce.cn/xwzx/gnsz/gdxw/200901/23/t20090123_18041017.shtml。

109.马和民、高旭平：教育社会学研究[M].上海：上海教育出版社,1998：111。

110.杨东平：中国教育公平的理想与现实[M].北京：北京大学出版社,2006：217。

111. 促进教育公平让每个孩子都成为有用之才[EB/OL].http://news.xinhuanet.com/edu/2013-09/01/c_125292423.htm。

112.耿立卿：大学生就业难现状分析及对策研究[J].《沈阳师范大学学报》(社会科学版),2010(05)：77。

113.权良媛、黄涛珍：扩招背景下高校招生政策社会效应及改革建议[J].江苏高教出版社,2013(02)：99。

114.广东50所高校每年支付利息7个亿 百亿债务窟窿怎么补[EB/OL].http://news.xinhuanet.com/edu/2013-01/30/c_114546096.htm。

115.吉林大学自曝负债30亿引发还贷争议[EB/OL].http://news.sina.com.cn/c/2007-04-09/093311599586s.shtml。

116.原题为"教育政策程序正义",刊于《教育理论与实践》2010年第6期。

117.陈潭：公共性：公共政策分析的一般范式[J].《湖南师范大学社会科学学报》,2002(07)：46。

118.刘复兴：教育政策的边界与价值向度[J].《清华大学教育研究》,2002(01)：70。

119.刘复兴:教育政策价值分析的三维模式[J].《教育研究》,2002（04）:15。

120.刘复兴:教育政策的四重视角[J].《清华大学教育研究》,2002（04）:18。

121.[美]罗尔斯:正义论[M].何怀宏译,北京:中国社会科学出版社,1988:86。

122.姚大志:论程序正义[J].《天津社会科学》,2000(04):40。

123.李建华:公共政策程序正义及其价值[J].《中国社会科学》,2009（01）:64。

124.[美]罗尔斯:正义论[M].何怀宏译,北京:中国社会科学出版社,1988:86。

125.李建华:公共政策程序正义及其价值[J].《中国社会科学》,2009（01）:64。

126.姚大志:论程序正义[J].《天津社会科学》,2000(04):40。

127.转引自李建华,公共政策程序正义及其价值[J].《中国社会科学》,2009(01):64。

128.王蓉:"办人民满意的学校"——一个关于中小学校的民众满意度调查[J].北京大学教育评论,2008(04):46。

129.李建华:公共政策程序正义及其价值[J].《中国社会科学》,2009（01）:65。

130.季卫东:法律程序的意义[J].《比较法研究》,1993(01):32。

131.李建华:公共政策程序正义及其价值[J].《中国社会科学》,2009（01）:67。

132.廖加林:尊重——公共生活的基础性道德价值[J],《道德与文明》,2008(06):24。

133.谢金林、肖子华:论公共政策程序正义的伦理价值[J].《求索》,2006(10):138。

134.余雅风:论公民受教育权平等保护的合理差别对待标准[J].《北京师范大学学报》(社会科学版),2008(04):12。

135.谢金林、肖子华:论公共政策程序正义的伦理价值[J].《求索》,
2006(10):138。

136.原题为"教师实践变革的话语理解机制",刊于《教育理论与实践》,
2015 年第 28 期。

137.查有梁:十年新课程改革的统计诠释[J].《教育科学研究》,2012
(10):15。

138.杨帆、陈向明:"去情境化"与"再情境化"——教师理解变革性实践
的话语表征机制[J].《北京大学教育评论》,2013(02):133。

139.李新玲:29 个省市 4000 中小学教师评价新课改[EB/01].http://
teaching.jyb.cn/jxsd/201110/t20111020_458848.html。

140.浙江省教育科学研究院:解放学生——育人模式改革的浙江样本
[M].杭州:浙江大学出版社,2014:170。

141.教育部师范教育司:吴正宪与小学数学[M].北京:北京师范大学出
版社,2011:21。

142.教育部师范教育司:李吉林与情境教育[M].北京:北京师范大学出
版社,2006:4-17。

143.程良宏、王媛:论教育改革中教师的"被培训"[J].《教育发展研
究》,2012(08):68。

144.李希贵:学生第二[M].上海:华东师范大学出版社,2006:28、29、32。

145.[美]托马斯斯·J. 瑟吉奥万尼、罗伯特·J. 斯特兰特,王明洲等译:
教育督导:重新界定[M].南京:江苏教育出版社,2005:187。

146.杨小微:整体转型:当代学校变革"新走向"[M].南京:江苏教育出
版社,2012:19。

147.卢乃桂、王丽佳:教育改革背景下的教师专业性与教师责任[J].
《教师教育研究》,2013(01):2。

148.南京师范大学教育系:教育学[M].北京:人民教育出版社,1984:
466。

149.林玉体:西方教育思想史[M].北京:九州出版社,2006:252。

150.胡荣华、赵云霞:美国小班化教育改革实验及启示[J].《安徽师范

大学报》(人文社会科学版),2008(01):103。

　　151.李丽桦:美国大力推动小班化教育改革[J].《外国中小学教育》,2000(04):24。

　　152.余洁:透视美国小班化教育改革热潮[J].《外国教育研究》,2002(04):11。

　　153.[美]John D.Bransford:学习原理:心智、经验与学校[M].郑谷苑、郭俊贤译,台北:远流出版事业股份有限公司,2004:121。

　　154.[美]L. C. 霍尔特、M. 凯斯尔卡:教学样式:优化学生学习的策略[M].沈书生、刘强译,上海:华东师范大学出版社,2008:3、4。

　　155.易南轩、王芝平:多元视角下的数学文化[M].北京:科学出版社,2007:87。

　　156.教育部师范教育司:李吉林与情境教育[M].北京:北京师范大学出版社,2006:88。

　　157.转引自吴刚:奔走在迷津中的课程改革[J].《北京大学教育评论》,2013(04):42。

　　158.经济合作与发展组织:理解脑——新的学习科学的诞生[M].周加仙等译,北京:教育科学出版社,2010:21。

　　159.[美]L. C. 霍尔特、M. 凯斯尔卡:教学样式:优化学生学习的策略[M].沈书生、刘强译,上海:华东师范大学出版社,2008:67。

　　160.[美]霍华德·加德纳:多元智能新视野[M].沈致隆译,北京:中国人民大学出版社,2008:7。

　　161.[英]托马斯·R. 霍尔:成为一所多元智能学校[M].郅庭瑾译,北京:教育科学出版社,2003:13、14。

　　162.[美]John D. Bransford:学习原理:心智、经验与学校[M].郑谷苑、郭俊贤译,台北:远流出版事业股份有限公司,2004:34。

　　163.[美]Bruce Joyce, Marsha Well, Emily Calhoun:教学模式[M].荆建华、宋富钢、花清亮译,北京:中国轻工业出版社,2011:137。

　　164.[美]Bruce Joyce, Marsha Well, Emily Calhoun:教学模式[M].荆建华、宋富钢、花清亮译,北京:中国轻工业出版社,2011:135。

165.原题为"有效学习:基于行为主义学习理论",刊于《天津市教科院学报》,2012年第4期。

166.[美]戴尔·H.申克:学习理论[M].韦小满等译,南京:江苏教育出版社,2003:29。

167.施良方:学习论[M].北京:人民教育出版社,2001:117。

168.[美]戴尔·H.申克:学习理论[M].韦小满等译,南京:江苏教育出版社,2003:50。

169.[美]戴尔·H.申克:学习理论[M].韦小满等译,南京:江苏教育出版社,2003:66。

170.[美]戴尔·H.申克:学习理论[M].韦小满等译,南京:江苏教育出版社,2003:67。

171.[美]L. C. 霍尔特、M. 凯斯尔卡:教学样式:优化学生学习的策略[M].沈书生等译,上海:华东师范大学出版社,2008:87。

172.[美]B. R. 赫根汉、马修·H. 奥尔森:学习理论导论[M].崔光辉等,上海:上海教育出版社,2011:14。

173.许荣:中国中间阶层文化品味与地位恐慌[M].北京:中国大百科全书出版社,2007:71。

174.周宗伟:高贵与卑贱的距离——学校文化的社会学研究[M].南京:南京师范大学出版社,2006:70。

175.许荣:中国中间阶层文化品味与地位恐慌[M].北京:中国大百科全书出版社,2007:73。

176.石述思:马云为何鼓吹"读书无用论"? [N].《工人日报》,2012-11-18(04)。

177.徐怀谦:新"读书无用论"是个伪命题[EB/OL].http://news.sina.com.cn/o/2006-07-06/14469389659s.shtml。

178.第12次全国国民阅读调查报告解读[EB/OL].http://book.ifeng.com/a/20150504/14604_0.shtml。

179.许荣:中国中间阶层文化品味与地位恐慌[M].北京:中国大百科全书出版社,2007:88、91。

180.王伟:韩媒:高中生看报纸成绩好单科分数比不看报者高 6-8 分 [EB/OL].http://news.sina.com.cn/o/2015-10-28/doc-ifxkfmhk6398058.shtml。

181.原题为"小学生数学有效学习方式的调查研究",刊于《天津市教科院学报》,2016 年第 3 期。

182.原题为"经亨颐:从商界文员到教育家",刊于《课程教学研究》,2014 年第 6 期。

183.虞和平:经元善集[M].上海:华东师范大学出版社,1988:16。

184.董郁奎:一代师表——经亨颐传[M].杭州:浙江人民出版社,2007:5。

185.转引自董郁奎:一代师表——经亨颐传[M].杭州:浙江人民出版社,2007:38、39。

186.张彬:经亨颐教育论著选[M].北京:人民教育出版社,1993:17。

187.张彬:经亨颐教育论著选[M].北京:人民教育出版社,1993:38。

188.张彬:经亨颐教育论著选[M].北京:人民教育出版社,1993:27。

189.经亨颐:改革现行帅范教育制私议[J].《教育周报》,1915(94)。

190.转引自董郁奎:一代师表——经亨颐传[M].杭州:浙江人民出版社,2007:57。

191.董郁奎:一代师表——经亨颐传[M].杭州:浙江人民出版社,2007:59。

192.张彬:经亨颐教育论著选[M].北京:人民教育出版社,1993:21。

193.张彬:经亨颐教育论著选[M].北京:人民教育出版社,1993:25。

194.经亨颐:浙江省教育会甲寅春季大会开会辞[J].《教育周报》,1914(42)。

195.董郁奎:一代师表——经亨颐传[M].杭州:浙江人民出版社,2007:128。

196.孙培青:中国教育史[M].上海:华东师范大学出版社,2000:394。

197.李媛媛:经亨颐和春晖中学:"纯正教育"思想关照下的办学实践[D].上海:华东师范大学,2011:40。

后 记

　　本书的写作灵感来源于仅比我大一岁的以色列青年历史学家尤瓦尔·赫拉利(Yuval Noah Harari)的全球超级畅销书《人类简史：从动物到上帝》。作者横跨多学科的宏观视野、旷达敏捷的才思、流畅生动的文笔(或许这应部分地归功于译者林俊宏)，特别是他那非同寻常的、自由舒展的想象力，让我有一种眼界洞开的领悟。这仿佛为我打开了一扇窗，透过它，我重新以一种新的视角来看待眼前发生的教育现象和教育问题。

　　在写作过程中，我试图把史学的视角、自由的想象和严谨的论述三者相结合，行文尽可能营造一种轻松有趣的意境，以期让读者觉得可亲、可读、可乐、可信。至于效果如何，还得由诸位读者说了算。

　　我要特别感谢天津人民出版社张作稳老师的无私帮助和辛苦付出,没有她的不懈努力,本书也无法顺利出版。

　　本书在撰写过程中得到了家人和朋友的督促、勉励和建议,我向他们表示衷心的感谢!

张军凤

于 2016 年 10 月 7 日